21世纪高等院校公共课精品教材

广东培正学院教材建设立项资助

REVIEWS ON
STRATEGY PLAN CLASSIC CASES

策划书精选案例解读

王多明 胡艺聪 谢韵恒 苏小慧 张伟业 王泽苑

编著

东北财经大学出版社
Dongbei University of Finance & Economics Press

大连

U0648693

图书在版编目（CIP）数据

策划书精选案例解读 / 王多明等编著 . —大连 ：东北财经大学出版社，2014.9
（21世纪高等院校公共课精品教材）
ISBN 978-7-5654-1686-6

Ⅰ . 策… Ⅱ . 王… Ⅲ . 营销策划－高等学校－教材
Ⅳ. F713.50

中国版本图书馆 CIP 数据核字（2014）第 202913 号

东北财经大学出版社出版
（大连市黑石礁尖山街217号　邮政编码　116025）
教学支持：（0411）84710309
营 销 部：（0411）84710711
总 编 室：（0411）84710523
网　　址：http：// www.dufep.cn
读者信箱：dufep @ dufe.edu.cn

大连美跃彩色印刷有限公司印刷　　　　东北财经大学出版社发行

幅面尺寸：185mm×260mm　字数：284千字　印张：14 1/4　插页：1
2014年9月第1版　　　　　　　　　2014年9月第1次印刷

责任编辑：石真珍　　　　　　　　责任校对：惠恩乐　那　欣
封面设计：冀贵收　　　　　　　　版式设计：钟福建

ISBN 978-7-5654-1686-6
定价：25.00 元

代前言：在策划的实干中学习写策划

广告行业中，策划比较难

《关于加快广告业发展的规划纲要》指出，"广告业属于知识密集、技术密集、人才密集的高新技术产业"。为了提高广告从业人员的素质，逐步实现广告业的专业化、社会化，提高广告业的服务水平，中国广告协会制定了《广告行业岗位职务规范》，分别对广告公司经理、部门经理、策划、设计、市场调查、文稿撰写、广告业务、广告审查等人员及工商企业广告业务员的政治素质、文化素质、业务知识、工作能力提出了具体要求。这9类从业人员中，对策划人员的"业务知识"和"工作能力"的要求比除经理以外的其他人员要高。在"业务知识"方面，要求策划人员"熟悉广告管理法规和有关经济法规，了解国际、国内广告发展动态和基本情况，具有市场学、广告心理学、美学、文学、信息科学、传播学等理论基础和专门知识，了解各类广告设计制作原理及工艺，一般地掌握各种广告媒介的特点、微机应用知识、统计知识"。在"工作能力"方面，要求策划人员"能够正确地分析市场调查、社会调查、消费者调查、广告效果调查等资料，根据企业产品的情况和各种调查资料，提出广告策划方案和广告预算，能确定目标市场，提出广告主题、广告创意和媒介选择方向"。

要应聘策划岗位的人员，在广告企业或别的企业及行政单位承担策划任务的人员，上述知识和能力方面的要求是上岗必须具备的基本要求。

奥美广告公司的总裁大卫·奥格威在他写给世界各地的分公司总经理的指令中，曾说"要善待策划文案人员"，"给他们最优厚的待遇，因为他们是能为公司下金蛋的鹅"。

策划难在哪里

从以下故事中，我们能体会到策划难在哪里。

读过《三国演义》的人，都记得"三顾茅庐"的故事。刘皇叔为什么要三次登门拜访卧龙先生？刘备和诸葛亮的关系就像是策划主和策划人，刘备要请诸葛亮做策划。诸葛亮身在隆中却关注天下，引导刘备在求贤中来找自己。面对"客户"刘备，诸葛亮分析天下大事，策划了"东联孙吴，北拒曹操"的《隆中对》。刘备前两次来访，诸葛亮也许就在茅庐，不见刘备的原因，可能一是要考察刘备的诚意，二是没有写完策划书——《隆中对》。

和诸葛亮一样，策划人要为客户力挽狂澜，助客户成功。策划之难，还在于"孙庞斗智"，"周瑜会蒋干"。面对同一个客户，策划人要各自施展自己的策划能耐，在"比稿"中残酷地"搏杀"。

策划已经走进企业的常规经济活动，客户们对策划并不陌生，有的甚至自己就是策划高手。诸葛亮的水平不高，刘备一定会另请高明。

学习策划最重要的是什么

学习策划最重要的，一是思维的方式，二是表达的方式。

上面介绍的"业务知识"和"工作能力"方面的要求是策划人员应该具备的基本的上岗素质，要成为一名成功的策划人，最要紧的应该是会思考、会表现这两条。

广告行业是出售智慧的行业。广告公司、策划公司、传媒公司为客户服务，"出售"的是自己的"智力"，产品就是"策划"和"创意"。

策划人应该是最善于思考的人，虽然与常人生活在同一时空，但他们的大脑随时都处于高速运转中，产生与众不同的想法，创造出惊世骇俗的解决难题的答案。

策划人，生活在日新月异的今天，立身在宇宙之中，他们吮吸天地之精华，博采多学科之灵气，为客户寻找"前人从未走过的路"，做"看似平常，实则伟大"的事业。

策划人做调查分析，提炼出新主题，有了好的创意和实现目标的策略，总要写成策划书，在内部几经讨论、修改、补充，打印成纸质文本或做成 PPT 向客户演示和讲解。有的只向客户做 PPT 提案，不向客户交纸质文本和电子文本。无论哪种方式，策划人与客户的交流和沟通，都需要把策划人的智力劳动过程和成果写出来，这就是表达策划的方式。

写出来的策划书成为策划人与策划客户之间最重要的媒介。

策划人辛勤劳动的阶段性成果和最终结果，要利用策划书与客户沟通，客户通过策划书了解策划人所在单位的实力，以此选择合作的对象。

提高写作能力是做好策划的不二法门

大卫·奥格威、李奥·贝纳、威廉·伯恩巴克、罗瑟·瑞夫斯、乔治·葛里宾这 5 位在 20 世纪 60 年代被《广告时代》评为"广告界的伟人"，以他们若干篇经久不衰的文案，成为全世界广告人、策划人学习的样板，成为成千上万年轻广告人模仿的典范。学习他们的文案，首先要学习他们的刻苦精神。采访这 5 位"广告界的伟人"的丹尼斯·海金斯说："绝大多数的人都认为写作是寂寞的，其中充满了挫折，有时还有着不愉快的经验"，"致力写作实在是一项讨厌的工作，一般人都是尽量拖延到最后一刻。一直到不能再拖延的最后一分钟，才是开始下笔的时候……"

大师们完成文案也并非一挥而就；写策划案要比写一篇广告文案难太多。大卫·奥格威的员工们，把他写给世界各地分公司经理的只言片语集纳起来，印成小册子，作为生日礼物送给他，使得《奥格威谈广告》流传于世，他写作的酸甜苦辣尽在其中。

要写出受客户欢迎的策划书，策划人所具备的写作能力要适应策划书所涉及的时空、质量、投入产出比等问题。写作能力不够高时，可以先从小活动的策划做起，不断丰富自己的知识储备，提高写作能力，再去完成难度更大的策划任务。

怎样提高策划书的写作能力

提高写作能力没有捷径，只有在崎岖的小路上不避风险地攀登，才有希望到达更高一层的目的地。

笔者在多所大学讲授"策划书写作"课程时，往往是借助与课程同步的策划实例，讲解做策划的过程、完成策划的要素、写作策划书的文案，最后交出策划书的文本，使学生在学习策划理论的同时，看到一份从实践中来又回到实践中去的策划书是怎样"生产"出来的。为满足客户的实际需要，笔者带领这些年轻的策划人一起进行策划，经过几番实战的磨炼，使他们的策划能力不断提高。所以说，要在策划的实干中学习写策划。

勇于作为，敢于实干，在策划中学习策划

大学生从进校开始，就被许多学生社团邀请加入，一经入会，就有许多机会参加社团组织的各种活动。活跃在大学校园的学生社团，在校团委、学生会、社团联合会的统筹下，在每次组织主题活动之前，各小组要提交活动策划书，经过社团评选，合格的方能获得参加活动的"入场券"。

从大学一年级开始，无论理科、工科、医科、农科、文科等专业的大学生，只要有机会都要尝试参加策划，写作策划书。在学好本专业知识的同时，要勇于参加社会实践活动，在完成具体的策划中学习策划，写作策划书，体会其乐无穷，书写大学的精彩人生。

编著者

2014 年 8 月

目　录

第 I 篇　广告公司案例

重新把脉产业方向　推动品牌纵深发展

　　——多彩贵州：让文化与产业齐飞

手机有价　欢乐无价

　　——"波导"MP4 手机新体验运动

出轨的创意

　　——《走吧走吧　我们出轨去》图书营销策划案

重新把脉产业方向　推动品牌纵深发展

——多彩贵州：让文化与产业齐飞 *

【再定位启示录】

"多彩贵州"品牌是采用公益化、市场化双重模式运作，集区域品牌、文化品牌、商业品牌三种性质于一体，三方并重的多维度省级综合性品牌。由于缺乏产业重心和方向，多元繁杂的产业类型给品牌聚焦造成了极大挑战。天进公司通过对贵州文化的梳理，提出"神奇原生态"的品牌核心价值和"泛原生态"的产业方向，真正实现了文化、品牌、产业的三位一体，为品牌长远纵深发展打下了坚实的基础。

"多彩贵州"是贵州省为提升贵州新形象、提高贵州知名度和影响力、建设贵州为文化旅游大省而在 2005 年推出的一个区域文化品牌。历经 6 年发展，在多彩贵州歌唱大赛、多彩贵州舞蹈大赛、多彩贵州旅游形象大使选拔大赛等活动的举办下，"多彩贵州"成为省内妇孺皆知的知名品牌。该品牌在发展过程中还通过商标授权在酒类、茶类等行业实现了初步的产业化，取得一定经济成效。

目前，"多彩贵州"已经延伸至茶、酒、书籍出版、演艺等众多不同产业，未来还将延伸至民族手工艺、会展、酒店等不同领域。如此庞大和复杂的产业阵容，却没有一个价值重心。在对项目进行审视之后，天进公司认为，"多彩贵州"如果要进行大规模的产业延伸，面临以下三大问题：

（1）品牌价值不够清晰，以致产业延伸没有标准，消费者/投资者等人群对"多彩贵州"的商业价值也无法充分认知。

（2）现有的单一的品牌架构难以支撑未来庞大的产业容量。

（3）缺少合理的商业模式支撑品牌的产业化运作。

---

* 本案例由广州市天进品牌管理有限公司策划，选自该公司自编材料《品牌重新定位：十种方法　十个案例》。

一、重新把脉产业方向，实现品牌价值聚焦

1. 从贵州文化中来，到文化产业中去

"多彩贵州"品牌源自贵州文化，它的品牌灵魂必然来自贵州文化。探究贵州文化的根源与实质，找到贵州文化魅力的源泉，就能找到"多彩贵州"的品牌核心价值。我们站在市场化的视角对贵州具有潜在开发价值的文化资源进行梳理和对比分析后发现，"原生态文化"是贵州文化最具代表性、独特性和权威性的文化价值，同时又具有广泛的产业关联性，可统筹涵盖文化与产业的双重需要，如表 1-1和图 1-1 所示。在综合审视贵州文化资源特征后，我们确定了"神奇原生态"的品牌核心价值和"泛原生态"的产业重心。

表 1-1　　　　　　　　　**贵州原生态文化及相关文化产业资源列表**

分类	内容	产业经济
原生态自然景观	国家级风景名胜区：黄果树、龙宫、织金洞、舞阳河、万峰林、赤水、荔波漳江、红枫湖等	自然景观旅游
	国家级自然保护区：梵净山、茂兰喀斯特森林、习水中亚带热带常绿阔叶林、雷公山、威宁草海等	
	国家地质公园：关岭化石群、兴义、绥阳双河洞、织金洞、平塘、六盘水乌蒙山、黔东南苗岭、思南乌江喀斯特等	
	国家自然遗产：织金洞国家自然遗产地、马岭河国家自然遗产地、平塘国家自然遗产地	
原生态民族文化	原生态歌舞：侗族大歌，苗族飞歌，苗族古歌，反排木鼓舞，侗族琵琶歌、芦笙舞等	文化演出产业
	原生态民族文化村寨：雷山西江、黎平肇兴、从江岜沙、从江小黄、雷山郎德、凯里南花等	乡村旅游（农业经济）
	原生态民族医药：瑶浴、苗药秘方、杜仲等中药材	瑶浴保健产业 中草药产业
	原生态民族节日：苗年、苗族姊妹节、苗族跳花节、仡佬族毛龙节、布依族查白歌节等	民俗节日旅游
原生态物产	原生态民族民间手工艺品：银饰、蜡染、大方漆器、玉屏箫笛、黄平泥哨、织金砂陶、赤水香扇、平塘牙州陶、荔波凉席、万山竹雕等	民族民间手工艺品产业
	原生态民族服饰：苗族刺绣、少数民族服饰等	民族服饰产业
	原生态土特产：都匀毛尖等贵州绿茶、辣椒、牛肉、腊肉等	特色土特产
	原生态果蔬产品：生态蔬菜、猕猴桃、刺梨等	生态农业 果酒产业

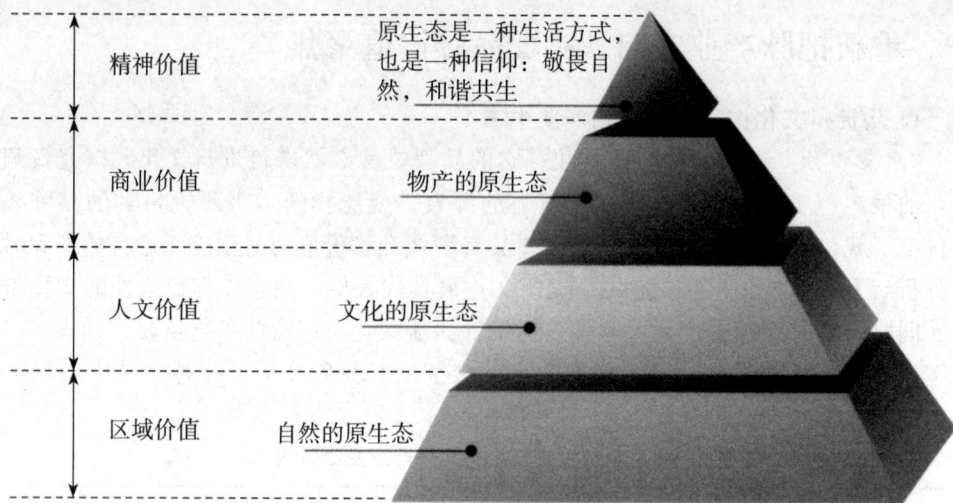

图 1-1 "多彩贵州"品牌核心价值的深度梳理

2. 提炼品牌口号,让产业价值直观可感

在实现"多彩贵州"品牌和产业聚焦的基础上,提出"多彩贵州"的品牌口号:

多彩贵州

贵在原生态 醉美民族情

将"原生态"这一价值内核直接植入品牌传播口号当中,并利用众所周知的茅台酒认知资源,将贵州文化形象巧妙地传达出去。这两句话既能够较好地凸显贵州特色和优势,同时也能勾勒出一个大致的贵州形象。既朴素、简练,又一语双关,让人印象深刻,易于记忆。

二、独特品牌架构模式,解决庞大产业群划分

在"多彩贵州"母品牌与产品品牌之间设立中间层次,据产业属性进行归类(多彩贵州"游""风""味""赛""艺""茶""酿""养"),所有商标授权企业、认证品牌等,直接使用对应属性的不同类别。子品牌之下,引入"多彩贵州"品牌授权体系和品牌认证体系,由产业中心按照不同标准进行分别管理。

认证品牌体系的引入,一方面可充分缓解商标授权的数量限制与压力;另一方面可将品牌的公信力优势充分转化为产业带动力。通过认证所形成的一系列标杆商家,可对全省市场起到规范、提升、促进作用,最大限度发挥"多彩贵州"品牌的带动效应。

如图 1-2 所示,设立"多彩贵州·味"等子品牌,对过于繁杂的产业类型进行归类和梳理,既与母品牌保持了密切的联系,利用了母品牌在前期积累的名气与好感,又最大限度地凝聚了产业共性,在子品牌内部形成聚焦。这样做,还能使品牌之间有所区隔,防止一方出现问题而对另一方造成破坏。

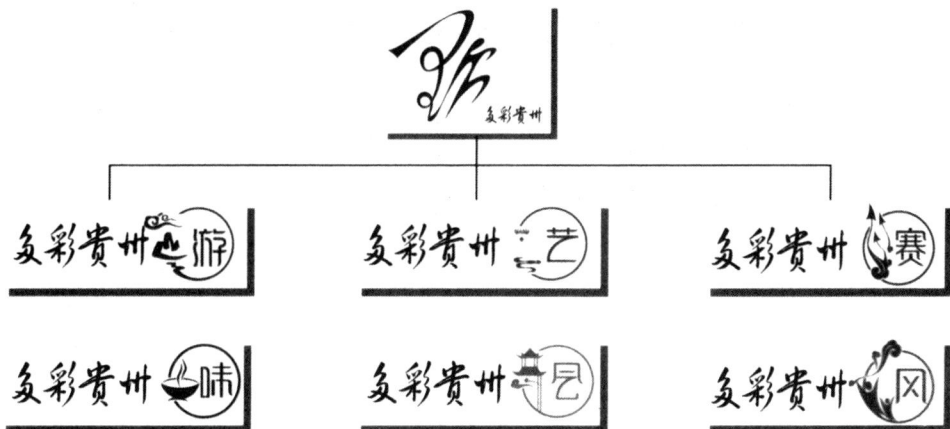

图 1-2　"多彩贵州"的子品牌设计

三、规范产业延伸标准，确保品牌价值统一

界定原则：严守品牌核心价值，严守贵州文化特色。

所延伸的品类，要能体现出品牌的神奇的原生态特色，同时，还要能代表贵州的地域文化特色，具有一定的独特性，如图 1-3 所示。

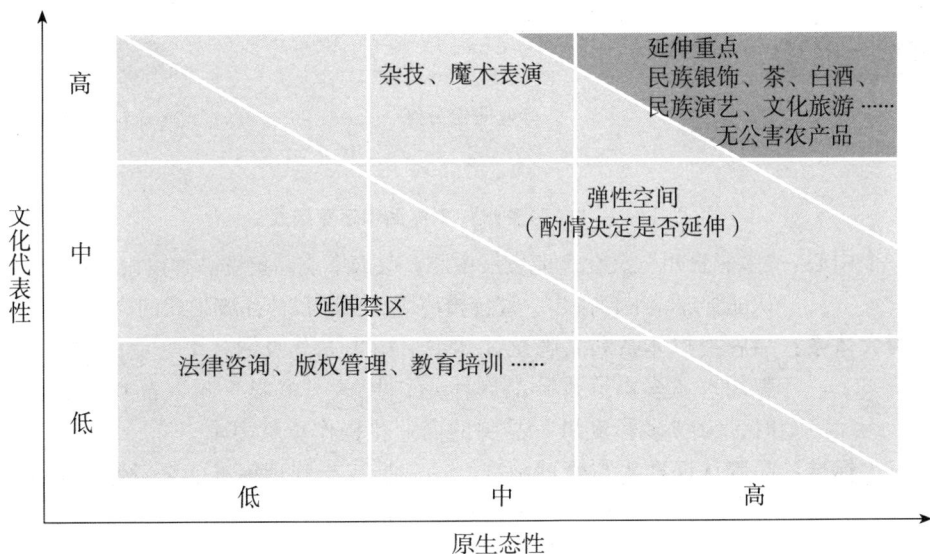

图 1-3　对文化代表性和原生态性的综合分析

对于法律咨询、教育培训一类，既不能体现"神奇的原生态"，又不具备地域特色的文化产业类型，不纳入品牌考虑范畴。

贵州相关的书籍出版、媒体宣传等，虽然地域文化特性较强，但是不具备原生态特色，对于这种类型的产品，要综合传播效应、经济效应等多方因素进行考虑，视品牌发展的具体需求而决定是否延伸。

四、商业模式设计，拉起多元盈利框架——"多彩贵州"群体品牌运营模式

"多彩贵州"群体品牌运营模式可以总结为：一个中心，两大体系，三项标准，四大平台，五大利润模式，如图1-4所示。

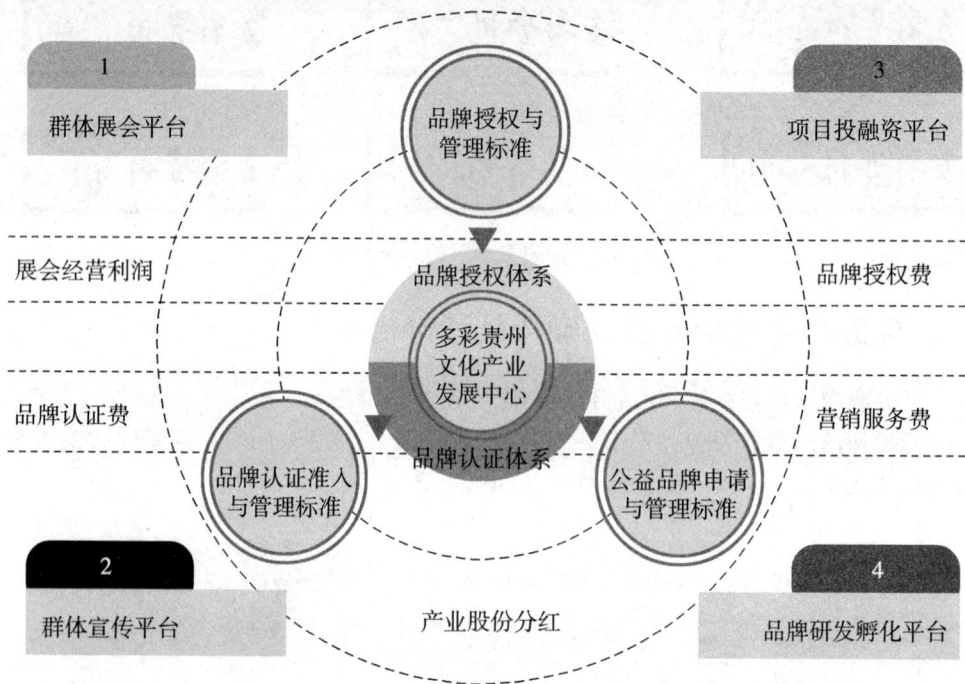

图1-4 "多彩贵州"群体品牌运营模式

一个中心： "多彩贵州"文化产业发展中心，政府掌舵，负责品牌授权管理、品牌认证管理、平台搭建、宣传推广等，保障群体品牌模式的高效运营。

两大体系： 品牌授权体系和品牌认证体系，用来充分吸纳各个产业的领导者品牌加入"多彩贵州"品牌体系，共享"多彩贵州"品牌资源的同时，为"多彩贵州"品牌的商业化操作贡献力量。

三大标准： 品牌认证准入与管理标准、品牌授权与管理标准、公益品牌申请与管理标准。"多彩贵州"中心负责严格把关，保证高质量企业加入品牌体系。

四个平台： 群体展会平台、群体宣传平台、项目投融资平台、品牌研发孵化平台。利用四大平台，将"多彩贵州"旗下各子品牌弹射出去，助力品牌腾飞。

五大利润模式： 品牌授权费、品牌认证费、产业股份分红、展会经营利润、营销服务费盈利，为"多彩贵州"运营中心打造天衣无缝、体系强大的盈利系统。

【解析】"多彩贵州"群体品牌运营模式，不仅可以积极调动各方企业冠名"多彩贵州"，实现"多彩贵州"品牌的商业化、产业化运营，同时各参与方也极大地共享了"多彩贵州"的品牌资源，也间接地实现了"多彩贵州"品牌的全国化——真正实现了多方共赢，体系制胜。

五、规划"十二五"，打造强健的产业集群

第一，采取"产业规模限量、先缓后急、逐年递增的产业拓展方式，产业品牌建设以龙头方阵建设为先，对前期品牌授权进行整顿管理，优先发展会展网络等平台性项目，重点发展酒店、餐饮等与旅游业密切相关的产业"等产业化运营方式。

第二，利用连锁化的商业模式快速搭建起各种具有"造血"功能的网络渠道型项目，如餐饮连锁、酒店连锁、瑶浴保健连锁等。通过各类连锁商业将"多彩贵州"各类快速消费品输送到全国，同时各种连锁商业又成为"多彩贵州"品牌免费的营销宣传平台和消费者口碑传播基地。

第三，创造性打造中国绿化博览会、东方民族时装周、中国少数民族医药文化展、中国银饰银器博览会等展会类项目，紧扣贵州文化特色，以会展的发展来带动贵州相关特色文化产业发展，成为全国领先的文化产业精品大舞台。

六、精准营销，助推产业实效发展

因多彩贵州品牌涉及面众多，性质复杂。为保证营销落到实处，我们制订了全方位的传播计划，重点面向四类人群进行传播：投资机构、政府、贵州企业，以及游客为主的消费者。

1. 投资机构

传播目标：拉动投资，满足品牌发展的资金需求。

主要措施：抓住 2011 年深圳国际文化产业博览会契机，将贵州展馆策划为"多彩贵州品牌馆"，制作专门的品牌招商宣传册，借助文博会之力促进品牌的招商引资，如图 1-5 和图 1-6 所示。

【解析】阶段性成果：以"多彩贵州品牌馆"的形式亮相 2011 年深圳文博会，全省各地区共达成 167 亿元投资意向，创历史最高纪录，品牌拉动投资效果显著。

2. 政府

传播目标：提升品牌的政治影响力，为品牌发展争取更多资源。

主要措施：策划"多彩贵州·贵礼"系列，定位为高端贵州工艺品，作为政府礼品赠送贵宾，提升品牌政治影响力和档次感。

【解析】阶段性成果："多彩贵州·贵礼"的创意获得省级领导高度认可，提升了省级领导对"多彩贵州"品牌的关注和重视。时任贵州省委书记栗战书亲自过问品牌规划及发展状况。

图 1-5 "多彩贵州"品牌招商手册

图 1-6 2011 年深圳文博会：多彩贵州品牌馆

3. 贵州企业

传播目标：鼓励省内企业积极参与品牌建设，促进"多彩贵州"授权及认证体系的发展。

主要措施：以"多彩贵州"商标全品类注册为契机，邀请新华社、人民网等全国主流媒体，举办高规格新闻发布会，全面介绍品牌招商、使用事项。同时，提炼"中国首个省级文化品牌商标注册成功"的新闻点，吸引媒体进行报道。

【解析】阶段性成果：截至 2011 年 5 月，"多彩贵州"品牌已实现 15 项授权，范围涉及生态饮品、文艺演出、民族工艺品众多产业领域。

4. 游客为主的消费者

传播目标：全面展示贵州旅游资源，吸引消费者来黔旅游，通过旅游业的发展带动贵州文化产业市场。

主要措施：（1）借助茅台酒成为 2010 年上海世博会高级赞助商契机，结合贵州省旅游推广实际，在央视投放电视广告。（2）创作系列平面广告，从"自然的原生态、文化的原生态、物产的原生态"三个方面充分诠释"贵在原生态"的内涵和价值，通过杂志、户外等媒体进行宣传推广，如图 1-7 所示。

图 1-7　"多彩贵州"系列平面主形象

【解析】阶段性成果：2010 年，贵州旅游业实现突破性增长，接待游客 1 亿人次，旅游总收入首次突破 1 000 亿元，同比增长 30%。目前，贵州旅游总收入在全国 31 个省区市中排名由 5 年前的第 23 位上升为目前的第 16 位。

手机有价　欢乐无价

——"波导"MP4 手机新体验运动[*]

策划人：广东平成广告公司
广告主：宁波波导股份有限公司
实施时间：2005 年 10 月—2006 年 10 月
实施范围：全国
核心策略：调动市场对 MP4 概念的注意力，强化"波导"与 MP4 的高关联度
创新点：体验快乐的新选择

娱乐手机的市场机遇

音乐手机主导 2005 年第四季度手机市场

据信息产业部统计，截至 2005 年 6 月，市场上共有 MP3 手机 131 款，这些手机在宣传推广中无一例外地以音乐为主要卖点。MP3 功能的不断强化成了各大厂商角逐的焦点，因此，2005 年被业内人士称为"手机音乐年"。

国产阵营全面失去市场影响力

在国际品牌的激烈冲击下，2005 年年初，国产手机销量下滑 40% 多，曾经在手机市场叱咤风云的本土品牌陷入了困境。2005 年 7 月，作为国产手机领导者的波导也发布了预亏警告。

同时，在音乐手机大战中，波导作为跟随者参与了进来，却一直未能在市场上形成优势。为了摆脱国际品牌手机的竞争，波导在 2005 年 9 月生产了第一批波导MPEG4 手机，该手机除了有拍照和 MP3 功能外，更重要的是可以播放视频。

波导希望凭借 MPEG4 的领先优势扭转在音乐手机市场落后的劣势，保卫波导

---

[*] 本案例由广东平成广告公司策划，选自穆虹，李文龙. 实战广告案例：第 3 辑全案［M］. 北京：中国人民大学出版社，2007：2-5.

"本土第一品牌"的地位。

抢夺先机的波导 MP4 手机

面对音乐手机已进入白热化竞争，而 MPEG4 市场尚未成熟的形势，为了抢夺市场的领先地位，波导率先提出将 MPEG4 这一行业的技术术语缩写成 MP4，承继 MP3 已有的消费认知，以此将 MP4 塑造成手机行业的新标准。

MP4 是手机市场的新概念，消费者对此了解甚少，难以激发其购买欲望。波导面临的问题是：如何让消费者真正了解 MP4 比 MP3 更能满足他们的娱乐需求，使 MP4 成为行业的新标准，由此带动波导在新一轮的竞争中处于优势地位。

波导 MP4 手机呼之欲出

为了弥补在 MP3 音乐手机战中的失利，波导推出 MP4 手机产品。波导 MP4 手机的出现，代表一个全新娱乐新时代的到来。由于大众对 MP4 手机的认知有限，因此在创意表现上用一个充满科技与未来感的"娱乐八爪鱼"的形象，直观地向消费者展现波导 MP4 手机是一部娱乐通吃的手机——可同时满足摄像、听歌、看电影等多种需求，如图 2-1 所示。MP4 手机较 MP3 音乐手机增加了视频功能，此项功能的增加凸显了波导手机与其他品牌手机的差异，正是这个差异使波导取得了生机，扭转了劣势。在品牌打造上，MP4 手机的推出也做了很大的贡献，形成了波导高端、先进、领先的品牌气质，使波导从 MP3 手机的市场跟随者摇身一变成了 MP4 手机市场的领军者，增强了品牌感染力。

图 2-1　波导 MP4 手机"娱乐八爪鱼"的形象

媒介方式的主体选择

"金九银十，速度为王"的媒介策略

作为一种新产品，波导 MP4 手机要迅速提升知名度、抢占市场份额，电视广告无疑是最佳的选择。此次运动采用了以电视和网站为主、平面为辅的传播策略。同时，由于目标消费群是对科技"发烧"、追求潮流的人群，所以网络是与他们进行沟通的重要渠道。

集约投放的电视广告

配合波导 MP4 手机上市，电视广告（见图 2-2）在 9—11 月集中投放，选择"集中收视保证的主频道，集中启动快速的媒介通路，集中形成黄金媒体的高频率接触"的策略：

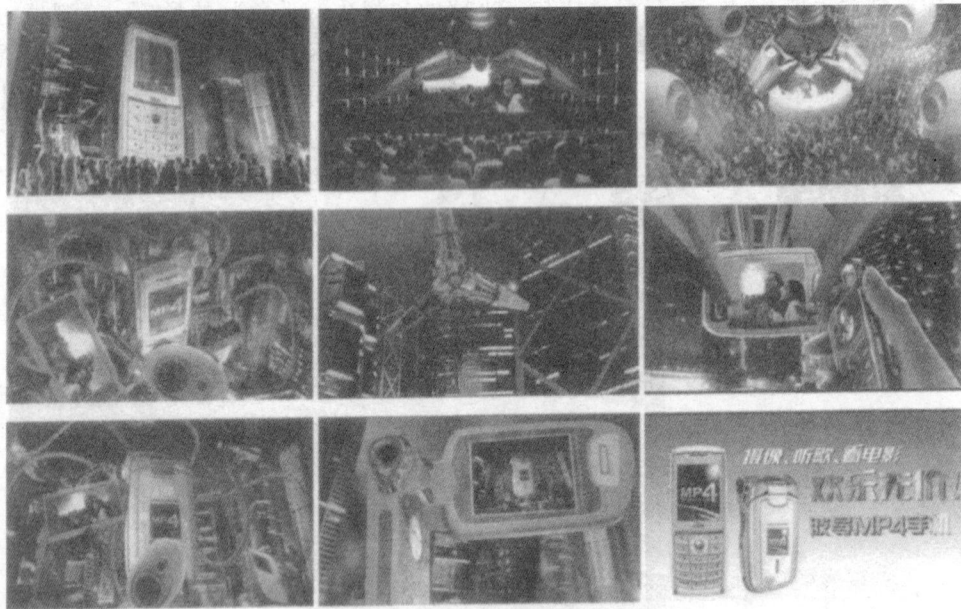

图 2-2　波导 MP4 手机电视广告"八爪鱼篇"

——锁定中央一套热点资源，提高广告影响力和效果，使 MP4 手机的广告受到高度关注；

——在广告投放方面，首选央视一套，其次是央视二套、央视三套、央视四套、央视新闻频道，形成波导 MP4 阵地，高效率覆盖全国市场；

——选择央视三套的招牌综艺栏目如《同一首歌》、《星光大道》等作为手机特性的链接频道，形成产品概念的高关联度。

体验互动的网站广告

网站广告以流媒体的形式充分展现了波导娱乐手机的特点。集中投放期为上市的第一个月——9 月 15 日至 10 月 15 日，从而营造品牌的高关注度。在成熟人群聚集的新浪和搜狐网站，选择综合人群流量高的新闻、体育、数码、财经频道，以及时尚人群集中的娱乐、音乐频道集中投放。

重抓机场户外广告

以机场广告配合终端的海报，使波导 MP4 手机的品牌形象得到强化。

波导 MP4 手机售点广告产品贴（如图 2-3 所示）

图 2-3　波导手机售点广告——灯箱

MP4 手机较 MP3 音乐手机增加了视频功能，此项功能的增加凸显了波导手机与其他品牌手机的差异，正是这个差异使波导取得了生机，挽回劣势。

波导 MP4 手机售点广告促销贴（如图 2-4 所示）

图 2-4　波导手机售点广告——空白海报

配合波导 MP4 手机 D600 的上市，在全国手机卖场开展波导"手机有价，欢乐无价"抢先体验促销活动。

其他辅助的营销传播手段

为了更好地向消费者强化 MP4 与波导的关联性，波导在终端掀起了一场 MP4 娱乐消费新体验行动。

"波导 MP4 手机开心卡"——终端真机推荐，现场 MP4 体验。

"波导 MP4 手机开心卡"整合丰富的娱乐内容，包括精彩大片、明星小品、劲爆 MTV、搞笑 Flash、激情赛事等娱乐资源。其中，最有特色的是预制了皇牌娱乐明星——赵本山等为主要明星的相声、小品类节目。这些节目都是每年春晚的经典，这是其他手机所无法比拟的优势资源。

体验方式：插卡 SHOW 机五部曲。

波导 MP4 彩客网上新体验活动

波导的彩客网站是"波导 MP4 手机开心卡"的后台，有丰富的娱乐资源。彩客网满足了全线波导 MP4 手机用户体验需求，用户登录彩客网站，进入"波导 MP4 劲爆娱乐下载专区"，就可选择喜欢的内容进行下载，体验不同的娱乐内容。

营销手段

"不讲价格，讲体验"促销活动

在全国手机卖场开展波导"手机有价，欢乐无价"抢先体验促销活动期间，购买波导 D600 手机即可获赠预制娱乐体验独一无二的 128M 波导 MP4 开心卡。

"全系列产品，总有一款适合你"产品创新

波导率先推出最完整的 MP4 手机系列，满足了不同消费者的需求，调动了市场对 MP4 概念的注意力，强化了"波导-MP4"的高关联性，使消费者对波导 MP4 手机产生了兴趣。

波导以同行投入的 2%，建立了在 MP4 品类的第一联想。2006 年 1 月波导系列手机的销售量是刚上市当月销售量的 12 倍，月销售量从 9 000 部提升到 12 万部。

【解析】手机市场一直是国际品牌的精彩舞台，在步步高推出音乐手机让人耳目一新后，各品牌都推出了自己的音乐手机，手机+MP3 成了市场的焦点。但总的看来，产品的无差异化必将导致品牌性价比的竞争。

波导从领先的品牌核心价值上，满足消费者全方位娱乐的要求，将产品功能概念升级换代，就是寻求差异化的突破，从而避开国产手机的价格瓶颈问题。

新概念多功能的诉求，能不能成为波导手机的品牌资产，关键要赢在整合传

播。我们可以看到在新手机的推出过程中，波导整合了常规的电视广告、户外广告等，同时对网络体验营销给予了足够的重视，也就是说用电视广告做知名的广度，用机场户外广告做形象的高度，用终端与网络体验做功能的深度，三度合一，各有侧重，效率自然高。波导的市场化整合管理经验值得其他快速发展型企业学习。

——袁莹

广告活动的传播过程就是信息资源最大化有效传递的过程。本案针对新概念 MP4 音乐手机，从如何在竞争激烈的市场环境中，将这一产品优势概念有效传达的命题出发，策划者精心布局了一场互动式的体验活动，从建立"娱乐八爪鱼"形象，到运用互动媒介传播，实施体验营销手段，以及互联网的新鲜参与，多方面构筑了体验活动的延伸性内容，构筑了新产品进入市场的整体性攻略。

——李浩

出轨的创意

——《走吧走吧 我们出轨去》图书营销策划案*

【背景介绍】

《走吧走吧 我们出轨去——袁洁平对创意的胡言乱语》是由上海盈加广告有限公司董事长、广告人袁洁平为90后写的一本关于创意方面的非常另类的书,袁洁平以广告人的创意角度出发,运用另类出轨的方式,配合出版社进行图书营销尝试。

目标:10 000 册以上销量

第一部分 策 划

前 言

为什么会有畅销书?

吉林科学技术出版社一个月就销《慢生活》3 万册?

花城出版社《人体使用手册》为什么狂销40 万册?

北方文艺出版社《足部健康法》靠什么手段销18 万册?

江苏文艺出版社《山楂树之恋》是老一辈的纯爱情故事,竟然卖了80 万册,还拍了电影?

哈尔滨出版社《致加西亚的信》为什么会创造5 年销220 万册的神话?

因为它们都具备了一本畅销书的应有的四个要素:有卖点、受众广、出品好、宣传到位。

特别是宣传到位,这是至关重要的一点!

我们可以看看《走吧走吧 我们出轨去——袁洁平对创意的胡言乱语》(以下

* 本案例由上海盈加广告有限公司董事长袁洁平先生策划。

简称《走吧》）是不是具有畅销书的潜质！

一、营销环境分析（SWOT 分析）

（一）《走吧》的优势（strength）

1. 有卖点

《走吧》是为 90 后写的一本关于创意方面的书，本书从 90 后的角度出发，文风完全贴近 90 后读者，语言大胆且幽默风趣，图文并茂且趣味十足，内容广博且思想深刻，版式新颖且巧妙独到。

《走吧》绝对颠覆了教科书，这本书给的是渔具及方法而非鱼，是思想而非知识。从整体来看它更像一本启迪智慧的休闲书，读来轻松幽默。目前同类书都是教科书型，非常正统，一本正经地教 90 后怎么怎么做，不可能引起 90 后思想上的共鸣。

如果您看过《让子弹飞》就会明白，为什么它能和外来大片卡梅隆的《阿凡达》有一拼，不在技术比别人好，而在于知道观众口味。

我们针对这本书作过初步市场调研，被书名吸引而想看的人不在少数。

《走吧》的卖点有很多：

①一书二名：封面"走吧走吧　我们出轨去"，封底"创意黑皮书"，如图 3-1 所示。封底用的是火星文"赱紦赱紦　涐扪凼軏唋"，另一个书名"创意黑皮书"藏在书封后，不是正式书名，相当于别名，却能引起读者好奇心。

图 3-1　一书二名

②同一本书分左右集。左集《创意黑皮书》是把封底当封面，"左"——保守派，逻辑思维；右集《走吧走吧　我们出轨去》是本书封面，"右"——开放派，创意思维。这一卖点在设计中并未突出表达，而将寓意隐含其中。

③书内插图采用大量与内文相关的广告案例，最大限度地、巧妙风趣地解析了广告案例，因为一般广告案例集不作解析，广告菜鸟看不懂就没兴趣看，也就达不到广告效果。

④围绕创意跳跃思维，看似胡言乱语，实则寓教于乐，所涉及故事面广量多，融知识性、趣味性、思想性于一体。

⑤这是一本文图书，208 页厚薄适中，正文 11 磅宋体，全书图片量 150 幅左右，图文并茂，启迪思维，寓教于乐，读起来非常轻松休闲。

⑥文风独具一格，前卫、时尚，不教条，书中有很多独创的能成为经典的语句，非常给力，可能成为流行语。

⑦关键词注释，书中很多超过 90 后知识面的地方作注释，可立即给 90 后更快的知识扩充。

⑧这本书有一个可爱的创意精灵宝宝穿梭书中，神态各异，配合内容，并单独有一个书签，非常可爱（见图 3-2）。

图 3-2　精灵书签

⑨独特的引导语必将引起争议，但这正是畅销书必备的元素。

不要相信大人的话！

不要相信教科书！

不要相信所谓规则！

不要相信我的胡言乱语！

所以——本书无序

这本书的序应该由你来写！

在书末的后记中作者给出了自己的邮箱，为读者和作者交流互动起到了积极作用。

图 3-3　独特的引导语

这是一本非常另类的青年休闲读物。

⑩腰封文案独出心裁。

（正面）忠告：本书可能遭遇代沟，引起思想冲突，请在校生慎购！（图 3-4）

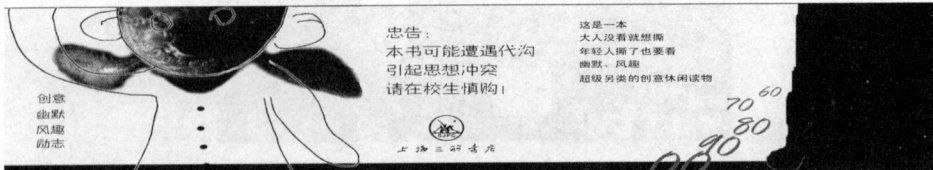

图 3-4　腰封正面

（背面）为革命，保护智力，预防脑衰，手保健操开始。（图 3-5）

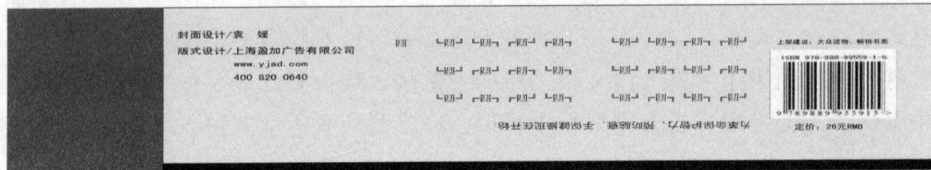

图 3-5　腰封背面

配上不同的囧脸图加上手势，犹如在做操，1234，2234，3234，4234……最后一个"囧"字没有手，就如一个人累趴了一样搞笑。

2. 受众广

《走吧》精确定位在90后学艺术的大学生（1990—1995年出生）这部分人，全国每年艺术类考生超百万，按3年计就是300万。

《走吧》因其写作风格特征，已从创意专业书演变成大众化的另类休闲书，读者对象就扩大到所有年轻人（1975—1995年出生）。

《走吧》因其另类风格，必将引起教育界关注，或抨击或反思。读者对象就进一步延伸到所有教师（1950—1995年出生）。

《走吧》从整体上来说，已从狭隘的一本专业书转化成一本大众书。所以它的上架建议应是"大众读物/畅销书类"。

3. 出品好

《走吧》由上海三联书店出版发行。"三联"是出版界老品牌，以"真诚生活、认真读书、追求新知"为出版宗旨，出版《走吧》的"出轨"举动必将引人关注，这事本身就是一种创意，就像日前一段拍摄俄罗斯总统梅德韦杰夫大秀舞技的视频在网上爆红。

"三联"出版《走吧》本身就是创意，而《走吧》表面看来"出轨"，但看完全书就能明白"出轨"其实是告诉你一句最关键的话：**不要小看自己！**

这是非常励志的一句话，也是让读者读完本书后得到的最精髓的感悟！

这本书是对传统教育体制改革的呐喊，也是激发国人创造力的敲门砖。

4. 写、编、销一体化

《走吧》由广告人袁洁平编写，因为得天独厚的条件，《走吧》从文字、图片、排版到策划营销始终贯穿作者的创意思路，很好地体现作者的整体思想，作者不只是写一本书而已，而是把创意延伸到本书的创意营销，更好地检验作者实际的创意能力。

（二）《走吧》的劣势（weakness）

1. 出版社图书营销力量相对薄弱

三联书店营销中心营销通路是按常态进行，每年出版书的数量众多，所以不可能对一本新人新书投入宣传费用。

2. 销售主渠道不畅

主渠道是由新华书店向全国发行，但在未成为畅销书或有畅销潜力的情况下，是难以引起新华书店注意的。

3. 民营书店的营销渠道不足

4. 缺乏大资金支持

（三）《走吧》的机遇（opportunity）

1. 《走吧》选题非常好

《走吧》抓住了90后年轻人的脉搏，产生共振，此类书市场上尚无同类，是市场暗点和空缺，尚无竞争对手，所以快速反应，第一时间出书是非常重要的。

2. 《走吧》写、编、销一体化，作者全力投入

不是每一本书都有畅销书潜质的，也不是每一个作者都是搞创意的。《走吧》也是出版社打造畅销书难得的机遇。首印1万册只是试水，出版社一定要放开眼光，共同创造神话，把《走吧》打造成一本畅销书！

（四）《走吧》的威胁（threat）

1. 同行的同类选题

因为书讯已发布，嗅觉灵敏的编辑就会找到选题根源，万一比《走吧》下手快就会直接影响《走吧》的销路。

2. 盗版书

出版社内部在书尚未出版前严禁外泄相关信息，对印刷厂菲林及电子版本严格保密。

3. "出轨"的尺度

《走吧》的观点可能引起争鸣，《走吧》应不断"出轨"，尺度以不至于被封杀为准。

二、广告传播目标（5W1H 分析）

（一）who，读者是谁

1. 主流读者

90后学艺术的大学生（1990—1995年出生）这部分人，全国每年艺术类考生超百万，按3年计就是300万。

2. 所有年轻人（1975—1995年出生）

3. 延伸读者

教师、广告人、爱书人、时尚圈人士、休闲人。

（二）where，读者在哪里

1. 主流读者：90后学艺术的大学生

（1）现实中在以下几个地方：100%在学校；80%晚上在家中；10%在图书馆、卡拉OK、娱乐场所、商场、电影院、偶像演唱会、酒吧、聚会等。

（2）网络中在以下几个地方：本校网、人人网、开心网、天涯网、豆瓣网、优酷网、土豆网、淘宝网、QQ等。

2. 所有年轻人（1975—1995 年出生）

（1）现实中在以下几个地方：80% 在单位，70% 周末在家中，30% 在图书馆、卡拉 OK、娱乐场所、商场、健身场所、体育场所、电影院、偶像演唱会、书摊。

（2）网络中在以下几个地方：广告网、设计网、图库网、网上书店、招聘网、交友网、新闻网、人人网、开心网、天涯网、豆瓣网、优酷网、土豆网、淘宝网、QQ、游戏、论坛、博客、社区、贴吧等。

3. 延伸读者：教师、广告人、爱书人、时尚圈人士、休闲人

（1）教师。

①现实中在以下几个地方：100% 在单位，70% 周末在家中，30% 在图书馆、商场、健身场所、体育场所、电影院、书摊。

②网络中在以下几个地方：网上书店、新闻网、校内网、开心网、天涯网、豆瓣网、优酷网、土豆网、淘宝网、QQ、论坛、博客、社区、贴吧等。

（2）广告人。

①现实中在以下几个地方：90% 在单位，70% 周末在家中，20% 在图书馆、KTV、娱乐场所、商场、健身场所、体育场所、电影院、偶像演唱会、书摊。

②网络中在以下几个地方：广告网、设计网、图库网、网上书店、招聘网、交友网、新闻网、校内网、开心网、天涯网、豆瓣网、优酷网、土豆网、淘宝网、QQ、论坛、博客圈、社区、贴吧。

（3）爱书人。90% 在单位，70% 周末在家中，30% 在图书馆、KTV、商场、电影院、偶像演唱会、书摊。

（4）时尚圈人士、休闲人。

①现实中在以下几个地方：单位、家中、娱乐场所、商场、健身场所、体育场所、电影院、偶像演唱会、书摊、美容院、地铁、汽车、酒店。

②网络中在以下几个地方：网上书店、招聘网、交友网、新闻网、网上书店、校内网、开心网、天涯网、豆瓣网、优酷网、土豆网、淘宝网、QQ、论坛、博客圈、社区、贴吧。

4. 目标读者区域分析

以下大城市占总量的 80% 以上：首攻上海、北京、合肥；二攻广州、深圳、杭州、南京、重庆、天津、青岛；其他城市跟风而动。

（三）what，告诉受众什么

所有文案均以引起好奇、解密为特征：

1. 腰封文案独出心裁

（正面）忠告：本书可能遭遇代沟，引起思想冲突，请在校生慎购！

这是欲擒故纵的营销策略，越禁越禁不住，特别是对于处在叛逆期及有自我主张的年轻人，听了这句"请在校生慎购！"，会引起他的更大兴趣，非看不可。

（背面）为革命，保护智力，预防脑衰，手保健操开始。

它把眼保健操巧妙地改了一下，就把本书的内容从另一个角度彻底诠释了。幽默风趣的语言必将引起读者的共鸣：看看吧，还有什么搞笑的地方。

2. 宣传导语

如果你不知道"老湿"是谁，你就从《勘误表》开始阅读；如果你是"童鞋"，你就把书一口气看完；如果实在憋不住气，你就两口气看完也行。你骂我，是因为你还不了解我，等你看完这本书了解了我，你就会打我的。这是一本大人没看就想撕，年轻人撕了也要看，幽默、风趣，超级另类的创意休闲读物。

另类搞笑的导语，是吸引读者看下去的原因。

（四）why，沟通的目的是什么

1. 动用各种资源合作
2. 最终读者购书、看书

（五）when，什么时候进行沟通

1. 前期预热（出版前）

（1）线上宣传。网络是目前最不可估量的宣传阵地。

①"三联"在官网及微博官网推出书讯（2011年4月21日）。这是《走吧》宣传的基础，说明《走吧》已经进入正规出版阶段。

②和第一设计网"红动中国"合作。红动中国注册会员达125万，是中国最大的设计师聚集的地方。合作方式：《走吧》中提及红动中国，红动中国在网站作相应软性采访宣传及硬性广告推广。

③交友网。注册《走吧》女主角信息。

④将《走吧》女主角捧成上海大学校花（制造明星）。

⑤将《走吧》创意宝宝——狗狗——做成搞笑视频在以下网络播放（制造明星）：酷6网，优酷网，搜狐博客，新浪微博，豆瓣网，土豆网。

⑥Q版动画版宣传。在以下网络播放：酷6网、优酷网、搜狐博客、新浪微博、豆瓣网、土豆网。

⑦建立"不要小看自己——一个普通作者打造一本畅销书的全程实录！"微博。这是作者的又一个营销创意。把《走吧》的出书过程以纪实方式公开（当然会注意恰到好处），引起广大普通读者的共鸣。

浙江卫视节目《中国梦想秀》是将明星完全当做绿叶，为平民圆梦，所以观众选择《中国梦想秀》是为"梦想"买了单，而非为"秀"。

每一个读者其实就是一个普通人，而作者代表的就是普通人，当普通人能把普通人的梦想实现，也就等同于实现自己的梦想。这是《走吧》的励志性所具有的现实教育意义。

⑧建立《走吧》的免费网站，并作相应宣传。

⑨建立《走吧》的论坛，引起舌战。

⑩在人人网、开心网、天涯网等论坛发文。

⑪在各广告论坛，如天下广告论坛（http：//www. aaaad. cn/forum. php）发文。

⑫和各广告媒体合作。比如：《中国广告》杂志；中国广告网论坛；21 世纪广告网专访；《广告人》专访；梅花网专访；《广告导报》专访；中国广告人网，http：//www. chinaadren. com。

⑬在招聘网上注册。招聘图书营销员。比如：广告英才网，http：//ad. job1001. com；前程无忧网，http：//www. 51job. com；赶集网，http：//sh. ganji. com；百姓网，http：//shanghai. baixing. com/gongzuo；58 同城网，http：//sh. 58. com；智联招聘，http：//www. zhaopin. com；中华英才网，http：//searchjob. chinahr. com；上海招聘网，http：//www. shjob. com；第一招聘网，http：//www. 01job. cn；大上海人才网，http：//www. dshrc. com；（上海无忧招聘网）大平台人才网，www. dapingtai. cn；卓博人才招聘网，http：//www. jobcn. com。

⑭建立贴吧。为《走吧》建立贴吧，为作者建立贴吧。

⑮建立百度文库。为《走吧》建立百度百库，为作者建立百度文库。

⑯在各贴吧发布《走吧》信息。如，"90 后的青春"（3 173 人）、"设计"（1 689 人）、"创意"（786 人）、"90 后的爱情"（2 092 人）、"90 后的呼吸"（2 265 人）、"创意星空"（111 人）、"90 后圣地（558 人）"、"90 后的我们（364 人）"、"广告人"（111 人）、"年轻是种态度"（137 人）、"创意设计"、"创意家居"、"创意小说动漫吧"、"设计师"、"设计师社区"、"设计论坛"、"设计艺术学"、"设计群"、"设计艺术系"、"设计 21"、"广告"、"广告设计"、"广告制作"、"广告衫"、"广告策划"、"广告语"、"广告歌曲"、"广告节"、"广告联盟"、"广告公司"、"90 后"、"90 后社圈"、"父母皆祸害"、"90 后的青春正在盛开"、"90 后靓男靓女"、"90 后留学生"、"90 后的那些事"、"90 后的言语"、"90 后的男生女生"、"90 后的天空"、"90 后的亲密"、"策划"、"策划人"、"策划人生"、"年轻"、"年轻人"、"年轻无极限"、"青年人"、"青年汇"、"教师群"、"教师论坛"、"教师资格证"、"教师之家"、"教育"、"教育论坛"、"教育与考试"等。

⑰在各"圈"发布《走吧》信息。如，"360 圈"（年轻人的地带）、"东方客栈"（8 110 人）、★酷漫领域★（3 213 人）、"80 90 后生活圈"、"80 后 90 后生活圈论坛"、"80 后 90 后会员 QQ 群 48380818"、"90 后社区"等。

⑱在以下论坛或贴吧注册并与网友互动问答："Anti-Parents 父母皆祸害"、"广告门"（5 000 人）；"广告人酒吧"（28 700 人）、"龙之媒书友会"（3 762 人）、"叫板"（1 157）、"广告特工"（5 000 人）等。

（2）线下宣传（合作）。和中国第一品牌生态主语"水墨能量"全景式旅游胜地——水墨汀溪风景区合作，为其开幕式及今后游人提供了 2 000 个环保袋，风景区以 200 张价值 25 600 元的门票作为回报。这是非常互惠互利的事情。

本宣传可以吸引潜在读者及书商。潜在读者如果有意购买会去书店询问，会给书店造成影响；书商会通过电话咨询，从而得到额外订单。

2. 中期广告与销售（出版时）

（1）线上广告。

①与中国最大的设计师聚集平台第一设计网"红动中国"（http：//www. redocn. com，220万注册会员）合作，在首页发布《走吧》独一无二的图书信息。

②与中国最大的图片库"全景网"（http：//www. quanjing. com）合作，在论坛发布《走吧》独一无二的图书信息。

③与全球著名的图片库"gettyimages"（http：//www. gettyimages. cn）合作，在论坛发布《走吧》独一无二的图书信息。

④在新华书店总店信息中心（http：//www. xinhua1. com/GuestBook/Index. asp）发布书讯。

⑤在"全国出版物发行信息网"（http：//www. cpin. com. cn）发布书讯。

⑥在搜狐读书频道（http：//book. sohu. com）发布书讯。

⑦"新华e店"为《走吧》电子书发布书讯。

（2）线下宣传。

①专题讲座。

②户外广告。

③车身广告。

④在大学校园做广告。

⑤自身车身广告。

⑥搭车广告。

⑦赠送"狗"钥匙牌（地铁站、公交站）。

⑧书中引用案例相关单位用自有阵地制作广告（销得越多，影响越大）。

（3）线上销售。当当网、网上书城、亚马逊、博库网、上海广告人书店、上海麦迪逊书店、山东广告人书店、广州麦迪逊广告人书店、昆明麦迪逊广告人书店、淘宝网——设立专柜。

（4）线下销售。

①书店。出版社销售渠道：全国新华书店及民营书店、机场书店等。

②北京图书订货会。

③2011上海书展。

④现场签售会。

⑤非书店：风景区、超市（喜乐多，可的）、KTV、酒店（旅店）、服装店、化妆品店、地铁、饭店、酒吧、咖啡厅、快餐店、游乐场等。

（六）how，怎样进行沟通

1. 线上广告

（1）文字式。

（2）图标式。

（3）广播式。

（4）影视式。

（5）动画式。

2. 线下广告

（1）表现形式。车身、易拉宝、招贴、不干胶、人体、横幅、背景、墙头广告、书大模型等。

（2）媒介策略、媒介选择。

①报刊：以免费新闻为主。

②户外广告：以最低成本取得最大效果。

3. 公关营销策略

（1）由三联发行部门通过书展将书铺至全国图书馆。

（2）由三联发行部门通过发行渠道将书铺至全国各地书店。

（3）由三联发行部门通过发行渠道将书铺至全国网上书店。

（4）由三联发行部门通过发行渠道将电子版书铺至"新华 e 店"网上书店。

（5）由三联发行部门通过上海书展举办签售会，给予特别营销签售会方案。

（6）由三联发行部门与"新华 e 店"对此书进行重点推荐。

（7）业内《中国广告》、《上海广告通讯》、中国广告网、红动中国网等同步报道新闻。

三、广告目标

以最小的宣传费用获得 1 万册以上的销量。

1. 书店销售 3 000 册

2. 现场销售 1 000 册

3. 网店销售 6 000 册

四、广告策略

1. 广告产品策略

（1）产品定位策略。这是写给 90 后看的书，读者对象主要是 90 后和 80 后，兼顾教师与 60 后人。

（2）价格策略。考虑到印刷数量及读者购买能力，本书开本为大 32 开，208 页，铜版纸四色全彩印刷，烫金文字，UV 封面，外加折叠书签，透明包装。出版社定价只有 26 元，比较合理。

（3）产品生命周期策略。图书的生命周期比较短，如果一本书在半年内没有起色，将很难引起读者注意。本书必须在一年内实现初印售完。

（4）产品包装策略。以抓眼球的书名及书封及引导语，透明包装。

2. 广告市场策略

（1）渠道策略。

①参加 2011 上海书展（2011 年 8 月上海展览中心）。

②传统书市流通渠道。

③网络书店流通渠道。

（2）创新战略。例如，市场创新。市场是复杂多变的，消费者未满足的需求是客观存在的。营销者要善于捕捉市场机会，发现消费者新的需求，寻求最佳的目标市场。因此，可开发非书店销售渠道。这些渠道包含：风景区、超市（喜乐多，可的）、KTV、酒店（旅店）、服装店、化妆品店、地铁、饭店、酒吧、咖啡厅、快餐店、游乐场等。

3. 广告发布时机策略

（1）出版前：做好预热，引起好奇。

（2）发行中：引起读者注意及强烈购买欲。

（3）出版后：总结得失，不断有新的营销手段出现。

4. 广告媒介策略

（1）线上。

①微博。

②论坛。

③网上书店。

④贴吧。

⑤百度百科。

（2）线下。

①印刷海报。

②举办活动。

③户外广告。

④举办活动。

5. 广告表现策略

（1）线上表现。

（2）线下表现。

（3）目的。

（4）活动策划。

五、广告表现和执行

参见"二、广告传播目标"中的"（六）how，怎样进行沟通"。

六、效果预测、评估

以不超过 2 000 元的宣传费用获得 5 000 册以上的销量。

1. **书店销售 2 000 册**
2. **现场销售 500 册**
3. **网店销售 5 000 册**

第二部分　实　施

一、前期预热（出版前）

1. 线上宣传

网络是目前最不可估量的宣传阵地。

（1）"三联"在官网及微博官网推出书讯（2011 年 4 月 21 日）（见图 3-6）。这是《走吧》宣传的基础，说明《走吧》已经进入正规出版阶段。

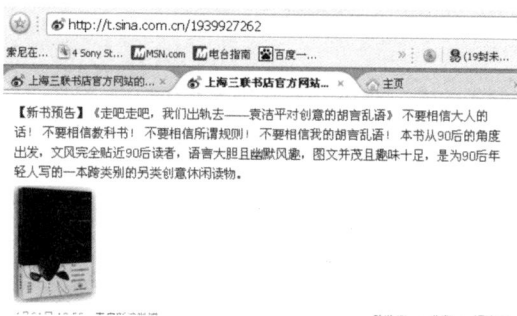

图 3-6　新书预告

（2）和第一设计网"红动中国"合作，免费在首页展示动画广告（见图 3-7）。

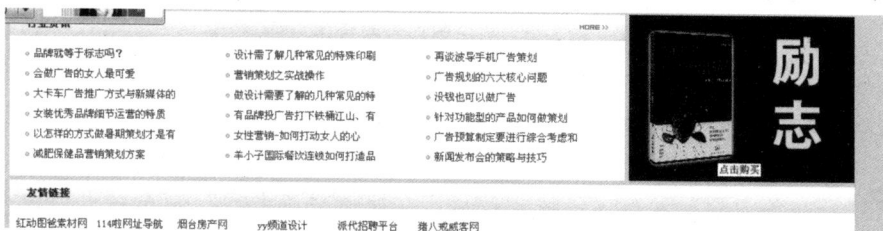

图 3-7　网页广告

（3）在交友网进行宣传。

（4）Q 版动画片宣传。制作"撕了也要看"的动画，并上传至酷 6 网、优酷网、搜狐博客、新浪微博、土豆网。制作腰封上的"囧字脑体操动画",并链接购书网址。

(5)建立《走吧》的贴吧。建立贴吧,并发表全部与之有关的文章35篇,如:

《走吧走吧 我们出轨去》封面设计解析

《走吧走吧 我们出轨去》是谁取的名字

《走吧走吧 我们出轨去》谁写的

《走吧走吧 我们出轨去》腰封上令人喷饭的三人组合囧保健操

《走吧走吧 我们出轨去》中的上大校花袁媛

《走吧走吧 我们出轨去》版权页

《走吧走吧 我们出轨去》目录

《走吧走吧 我们出轨去》引起争议的扉页

《走吧走吧 我们出轨去》写给谁看的

广告大腕莫康孙与《走吧走吧 我们出轨去》

世界双笔王顾浩君大师与《走吧走吧 我们出轨去》作者袁洁平有何关系

《走吧走吧 我们出轨去》中的创意宝宝

《走吧走吧 我们出轨去》出轨之处

《走吧走吧 我们出轨去》之读后感

《走吧走吧 我们出轨去》经典语录

……

(6)在天涯网论坛发了一篇文章《花26元〈出轨去〉》,引起读者强烈好奇心。

(7)在各广告论坛发文(如天下广告论坛)。

(8)和中国广告网合作:注册微博送《走吧》活动(见图3-8)。

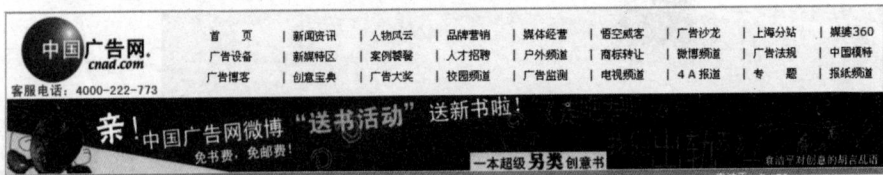

图3-8 与中国广告网合作

(9)在招聘网如赶集网、百姓网、上海招聘网上免费宣传。

(10)建立百度百库:为《走吧》建立百度文库。

(11)在各贴吧发布《走吧》信息:在部分贴吧发文,但很快被删除。

(12)在各"圈"发布《走吧》信息:在搜狐"读者圈"发布《谁该读一读〈走吧走吧 我们出轨去〉这本书》及《袁洁平〈胡言乱语〉倡议书》这两篇文章,引起读者圈圈主及人文广场版主的高度评价,并专门撰文,迅速起到非常好的宣传效果。

（13）名人书评：在博客及贴吧发表。

（14）当当网的读者争论：自然的传播。

（15）豆瓣网的读者争论：自然的传播。

（16）专业读者的高度赞扬：青岛科技大学艺术学院梁克珊教授在2011年厦门大学承办的全国广告学术会议上偶尔知道这本书，于是在网上购买了一本，看了以后非常激动，她主动专门撰文《"出轨去"的巧妙》，并在课堂上向学生推荐将该书作为课外读物。

2. 线下宣传

和中国第一品牌生态主语"水墨能量"全景式旅游胜地——"水墨汀溪风景区"合作，为其开幕式及今后游人提供了2 000个环保袋（如图3-9所示），风景区以200张价值25 600元的门票作为回报。这是非常互惠互利的事情。

图3-9 环保袋广告

二、中期广告与销售（出版时）

1. 线上广告

（1）与中国最大的设计师聚集平台第一设计网"红动中国"在首页发布《走吧》独一无二的图书信息。

（2）在"全国出版物发行信息网"发布信息。

（3）"新华e店"做《走吧》的电子书宣传；在《新闻晨报》免费报道，《走吧》排11本推荐书第一位、在书展期间取得下载排名第四位的好成绩（如图3-10所示）。

2. 线下宣传

（1）户外广告：户外围墙广告阵地。

（2）在第十八届国际广告节大学生艺术节开幕典礼上未花分文巧妙地做了广告；在黄河奖颁奖典礼上，通过两块电子屏进行微博互动，为本书做了知名度广告；在第十届中国大学生广告艺术节学院奖启动仪式上，广告大腕莫康孙向大学生作创意演讲时，通过腾讯微博进行互动（见图3-11）。

3. 线上销售

网上签售：当当网、亚马逊、博库网、淘宝商城、拍拍网等几百家网店全面

图 3-10　《新闻晨报》的报道

图 3-11　腾讯微博互动

铺开。

4. 线下销售

（1）书店。上海书城及全国各地新华书店。

（2）2011 上海书展签售会（见图 3-12）。在书展签售会前，由四个大学生，身穿"出轨去"签售会衣服，头戴"囧"字面具，在书展上穿行，引起不小轰动，吸引了不少读者过来，尤其意外的是吸引了各电视台三台摄像机跟拍，其中上海电视台记者主动采访了作者，起到了以奇制胜、以小博大的新闻效应。现场半个多小时签售了 150 多本。

图 3-12　2011 上海书展签售会

签售会邀请了双笔王顾浩君、作家吴丝丝一起现场签售。

（3）在格林豪泰万体馆店实施了非书店销售试点。

（4）在某某咖啡店实施了非书店销售试点，将书当做精神食粮来销售。

（5）新华 e 店现场注册下载电子版。

（6）企事业团购：浦东新区企业与企业家协会团购该书为企业家"充电"。

三、公关营销实施

（1）由三联发行部门通过书展将书铺至全国图书馆；

（2）由三联发行部门通过发行渠道将书铺至全国各地书店；

（3）由三联发行部门通过发行渠道将书铺至全国网上书店；

（4）由三联发行部门通过发行渠道将电子版书铺至"新华 e 店"网上书店；

（5）由三联发行部门通过上海书展举办签售会，给予特别营销签售会方案；

（6）由三联发行部门与"新华 e 店"对此书作重点推荐；

（7）业内《中国广告》、《上海广告通讯》、中国广告网、红动中国网等同步报道新闻。

四、后期广告（出版后）

1. 将新闻再传播

（1）博客、论坛发文。

（2）将签售会制成影片上传至各视频网站再传播。

2. 策划新的营销活动

第三部分 总 结

一、效果评估

从 2011 年 7 月 20 日首发，截止到 2013 年 5 月 31 日的统计结果：《走吧》总销售量 8 223 册。其中：书店销售 2 867 册；签售会现场销售 437 册；网店销售 4 356 册；非书店销售 563 册。

二、得失总结（见表 3-1）

表 3-1　　　　　图书宣传实施项目及收获

实施项目	支出（元）	收获	备注
名人书评	300	获得关注	免费（送书）
网络书评	0	获得关注	免费
百度百科	0	获得关注	免费
论坛	0	获得关注	免费
网上文章	0	获得关注、转发	免费
全国书店	0	全面铺开	发行部门
全国网店	0	全面铺开	发行部门
全国图书馆	0	全面铺开	免费
上海书展举办签售会	500	上海电视台采访（免费）	活动支出
新华 e 店电子书	0	获销排第四名	免费
非书店销售格林豪泰	200	月销 30 册	未续
非书店销售伊诺咖啡店	100	300	实施部分
《中国广告》	0	业内新闻	免费
《上海广告通讯》	0	业内新闻	免费
中国广告网注册微博送书	1 500	2 月首页广告通栏	免费
红动中国网	0	2 月首页广告	资源互换
《新闻晨报》	0	书展报道（第一位）	新华 e 店
第十届中国大学生广告艺术节	0	受众 5 000 以上	现场发微博
户外围墙广告	1 000	获得路人关注	无从考查
水墨汀溪风景区（环保袋广告）	2 000	获得价值 25 600 元门票	
合计	5 600	价值 5 万元以上	投入产出比 1：10

　　表 3-1 中只是执行的部分项目，还有很多项目没有执行或没有继续执行。其实只要找到方法，打开一条通路，就一定可以以少胜多，以小博大。本次策划没有取得非常大的成功，关键还在于虽然策划了，但部分没有去实施或执行不到位，影响了总体结果。这个案例有许多地方值得总结和思考。

项目评估人：袁洁平　姚霞　陆辉

第Ⅱ篇 策划人案例

2009 "多彩贵州——家乡美" 大赛创意方案[*]

【背景介绍】

　　《贵州商报》2008 年 12 月 2 日第二版刊登了一条消息:《2009 "多彩贵州" 主题文化活动征集创意方案　明年大赛比什么　你有啥创意》。读到这条消息后,本书作者一方面向学生布置 "2009 多彩贵州比什么、怎么比策划创意" 的作业,一方面自己动手拟提纲,查资料。12 月 20 日这份创意策划基本完成,在贵州优立佳文化传播公司做提案报告,接受公司上至总经理、总裁助理、执行总监,下至普通员工等十几人的质询,回答各种问题,获公司一致通过,将创意策划案报送贵州省委宣传部。12 月 30 日,根据贵州省委宣传部的要求,呈送十份纸质策划书和一张光盘到省委宣传部。2009 年 1 月 19 日,优立佳公司总经理胡小兵先生接到领奖的通知,我们提交的方案获面对贵州全省而做的唯一的最佳创意奖。

　　我们为什么要向省委宣传部报送这一创意方案?

　　第一,"多彩贵州" 主题文化活动第一届和第三届做得很好,已成为宣传贵州的品牌,第二届和第四届的效果不理想。面对现实,我们贵州有实力的广告公司和有责任感的广告人,义不容辞,应担当起 "多彩贵州" 品牌维护、推广的重任。

　　第二,放眼贵州,能主动为 2009 "多彩贵州" 主题文化活动出创意方案的单位并不多。其原因是:领导机关的公信度不够高,有能力为此做创意的公司,怕费力不讨好;多数公司正忙于赚钱的业务,无暇顾及此事;部分公司认为自己实力不济,没有安排此事;与优立佳公司有竞争力的只有贵州天马广告公司;不仅要出 "创意",而且要做整体策划,有兴趣的个人可能心有余而力不足;不谙世事的公司,由于策划创意水平问题,被省委宣传部认可的希望较小。

　　因此,我们优立佳文化传播公司和广告教学人员合作,优势互补,齐心协力,一定能交出一份有分量的 2009 "多彩贵州" 主题文化活动创意策划方案。

---

　　* 该案例由王多明执笔,选自王蕾,王多明. 策划书写作及精选案例解读〔M〕. 北京:中国广播电视出版社,2008.

第三，关于 2009"多彩贵州"主题文化活动比什么、怎么比的创意方案，我们在两所大学近百人中以作业方式，征集"比什么"的意见和建议。至今还没有获得能替代"比家乡美"更好的创意。次于"比家乡美"的意见较集中的是"比美食"。

第四，优立佳公司是中国二级广告企业，在贵州省内有很大的影响力，有组织"2007 魅力飞扬欢乐大巡游"执行经验，交给省委宣传部的创意方案会引起领导的重视。王多明是中国广告协会学术委员，企业文化策划专家，有较厚实的策划创意功底，在省内外有几十个成功策划案例。

第五，在 12 月底之前，我们除了交出完整的电子文本（图形）以外，还向省委宣传部面呈精致的纸质稿本，表达我们的诚意。

第六，2009"多彩贵州"这样大型的活动，一定要有可执行的具体操作步骤，我们一定要争取成为承办单位。在方案的"市场运作"中，运用优立佳优势，获得应有的收益。

（这一篇策划前的策划，对公司内部统一思想、打消顾虑有积极作用。）

前提

2005"多彩贵州"歌唱大赛、2006"多彩贵州"旅游形象大使选拔大赛、2007"多彩贵州"舞蹈大赛、2008"多彩贵州"歌唱大赛是宣传贵州，向全国、全世界推介贵州的有效形式，因而都获得了成功。

2009 年"多彩贵州"比什么、怎么比？

我们考察贵州的实际，有这样的深刻体会：贵州"两欠"对应有两大资源——贵州丰富的矿产和贵州美丽的"家园"。矿产不可能再生，卖矿不能促进贵州持续发展、建设和谐生态文明，因而建议 2009 年"多彩贵州"通过比"家乡美"，向外界大张旗鼓地传递"发现家乡美"、"宣传家乡美"、"热爱家乡美"，我们要充分利用贵州山水和人文景观的魅力，开展"红色旅游"、"休闲旅游"、"科技旅游"、"参与性旅游"、"体验性旅游"等多种形式，吸引更多的省外、国外游客入黔旅游。

贵州的"家乡美"是客观存在的，就看我们能不能去发现。

用比赛"家乡美"的方法，是动员所有贵州人都来发现美。

世界旅游组织预测，到 2020 年中国将成为世界第一大旅游国，作为"公园省"的贵州，奉献给世界游客的是——每个乡镇都有旅游景点，县区皆设旅游热线。

依托原有景点，加上 2009"多彩贵州"新发现、新开发的景点，以贵阳市为中心，将旅游线路向四面八方延伸出去，每条线上有大小 30 至 50 个景点，旅游一条线路要 3 天左右。这时的贵州旅游业就会有突飞猛进的发展。

【解析】任何有发言权的策划，必先占有充分的依据，毛泽东说得好："没有调查，就没有发言权。"做策划，不能等着项目已经到眼前了，才开始去调查，在此之前，策划人的大脑里就应该有相当的"存货"。"临时抱佛脚"就不可能在规定的时限内完成比别人更具实际意义的策划案。

"家乡美"大赛与前四届"多彩贵州"大赛相比，有4个方面不同：

（1）将社会精神文化状态的比赛转到自然物质文化形态方面。

（2）将动态美比赛转到相对静态美方面。

（3）将比"人"的行为转为比"物"的形态。

（4）将仅是人的参与转为人与自然和谐共存参与。

【解析】"先入为主"是人们接受一件新事物的认识规律。策划书撰写者服从规律、利用规律，把这份策划要表达的重要内容放在最前面，使读者留下新印象，也好似先"提出问题"，再"分析问题"，最后"解决问题"，抓住读者的"有意注意"，引导读者一步一步往下看。

一、"家乡美"大赛参与对象及获奖节目数量

全省地（市）、县（区）、乡（镇）三级行政单位全部参加。

以乡（镇）、街道办事处为基础单位，当地驻军和企业参与本地的活动。

（1）每个基础单位推举5~8个"家乡美"节目，参加县（区）评选。

（2）每县（区）从乡（镇）选送的节目中，评选出25个节目，参加地（市）的评选。

（3）地（市）从县（区）选送节目中评选出30个节目，参加全省比赛。

（4）省大赛产生"家乡美"获奖节目（第一批100个获奖节目），不分金、银、铜奖。

（5）对乡（镇）、县（区）、地（市）组织工作、参赛成绩显著的，颁发组织奖。

【解析】对贵州行政区划的了解是提出这个有创意的内容的前提。以乡（镇）为参赛"基础单位"，县、地（市）、省为三级比赛单位，层次清楚，便于操作；调动各级行政单位的积极性；减轻"总冠名"的经济压力；大赛目的不是争"金牌"，而是推出更多的旅游新景点。

二、"家乡美"大赛主题口号

比赛口号："多彩贵州　美不胜收"。

贵州处处有美景，上可比天堂，下可比苏杭；贵州的自然生态美景，巧夺天工；贵州的人文美景，凝聚了千百年世居的各民族人民的聪明才智。

"家乡美"大赛要向人们展现"美不胜收的多彩贵州"。

【解析】口号是主题的高度概括，是对策划意图充分理解后的思想释放。从技术表现上，字数5~9个为宜。因此，我们提出"多彩贵州　美不胜收"8个字，既有主体信息"多彩贵州"，又落实到比"家乡美"的"美不胜收"的大赛宗旨

上。"州"与"收"韵母相同,实现了"双声叠韵"的写作要求,读起来顺口,便于传播记忆。

三、"家乡美"大赛的目的和直接意义

第一,通过挖掘家乡之美,激励人们热爱家乡、维护家乡生态之美,建设和谐家乡、为家乡的持续发展增光添彩。

第二,通过大赛,发现、传播贵州各地美景,大张旗鼓对外宣传;盘点、总结、挑选有旅游推介价值的旅游景点、景区,为进一步发展全省旅游业,积累更多的新鲜资讯。

第三,为规范贵州各旅游景点的对外宣传打好基础,促进贵州旅游业更好更快发展。

第四,明代的地理学家徐霞客,出游考察时曾经到过贵州的很多地方,他在游记中对黄果树瀑布作了这样的描述:"翻岩喷雪,溪皆如白鹭群飞。一溪悬捣,万练飞空。捣珠飞玉,飞沫反涌,如烟雾腾空,势甚雄励。所谓珠帘钩不卷,飞练挂遥峰,俱不足以拟其状也。"一位省外游客,对黄果树瀑布皆有如此的描绘,我们贵州人,面对家乡美景,应该再交出一幅幅动人的画卷,一篇篇玲珑剔透的美文。

【解析】在写作这份策划案的时候,我们重温了《徐霞客游记》,感慨当年的旅行家的艰辛,感慨旅行家对山水的体会和描述,感慨我们"如入芝兰之室,久而不闻其香"的遗憾。

四、"家乡美"大赛内容

1. 比家乡奇特的自然山水

奇山、奇水、奇石、奇林、奇花、异草、奇洞、奇路、奇兽等能展示"家乡美"的自然景象。

2. 比家乡著名的人文景观

民居、塔楼、庙宇、道桥、石刻、雕塑、服饰、用具、习俗、饮食、历史遗迹等。

在比赛以上两大内容的同时,在县、地比赛的现场和视频宣传中,加进吸引人们关注的具有地方民族特色的特技表演和比赛:

(1)民族文化竞技表演和比赛,少数民族歌舞表演,民间手工类制品展销。

(2)贵州喀斯特地貌的探险、攀岩、漂流比赛。向省外、国外相应体育团体和组织及活动的爱好者发出邀请,加强对外宣传,吸引省外、国外的游客前来参加参观参赛,借此宣传贵州的特色旅游。

【解析】"家乡美"可以拿出来比的东西,实在太多,我们重点推出"自然山水"和"人文景观"两个大方面,也为今后推出"多彩贵州"新项目留出空间。

五、"家乡美" 大赛表现形式

1. 照片

每个"家乡美"项目，用 A4 尺寸照片（8～10 张一组），从不同角度立体地表现自然景象或人文景观，如反映"家乡美"春夏秋冬的自然景致、表现家乡人文景观和谐与共的照片。

2. 视频

播映 3～5 分钟电视节目，用数码摄像机拍摄景观，配以解说，加进具有地方特色的背景音乐。邀请出自本地的名人回家乡参与策划、创意、表演、拍摄、制作。

3. 文字

每个"家乡美"项目，用 800 字以内的文字作介绍。发动家乡的中小学生参加比赛，邀请家乡的文化人都来参与"家乡美"的写作。

【解析】感觉器官正常的人，接受来自外部的信息，80% 要通过视觉。参赛者要千方百计地抓住观众的眼球，使他们的瞳孔在我们"家乡美"的图片、视频、文字面前，不由自主地放大。

六、群众参与

乡、镇、街道办事处等基础单位的群众，党政部门公务员，均有推介家乡美的责任和义务。由本地人员拍照、摄像和写稿。基层单位有文化名人在省外、国外工作的，可邀请他们回原籍，帮助宣传家乡美和大赛晋级活动；如有困难，可约请外援。目的是将精品提供给比赛，将全省精品提供给全国和世界。

县（区）赛的照片作品，统一装帧，在各县（区）广场展出，由专人照看，向观众发送选票，收集群众评选选票。地（市）赛和省赛的候选照片展示，可采取同样办法。

县（区）、地（市）和省电视台要安排专题节目播放时段，播映参赛的视频节目，通过手机短信、电话、网上投票等方式收集观众的意见。

地（市）及省报安排周末专版，刊登参赛的照片及文字介绍。读者剪下报角的选票，送到指定的地点参与投票。

县（区）、地（市）及省人民广播电台以专题节目时段播放参赛节目的文字介绍。

《贵州画报》、新闻图片刊印选出的新景点的新风貌。

七、"家乡美" 主项活动大赛分组

甲组为贵州原有旅游景点（以贵州省旅游局确定的为准）。

乙组为"家乡美"大赛推出的新景点（这是本次大赛的重点）。

甲乙两组分别设立奖项。在深入挖掘、发扬光大原有著名景点、景区的同时，重点发现、推介贵州新的有旅游开发价值的景点、景区。

【解析】知名度已经很高、较为成熟的旅游景区和景点，实际上不是这次"家乡美大赛"的目标，寻找新的景区和景点才是重点，让"藏在深闺人未识"的新"美景"展现出来。

八、"家乡美"大赛比赛程序和时间安排

1. 确定项目

2009 年 1 月确定、完善项目的整合传播营销策划案，草拟大赛评选标准，征求省内外专家意见，报省委宣传部领导批准。

2. 内部通气

2009 年 2 月，经专家和领导论证、批准，邀约有意为活动冠名的几家企业领导人，召开"通气会"，鼓励他们积极参与"2009'多彩贵州'——家乡美大赛"，成为"党政推动、社会参与、市场运作、媒体搭台、文化唱戏"活动的省冠名单位；省委宣传部召开媒体负责人会议，部署媒体参与配合的工作。

各地（市）党委宣传部组织当地有经济实力、有企业文化宣传欲望的企业召开"通气会"，鼓励他们积极参与地（市）组织的"2009'多彩贵州'——家乡美大赛"，成为"党政推动、社会参与、市场运作、媒体搭台、文化唱戏"活动的地市、县冠名单位；向地（市）媒体单位安排参与配合的工作。

3. 全面启动

2009 年 3 月初，召开新闻发布会；省委宣传部向地（市）、县（区）、乡（镇）及省有关部、委、厅、局、部队、中央驻黔企业和机构发出"2009'多彩贵州'——家乡美大赛"通知；集中贵州龙头风景区，著名人文景观所在地，以及极具潜力的乡（镇）、县（区）宣传部的表态性文章，在全国及省市各大媒体上整合刊播，掀起第一轮宣传高潮。

4. 报名热浪

2009 年 4 月，各乡、镇、街道办组织报名，在基础单位旅游点宣传参赛资料，重点选择著名景区、有潜力的新景点的宣传报道（由 9 个地（市）推荐、组稿），月底在各报纸上报道全省报名情况。这时将推出近万个"家乡美"的盛况。

5. 媒体宣传

从 2009 年 3 月底至 9 月的半年时间里，充分利用省内三级电视、广播、报纸、杂志（《当代贵州》、《贵州画报》等）媒体，城镇的路牌、灯箱、公交车体、出租车顶灯，发布"2009'多彩贵州'——家乡美大赛"主题"多彩贵州　美不胜收"的文案及图形广告；在贵州的官方网站、全国的官方网站，不断地发布基本信息和更新信息；通过基层参赛单位的有线广播、公告牌、墙体广告、跨街布标广告，宣传"2009'多彩贵州'——家乡美大赛"的意义，重点是认识家乡、热爱家乡、建设持续发展、生态和谐的家乡。集中主题，掀起第二轮宣传高潮。

建议用贵阳媒体的版面和时间与目标游客所在地的媒体的版面和时间互换，尽可能多地在全国媒体和省外媒体上进行宣传。用组合型媒体宣传大赛意义，招商引资，争取将省外的企业资金引进"家乡美"的活动中。

6. 大赛开始

2009 年 6—7 月举行县赛，7—8 月举行市赛，8—9 月举行省赛，9 月底举行省决赛，10 月授牌颁奖。通过画册、报纸、杂志、书籍、电视、广播、情景表演、曲艺演出等丰富的形式向全国、全世界推介。

7. 向外推广

2009 年 6—10 月，加强在省外、国外媒体上做活动宣传，与省外、国外旅行社联络，组织游客参加"2009'多彩贵州'——家乡美有奖评选"活动。

集中力量掀起第三轮宣传高潮。

8. 颁授奖证

2009 年 9—10 月，决赛和颁奖，省内媒体利用周末版分期（批）系统宣传大赛获奖景点、景区和人文景象。

颁奖晚会（分三天进行）以获奖景致为天幕，演出该地富有民族特色的文艺节目；获奖地的村（居）民代表上台领奖；主持人与电视机前观众互动，鼓励观众参与有奖问答。

9. 深入宣传

（1）10 月安排印制"多彩贵州　美不胜收"画册（精装、平装两种）；

（2）编辑、刻录、拷贝全省获"家乡美"大赛奖的视频光盘（省、地（市）电视台分工合作，地（市）台刻录本地（市）的"家乡美"节目）；

（3）编辑全省获"家乡美"大赛奖的景点、景区、景象、景观的文字资料，每个地（市）编成一个分册，全省共 9 个分册；

（4）省、地（市）广播电台安排固定时段，新开"家乡美"栏目，播放篇幅约 800 字的文案；

（5）各级评展的现场，开展民间手工艺品展示会，宣传家乡特色手工艺饰品；

（6）在拍摄"家乡美"的同时，征集当地原创民间歌曲、乐调，作为家乡美景的背景音乐；

（7）在县、地两级开展旅游景区解说词比赛；

（8）顺势举办地方特色美食交流会（宣传贵州地方特色小吃及其制作方式与营养成分，为以后的"多彩贵州"美食大赛，打下基础）；

（9）举办县、地创作诗歌大赛，主题为歌颂"家乡美"，分小学、中学、大学、成人四个组进行。

（具体的时间表待省委宣传部确定该项目方案后，才能奉献。）

九、"家乡美"节目评选专家

1. 国内、国外专家

在省新闻发布会后，由组委会向 9~11 位国内旅游景区管理专家预先发出聘请其为地（市）"'多彩贵州'——家乡美"节目评选专家的邀请函；由组委会向中国香港、澳门、台湾地区，以及新加坡、加拿大、法国、英国、美国、澳大利亚等国家的 9~11 位旅游管理专家预先发出聘请其为贵州省"'多彩贵州'——家乡美"节目评选专家的邀请函。

聘请国内、国外专家的目的，是让他们从活动开始启动就十分关注 2009 "多彩贵州"的比赛，用他们的影响力向更大的范围传播。

2. 省内专家

县级"家乡美"节目的评选工作由省内专家和领导担任。

【解析】聘请专家的过程，本身就是广告传播的过程。通过媒体报道，介绍"家乡美"大赛的赛事，就是一种有效的新闻炒作。这种传播做得越广泛、越深入，效果越好。

十、宣传媒体互动

1. 大众传播及网络、户外媒体传播

电视：省地（市）电视台、县文广局电视广播、企业电视台。

报纸：机关报、企业报。

广播：省地（市）广播电台、乡镇有线广播。

杂志（期刊）：《当代贵州》、《贵州画报》、《新目标大市场》、《城市档案》。

网络：贵州信息港、金黔在线。

户外：贵州的几条高等级公路、国道、省道旁的大型户外广告牌。

根据总体策划，各媒体单位做出具体的宣传计划，报省委宣传部，送"2009'多彩贵州'——家乡美大赛"组委会备案。

组委会每旬编制"简报"，向省委宣传部汇集每个阶段的新情况、新经验、新问题，发送有关单位，督促、检查、落实总体策划的分步实施情况。

2. 分众传播

移动、联通、电信的手机短信；各大超市的 DM 单用 1/8 版，分 8 次（约 4 个月）刊登"2009'多彩贵州'——家乡美大赛"的信息；各大商场在 POP 上宣传；各写字楼电梯间视频广告中插播"2009'多彩贵州'——家乡美大赛"的信息。

3. 组织传播

在全省的党团组织、各级行政组织、大中小学教育组织、工青妇及各学术社团组织、城镇社区、居民小区，利用多种形式向各类人员深入宣传"2009'多彩贵

州'——家乡美大赛"的意义及评选办法。如，利用学校、社区、居民小区内的公告栏、展板进行宣传。

4. 人际传播

在全省城镇社区、行政村的公告栏中张贴宣传海报和大赛信息。

5. 有奖征答

在电视和报纸媒体中，组织大学、中学、职业中学学生，参与"2009'多彩贵州'——家乡美大赛"有奖征答活动，使活动真正深入人心，实现"发现家乡美"、"宣传家乡美"、"热爱家乡美"的活动目的。

6. 参与内容和方式

内容：参赛基层单位，通过调查采访、挖掘发现、组稿撰稿、拍照摄像、编制节目等活动，充分展现家乡美景，争取获全省奖。

方式："2009'多彩贵州'——家乡美大赛"是各基层单位自然景观和人文景观的比赛，更是各地（市）宣传媒体单位创意、创新的大竞赛。因而，各级媒体部门要以主人翁姿态，充分调动积极性，投入到"2009'多彩贵州'——家乡美大赛"中来。

【解析】传播学理论告诉我们，传播方式大体有内向（自我）传播、人际传播、群体传播、组织传播、大众传播 5 种。我们要充分调动一切传播方式的作用，使"发现家乡美"、"宣传家乡美"、"热爱家乡美"成为外向传播，变为人们的自觉行动。

十一、评选方式

1. 民间评选

网络、短信、电话、参观现场投票，报纸广告，旅游者留言。

2. 专家评选

省内、省外、国外专家。

十二、市场运作

建议用贵州媒体的版面和时间与目标游客所在地的媒体的版面和时间互换，尽可能多地在全国媒体和省外媒体上进行宣传。

用组合型媒体宣传大赛意义，招商引资，争取将省外的企业资金引进家乡美的活动中。

收入：冠名企业出资 80%，政府出资 20%。预计各县收入约 25 万元，各地区收入约 60 万元。县向地交 5% 的组织费，地向省交 8% 的组织费，省级收入约 800 万元。

支出：媒体购买；对外宣传；聘请评委；制作奖品；颁发奖金；颁奖演出；印刷宣传品；大赛办公费等。

做到收支平衡，关键是开源节流，杜绝浪费。

1. 冠名

冠名分为省、地、县三级。"持续发展、和谐生态企业"为"2009'多彩贵州'——家乡美大赛"的冠名基本条件。

①县（区）赛：乡（镇）、街道办事处为基层单位，由本县（区）有经济实力和参与意识的企业争相冠名。

②地（市）：在本地以"持续发展、和谐生态先进企业"为条件，选择冠名企业。

③省：以全省"持续发展、和谐生态优秀企业"为选择条件。

2. 冠名企业出资

县（区）级为20万元左右，地（市）级为60万元左右，省级为600万元左右。

3. 整合资源

通过招商活动，县（区）、地（市）、省三级分别确定大赛专用产品和服务的合作伙伴。调动各级所在地广告公司、文化传播公司、策划公司的积极性，整合各种社会资源。

十三、市场运作利益点

（1）增强3 900万贵州人热爱家乡的山水和文化遗产的意识，维护家乡美景，促进家乡持续发展，永葆生态和谐，是价值最大化的盈利。

（2）为向全国和全世界推介贵州找到一个新契机。"贵州卖矿有时竟，推介美景无绝期"。通过"家乡美"大赛，能全面、深入地发现贵州美景，科学地规划贵州旅游资源，按不同的旅游类别，提高旅游产品质量；向省外、国外潜在的旅游目标消费群，推介贵州丰富的高质量的旅游产品，把贵州旅游业发展推向更高的发展阶段。

（3）在各旅游景区和省内外各书店出售"2009'多彩贵州'——家乡美大赛"画册、光盘、书籍。其利润用于贵州旅游景区的公共设施建设，实现持续循环和谐发展。

（4）在全省中小学、职业中学学生中，以光盘和书籍为教材，开展"家乡美"乡土知识教育，改变人们"入芝兰之室久而不闻其香"、"人在画中游，不知其美"的现象。

（5）为贵州的媒体单位提供宣传贵州"家乡美"的新素材、新画面、新节目。

（6）贵州省旅游局能从中选出上中央电视台"请您欣赏"节目和介绍各地旅游景点的节目。

（7）"2009'多彩贵州'——家乡美大赛"的精美画册、光盘、书籍，作为礼物赠送入黔的中外贵宾，省领导赴外地活动时可赠予当地党政机关领导。

（8）贵州省各厅、局、部、办、委将"2009'多彩贵州'家乡美大赛"的精美画册、光盘、书籍等作为礼品，赠送给外省相关部门，赠送给参与外事活动的外国贵宾。

（9）由省领导带队，到沿海诸省、市，到港、澳、台地区；到国外推介贵州"家乡美"旅游产品，提供更新的资源。

【解析】人的所有自觉的行为都有预期性，这是人区别于其他动物最显著的特征。做大型活动，不能得不偿失，劳民伤财，必须在"投入产出比"当中寻求效益。要使策划能被策划主看中，就要让他的预期效果可实现。

十四、"2009'多彩贵州'——家乡美大赛"组委会

设立省、地、县三级组委会，分别由三级宣传部直管，由三级旅游、文化、广电厅局主办，吸纳当地的冠名企业、有实力的文化传播公司或广告策划公司承办。

组委会设立秘书组、宣传组、竞赛组。

秘书组下设办公室和财务室。办公室协调各个职能部门和人员的工作，负责编辑"简报"和接待任务，财务室对所有收支账目要公示、公开，接受监督。

宣传组不间断地适时向大众媒体提供可报道的信息，为几个宣传高潮推波助澜，并负责筹办颁奖晚会。

竞赛组从选择省内外、国内外评委开始，草拟比赛规则和评选标准，指导县（区）和地（市）的比赛，提出组织全省比赛的执行方案。

十五、总体展示的媒体和方式

1. **画册**
2. **报纸**
3. **杂志**
4. **书籍**
5. **挂图**
6. **电视**
7. **幻灯片**
8. **广播**
9. **情景表演**
10. **曲艺演出**

【解析】做任何策划都不可能一次完成，特别是做这种"隔山打鸟"的策划。策划人没有与策划主见面交流，仅凭在《贵州商报》读到的一条消息，就花20多天的工夫写下了这份策划案。在没有十分把握的时候，还是要"悠"着点。

以下两篇附件，是贵州商业高等专科学校2006级广告专业的两名学生撰写的（附件一由周丹执笔，附件二由曾顺江执笔）。他俩参加了贵州民族学院举办的"商务策划师"培训班，有一定的功底，能完成一个县（区）级行政单位的"执行

方案"。有了这两篇"执行方案",增强了这份策划案的可操作性。

这种让学生参与整体策划,洞悉主创人员的思路,又安排他们从局部做些力所能及的事,是带学生迅速成长的好方法。

由于生活阅历、知识储备方面的原因,他们难以站在整体战略的高度,从整合各种资源中寻找到创意,但他们可以在统一组织的规定中,做好局部的小策划。

"2009'多彩贵州'——家乡美大赛创意案"既是教授的教案,又是在学生参与、社会力量的支持下,共同努力而产生的成果。

附件一

贵阳市乌当区参加"2009 多彩贵州——家乡美大赛"执行方案(提纲)

一、贵阳市乌当区旅游景点简介

乌当区旅游业在贵阳市整体规划指导下,初步形成:新添寨温泉花园—东风农业生态园—阿栗杨梅园—永乐桃园生态旅游线;水田相思河—新堡香纸沟—羊昌金螺湖—下坝苗族花棍舞等以峡谷风光、民族民间文化为主的旅游线;金阳新区—朱昌古城堡—百花湖等以现代文化为主的旅游线。在这些旅游线路中,有悬崖绝壁上的秘洞、飞泉流瀑的相思河、鱼洞峡、情人谷,有湖面如镜、清溪碧流的百花湖、金螺湖,有至今留存古造纸术的香纸沟,有上百年历史的朱昌古镇,有百益、羊昌的红军文化,有布依山寨的土司都邑、苗家山寨的花棍舞、三教一寺的川主庙、李四光地质研究遗迹、农业现代生态园等,集自然风光、人文景观、民族民间文化和高科技于一体,既有传统文化,又有现代文明,都是都市旅游的好去处,是人气与日俱增的贵阳市休闲假日的集散地,也是未来乌当经济腾飞不可多得的资源的一个重要组成部分。

二、乌当区参加"家乡美"大赛操作内容

乌当区党委宣传部召开全区,包括乡(镇)各部门的大会共同讨论,下达任务。

会后,参会成员列举出乌当区已经开发的旅游景点,进行整理分析。同时在乌当区各乡(镇)进行"家乡美"大赛宣传,包括布标宣传、社区公告栏宣传等。由各乡(镇)单位推选上报节目到区党委宣传部。每个基础单位推举 5~8 个"家乡美"节目,参加县(区)评选。

区党委宣传部成立"寻找'家乡美'"专案小组,分派到上报参赛节目的各乡(镇)实地考察,并探寻、补充当地未开发旅游景点。

举办乌当区当地的"寻家乡美"摄影大赛,也可从中挖掘乌当不为人知的旅

游风景。(可分为专业组、业余组评选)

乌当区从乡(镇)送选的节目中,评选出 25 个节目,参加贵阳市的评选。

进入贵阳市的评选之后,可印制"多彩贵州 美不胜收——魅力乌当篇"画册(分精装、平装两种)。

深入宣传:举办乌当区征文大赛,主题为"我与乌当,有个故事",旨在歌颂家乡美。(分为小学、中学、成人三个组进行)

三、乌当区参加"家乡美"大赛操作时间安排(见表 4-1)

表 4-1　　　　　　　乌当区参加"家乡美"大赛操作时间表

时　间	任　务
3—6 月	乌当区乡(镇)全面宣传
4 月	报名
6—7 月	乌当区初赛
9 月	参与省赛

四、乌当区现有旅游景点和精品线路

1. 旅游景点

乌当区现有旅游景点可分为五部分:

(1)历史沿革

踏寻北衙宋氏衙门遗址/金阳故地上的屯堡/永乐堡神秘的古城堡/朱昌古城堡/云锦流觞/人杰地灵话朱昌/红军的胜利暖人心/李四光与乌当的情缘。

(2)名胜古迹

来仙阁之来历/建来仙阁暨汇仙桥碑记/神奇的普渡桥/马场村的三孔石桥/阆苑名区古林寺小记/方经寺/惜字塔/喇平宣抚司治所遗址/马勋将军与苗洞/李端棻墓前的沉思"咸同苗乱"及乌当战事概述。

(3)民族情韵

古寨民俗魅力/自然山水秀,民族风情浓/黄莲歌舞"好花红"/神奇的布依山寨——可龙/下坝岩底苗寨/营盘山下茶饭寨/七月朱昌稻花节/新堡"三月三"布依歌会/乌当区苗族"跳场"和"跳场碑"/东方迪斯科——上卡堡的花棍舞/卡堡印苗文化和习俗。

(4)自然山·水·情

新天温泉/大转弯风情/天水一线鱼洞峡/情人谷风光迷人,阿栗杨梅醉人/永乐桃花节/漫步石笋沟水库/巴喇谷竹海水能民族园/相思河流淌相思/下坝乡的胜景情系竹乡/情寄香纸沟/锅底箐的魂魄/香纸沟马背之旅/绿色的精灵——金螺湖/黔中奇峡观圣景/梦幻牛鼻水/夏游百花湖/百花湖即景。

（5）建设新亮点

日月辉映燕子冲/贵阳国家高新技术产业开发区/新天乡镇企业科技园/贵阳国家农业科技园/广场明珠光耀新天。

2. 精品线路

（1）乌当旅游精品线路（一）

保利国际温泉（或新天温泉公园）—东风农业生态园—渔洞峡—情人谷—永乐桃园生态旅游线。

（备注：东风镇二月跳场（吹芦笙、跳舞），二月至五月草莓采摘体验，六月阿栗"杨梅节"；永乐乡三月"桃花节"，九月"蟠桃节"）

（2）乌当旅游精品线路（二）

水田相思河—新堡香纸沟—羊昌金螺湖峡谷风光民族民间文化旅游线。

（备注：新堡乡四月"三月三布依情人节"（赛歌））

（3）乌当旅游精品线路（三）

金阳新区—朱昌古城堡—百花湖现代文化旅游线。

（备注：朱昌八月"稻花节"（民族技艺表演））

五、乌当区评选

初赛：首先由乌当区各镇（乡）部门进行实地考察调研。进行内部讨论，选出具有较大宣传、开发价值的景点进行上报（分为"已开发景点"与"未开发景点"）。对未被发现和开发的家乡美景，要充分重视。在调研中，旅游景点的主要表现方式有照片、录像、文字说明、旅游说词等。在报选项目上，可从各镇（乡）的实际情况出发，适度调整，景点多的多报。首先用照片和文字说明上报，如需要拍摄视频资料，由区统一安排。

决赛：根据各镇（乡）所提供的景点照片、录像、导游说词等进行评比。决赛在乌当区振华广场举行，分为三个部分：

1. 展区

展出各镇（乡）推选入围的作品（包括景点照片、视频、文字介绍等），让观看展览的人进行投票，同时在乌当区电视台进行直播报道，组织现场投票（现场评委、现场观众团）和场外投票（短信、投票热线）。根据三者的结合，最终选出25个景点进入市级的评选。展区包围演艺区展开。

2. 演艺区

举办文艺汇演，以歌颂家乡美为主题，可表演具有当地民族风情的歌舞、曲艺、杂技等节目。

3. 产品区

广场的周边可汇集当地民族服饰、刺绣作品、刺梨酒、糯米烧酒、豆制品、腌肉、香肠等具有民族特色和乡村特色的产品。这样一方面展示当地的民族文化与风俗，另一方面也为乡村旅游的发展作了良好的宣传，让游客感受到传统工艺的独特和乌当人民的智慧。

六、活动意义

通过挖掘乌当之美，激励人们热爱家乡、维护家乡生态之美，建设和谐家乡，为家乡的持续发展增光添彩。

通过比赛，发现、传播乌当区的美景，为进一步发展乌当区旅游业，积累更多的新鲜资讯。

附件二

2009 "多彩贵州——家乡美" 大赛凤冈县执行方案

凤冈县除了生态农业（茶业）以外，并无能产生较好效益的产业，凤冈县参加 2009 "多彩贵州" ——家乡美大赛，可以扬本县旅游资源之长，补矿产匮乏之短，发现本县 "藏在深闺人未识" 的新旅游景点，使原有景点与新增景点连成几条旅游线路，促使本县旅游业大力发展。现将 2009 "多彩贵州" ——家乡美大赛凤冈县执行方案表述如下。

一、凤冈县旅游资源现状

凤冈县隶属遵义市，作为县级城市，目前凤冈的旅游资源开发得并不完善。除资金短缺外，还有更多的有较大开发价值的旅游景点还未被发现。旅游资源是千百年来大自然留给我们的可循环再利用的绿色资源，能够为当地的发展带来巨大的经济效益，提高国民收入。因此，这就需要 "政府牵头、全民参与、市场运作" 发展凤冈旅游。

二、凤冈县行政区域划分

凤冈县辖 9 个镇 5 个乡：龙泉镇、进化镇、琊川镇、蜂岩镇、永和镇、花坪镇、绥阳镇、土溪镇、永安镇、何坝乡、天桥乡、王寨乡、石径乡、新建乡。

三、主协办单位

主办单位：凤冈县政府、凤冈县宣传部、凤冈县旅游局
协办单位：县广播电视台、凤冈县文化局、活动冠名单位
冠名单位：拟从凤冈县茶叶公司、贵州省凤冈食物油脂厂、凤冈土溪无铅松花皮蛋食品公司等公司选择。

冠名单位出资 20 万元，政府拨款 5 万元。

以凤冈县委宣传部名义，下发文件《2009 "多彩贵州" ——家乡美大赛凤冈

县委宣传部意见》，将评选内容、方式及活动时间表发放至乡镇各单位，要求各基础单位积极参与。

组委会组织构成：

县委书记、县长任 2009"多彩贵州"——家乡美大赛凤冈县组委会顾问。

县委宣传部部长任组委会主任，县委办公室主任、县政府办公室主任、旅游局局长、广电局局长、冠名单位董事长任副主任。

组委会办公室设在县委宣传部，下设秘书组、宣传组、竞赛组。

县委办公室副主任任秘书组组长，宣传部副部长任宣传组组长，旅游局副局长、广电局副局长任竞赛组组长、副组长。

冠名单位指派人员参加组委会办公室的具体工作。

四、凤冈县现有知名景点名录

凤冈县已知名的旅游景点：

龙泉镇（凤冈县主城区）（8个）：天下第一泉（龙井）、佛教圣地真武山、红军山（红色旅游）、西山森林公园、文峰塔、祝家洞、六池河（罗家河、张家河、白家河、苏家河、黄家河、邓家河）、三界溶洞钟乳石。

进化镇：暂缺。

琊川镇（1个）：万佛山峡谷。

蜂岩镇（1个）：飞绝横壁的小河天桥。

永和镇（1个）：青杠坡陈氏宗祠。

花坪镇（1个）：大洞电站。

绥阳镇（3个）：玛瑙山古军事洞堡、古墓群、革命烈士陵园。

土溪镇（3个）：玉皇阁、干沟河风光、龙台两河口风光。

永安镇（3个）：仙人岭茶海（中国西部茶海）、崇新"毛主席批示纪念碑"、明代摩崖石刻"夜郎古甸"。

何坝乡（3个）：太极洞（太极古景、世界最大摩崖石刻"凰"、腾去阁）、川阡水库、范家湾。

天桥乡（10个）：唢呐（中国唢呐之乡），天桥一线天，九道拐十里长河，乌江大峡谷，狮子灯、花灯、龙灯等民俗，天然溶洞，石林，挑威洞，鱼钱洞，巴家堂的温泉。

王寨乡：暂缺。

石径乡（1个）：洞卡拉。

新建乡（3个）：飞峰坎、千顷良田、革命烈士陵园。

五、初选

根据省委宣传部文件，首先由各镇（乡）负责人进行实地考察调研，进行内部讨论，选出具有较大开发价值的景点进行上报。特别是未被发现和开发的家乡美景，要引起各级的充分重视。在调研中，旅游景点的主要表现方式有照片、录像、文字说明、旅游导词等。在报选项目上，可从各镇（乡）的实际情况出发，适度调整，景点多的多报。首先用照片和文字说明上报，如需要拍摄视频资料，由县统一安排。文字说明应充分表现美景的特色。

各乡镇推介参评的新老"家乡美"景点数如下：

龙泉镇 5～10 个、进化镇 2 个、琊川镇 3 个、蜂岩镇 2 个、永和镇 2 个、花坪镇 2 个、绥阳镇 4 个、土溪镇 4 个、永安镇 5 个、何坝乡 4 个、天桥乡 7 个、王寨乡 2 个、石径乡 4 个、新建乡 5 个，约计 56 个景点，进入县级评选活动。

六、县级决赛

根据各镇（乡）所提供的 56 个景点的照片、录像、导游词等进行评比。在评选前在县人民广场展览（展出景点的照片、影视、文字介绍），让观看展览的人进行投票。在县电视台进行直播报道，组织现场投票（现场评委、现场观众团）和场外投票（短信、投票热线），根据三者的结合，最终选出 25 个景点进入市级的评选。

在评选进行前，省内旅游专家需要对已提交的旅游景点进行考察，以保证评选活动公开、公平、公正，以防有开发价值的景点没被发现。

在评选结束后，对具有较大开发价值的但因人为原因（拍摄技术及设备不够等）导致参评材料效果不佳的景点，可向上一级主办单位申请，要求重新拍摄及制作，增强景区的表现力，以提高进入下一轮比赛的实力。

七、冠名单位

为镇（乡）提供直接资金支持，以保证能够按时完成相应景点的考察、拍摄及视频制作等工作。

在进行景点宣传时，可以在景点的作品上直接印上冠名（赞助）单位，扩大企业的影响力。

在电视台评选活动现场进行宣传。

八、新老旅游景点线路规划建议

根据凤冈县南北走向的地形图，为了节约时间和成本，可将整体的旅游资源规划为南北两条旅游路线：

北线：凤冈龙泉镇→绥阳镇（南宋军事古堡）→龙台（两河口风光）→土溪（干沟河风光）→新建→崇新（毛主席批示纪念碑）→永安（生态茶海）→凤冈龙泉镇。

南线：凤冈龙泉镇→花坪→大洞电站→洞卡拉→永和→峰岩→天桥（中国唢

呐之乡）→琊川（万佛山峡谷）→进化→何坝（世界最大摩崖石刻"凰"）→凤冈龙泉镇。

九、活动意义

把本次活动当成一次"认识家乡、热爱家乡、建设家乡"的宣传教育活动，使凤冈县40多万人民成为欢迎外来游客的高素质的文明的东道主。

通过这次大赛，发现凤冈县更多的新的旅游景点，提高原有景点的知名度，进一步使全县的旅游资源形成网状结构，吸引更多的外来游客，促进凤冈旅游事业的发展。

【解析】本策划案的创意点：

1. 这份策划案在分析贵州不多的"卖点"中，直接推出以贵州能持续、和谐发展的生态环境为"卖点"——向全国、全世界推介贵州的自然山水和人文景观。

2. 这份策划案操作性强，能继续实践"党政推动、社会参与、市场运作、媒体搭台、文化唱戏"的有效模式，在具体实践"整合资源、形成合力"方面有别于前四届比赛。

3. 前几届的"多彩贵州"活动，以人为主角行为的比赛。这份创意以自然景象和人文景观为比赛的内容。

4. 前几届的"多彩贵州"活动，主要是展示个人特色的表演，多数人当观众。这份创意的目标是使更多人参与，旨在提高全省人民认识家乡、热爱家乡、建设家乡、永葆家乡生态和谐发展的意识。

5. 前几届的"多彩贵州"比赛，全省只有一家冠名单位，该企业出资较多、负担重。这份创意将冠名企业分为省、地、县三级，能吸纳更多有实力、有形象策划意识的企业参与，有效地减轻独家冠名企业的经济负担，让更多的地方产品有扬名的机会。

6. 这份创意采用多种比赛形式，让参赛节目进行多个侧面的充分展示，让全省人民有更多机会参与观赏和参加投票，表达自己的意愿。

7. 这份创意在市场运作中有多个利益点，能产生一系列有益的副产品。

8. 从新闻发布开始，历经比赛报名、群众与专家评选，向外推介，能掀起几次活动高潮，吸引省内外专家关注，充分发挥传播的作用。

彩虹架起友谊

——世界最大瀑布尼亚加拉与世界最美瀑布黄果树结为姊妹瀑布策划案大纲[*]

主题：让黄果树走向世界　让世界走进黄果树

【内容简介】2007 年将是黄果树瀑布最亮丽的一年，5 月将向北美进行黄果树瀑布旅游推介会，届时将在加拿大西海岸的温哥华、东海岸的多伦多两地市政厅举办新闻发布会（酒会）。7 月黄果树瀑布将敞开怀抱邀请尼亚加拉瀑布管理方代表回访黄果树。10 月两地瀑布将向全世界宣布："友谊的彩虹"签约，黄果树与尼亚加拉结为姊妹瀑布。加方的活动由加拿大成鹏国际旅游文化公司承办。

【策划重点】通过世界级传播的重大意义，极大地提升黄果树的品牌。

歌起：大自然造就世界两大奇迹

手拉手走到一起

我们来自同一个地方

又到两个大洋相聚

雷霆万钧地呼喊

绿色翡翠银波激

我们用磅礴气势

五彩水珠前赴后继

架起连接两大洲的彩虹

沟通亿万人的思绪

黄果树—尼亚加拉

从此，开篇新的生命

共创我们新的友谊

* 该案例由王多明执笔，选自王蕾，王多明. 策划书写作及精选案例解读［M］. 北京：中国广播电视出版社，2008.

开篇

策划意义

中国·西部·贵州·黄果树瀑布，需要扩大影响至全世界，再不能"养在深闺人未识"，"天生丽质不舍弃"，让全世界都知道自然造就的奇观（以上是传播心理活动过程的认知诉求）。用行为打动诉求对象的心，莫过于"称兄道弟"、"姊妹连心"，将两大洲最著名的景点手拉手连在一起，最能动人情感（应用情感诉求抓住关注此事的受众）。

贵州以"青山绿水"这笔大自然馈赠的风景财富为依托，大力发展旅游业。安顺黄果树瀑布等旅游景区 2003 年接待国内外游客 150 万人次，收入 3 亿元，2006 年接待国内外游客 750 万人次，收入上升到 40 亿元。举办"彩虹架起友谊——世界最大瀑布尼亚加拉与世界最美瀑布黄果树结为姊妹瀑布"活动，只有一个目的：向世界推介黄果树。

本策划案大纲实施的目的是：使黄果树瀑布群受到世界游客的喜爱，增加门票收入；延长游客在黄果树瀑布景区停留的时间；激发游客在景区的其他消费，实现企业利润最大化。

策划人认为成功地举办这样大的活动，以下几个"主"是少不了的：政府主导、市场主体、企业主办、媒体主动、受众主流。

【解析】这篇策划案涉及中、加、美三国，影响面较大。完成策划案的所有项目对宣传贵州能产生很好的影响，因而这是一份至关重要的策划。由于条件有限，在短期内无法做出规模较大的策划，只能用提纲的形式介绍策划人的想法。

上篇

这是跨洲、跨国的大动作，三国（中、加、美）政府间的交流、沟通与合作是成功的基础。从项目立项、审批到签约，政府间的信任和支持是非常重要的。

我国正在与俄罗斯共同举办"中国年"活动，过去曾与法国举办"中国年"活动。如果以亚洲、北美洲两大洲最著名瀑布的"姊妹结拜"作为契机，引发中加"中国年"、中美"中国年"，那将是"功德无量"的事。因此，我们要为之努力争取。在国务院立项，得到国家领导人的参与，有副总理以上官员到场，有外交部长、国家旅游局长剪彩，中央多种媒体现场报道，娱乐媒体炒作新闻，全世界的主流媒体转载，将是我们追求的最高目标。

贵州地处我国西部，在世人眼中历来是欠发达、欠开发的神秘、神奇的地方，从古至今难找惊人之处。贵州的真山真水、青山绿水，得以在现代化的快速进程中被人们珍视。我们向发达国家和发达地区推出的亮点和卖点，就是大自然的原生态、人文的原生态。这些观点已经得到贵州省委、省政府的重视，项目组织者通过多种渠道，将"势"造大，邀请中央领导支持和参与，这次活动一定能取得圆满成功。

　　凡涉外项目都应在省级领导的支持下，上报中央，得到中央政府的批准。策划人希望把"世界最大的瀑布尼亚加拉与世界最美的瀑布黄果树结为姊妹瀑布"这一活动做大，请国务院外交部、国家旅游局参与指导，中央电视台现场摄制，向全世界直播几场重要活动：2007 年 5 月，由贵州省政府和国家旅游局在国务院副总理带领下，在加拿大西海岸的温哥华、东海岸的多伦多的市政大厅相继举办"世界最大尼亚加拉瀑布与世界最美黄果树瀑布结为姊妹瀑布"活动。召开新闻发布会（酒会），向北美进行黄果树大瀑布旅游推介；7 月，由贵州省政府和国家旅游局邀请北美若干城市官员和尼亚加拉大瀑布管理人员代表访问黄果树大瀑布；10月，世界两大瀑布的代表在贵州省黄果树大瀑布景区签约，向全世界宣告"世界最大尼亚加拉瀑布与世界最美黄果树瀑布结为姊妹瀑布"。贵州省相应要做好电视、报纸、广播、户外媒体的宣传，带领贵州人以前所未有的姿态迎接这一重大节日的到来。

　　【解析】面对涉及面宽、内容庞杂的策划，策划人要从高点进入，下接地气，使策划思想落到实处。

中篇

　　策划谋略的重点不仅要对上，得到"阳光雨露"的滋润，还要让活动"左右逢源"。这里分国外、省外、省内三块分别策划。

一、国际线路按国际规则办事

　　凡涉外项目，中国和外国都有各自的规则，我们必须循规蹈矩，不要越雷池一步，才能得到两国高层的支持和帮助。

　　中华子孙在加拿大工作、学习、居住的人较多，他们组建有许多"乡情"浓郁的社团。加拿大民众对中国比较友好，对中国的活动也会抱以积极支持的态度。我们要将"世界最大尼亚加拉瀑布与世界最美黄果树瀑布结为姊妹瀑布"这一活动的目的、意义、内容程序通过当地有效的媒体（华人报刊、华语电视台、广播电台）向这些社团和加拿大民众传达，通过他们向社团成员传播，向更多的人转告。让生活在加拿大的关注祖国信息的华人受众知晓，让关心中国的加拿大民众知晓，并让他们成为义务的二次传播源。通过在加拿大承办这次活动的威鹏旅游文化公司，吸引更多的加拿大游客和美国游客组团到黄果树瀑布观光旅游，到贵州各地旅游。

　　黄果树大瀑布旅游公司也相应组织贵州的游客到加拿大旅游（需要办理出境旅游的相关手续），向世界推介黄果树大瀑布。这是一个难得的契机，成功地举办这次活动，积累经验，将黄果树大瀑布推向欧洲、南美洲、非洲等就能顺理成章了。

　　要做好这一前无古人的大活动，策划人建议：举全省之力，地不分安顺遵义，人不分男女老幼，皆要进入"迎客东道主"角色，抓住机会，系统、全面、扎扎实实整顿贵州旅游业，以此推动贵州旅游文化产业、交通运输业、服务业、景区建设、公民道德意识等的发展和提高，促进社会和谐发展。

二、省际推介黄果树大瀑布

对于省际推介黄果树大瀑布，策划人建议开展如下活动：

（一）全国性的知识竞赛

对象：全国青少年。

媒体：选择在《中国青年报》上用半版篇幅，开展和黄果树大瀑布与尼亚加拉大瀑布相关的知识竞赛。

内容：请中、加两国的地理、气象、人文专家分别出题，构成100道题。

时间：从现在起进入操作阶段。5月发布"世界最大尼亚加拉瀑布与世界最美黄果树瀑布结为姊妹瀑布"的新闻。同时发布竞赛广告，6月收稿。6月底公布获奖名单，7月组织获奖者到两大瀑布和相应旅游胜地旅游。

奖项：一等奖10名，赴加拿大尼亚加拉大瀑布旅游。二等奖50名，赴贵州黄果树大瀑布景区（包括瀑布群、龙宫、关岭红岩天书、紫云格凸河、平坝屯堡等景点）旅游。三等奖100名，选择黄果树大瀑布景区中的三个景点旅游。

全程摄像：一等奖和二等奖获得者，都要在旅游公司的带领下参与电视节目的全程摄像，在现场回答相应提问，介绍两大瀑布的特色。

（二）全国大、中、小学生黄果树大瀑布现场写生大赛

对象：全国报名参加竞赛的大、中、小学生（家长）。

程序：5月，在《中国青年报》上发布写生大赛的信息。6月，报名者填写报名表时，要附上绘画专家或绘画教师的推荐意见、家庭经济条件等资料。6月底发出邀请，安排一定数量的大、中、小学生（家长）7月放暑假时到黄果树大瀑布参赛。

评奖：分成大、中、小学生三个不同级别；分成专业学科与非专业学科两组分别评奖。

奖项名额与知识竞赛相同。一等奖获得者到尼亚加拉大瀑布旅游。二等奖获得者到黄果树大瀑布景区（包括瀑布群、龙宫、关岭红岩天书、紫云格凸河、平坝屯堡等景点）旅游。三等奖获得者选择黄果树大瀑布景区中的三个景点旅游。

在黄果树大瀑布景区举办获奖作品展览，并将作品拍照、整理入册或赠送给尼亚加拉大瀑布管理区展出。

摄像摄影：制成VCD或精美照片，在黄果树大瀑布景区展出；在省外推介会上播放和展出。

（三）"多彩贵州"歌舞比赛参赛者到黄果树大瀑布"唱山祭水"

时间：7月邀请加拿大游客到黄果树大瀑布旅游观光时。

节目：从"多彩贵州"歌舞比赛中选出原生态的侗族大歌《蝉之声》等优秀节目，献给远方来客。

搭台：以黄果树大瀑布为背景。

制作：贵州电视台现场录制，编辑后送中央电视台文艺频道播出。

镜头：除文艺节目外，还要录制加拿大客人在黄果树大瀑布活动的情景、参观时的感叹、发表的演说。

摄像摄影：制成 VCD 或精美照片，在黄果树大瀑布景区展出；在省外推介会上播放和展出。

（四）"以壮美大瀑布为证婚人，我们结婚吧！"

对象：①加拿大、美国准备举行婚礼的新人；②国内准备举行婚礼的新人；③其他国家和地区准备举行婚礼的新人。

征集：通过5月在加拿大两大城市举行的新闻发布会传播信息；在新华网、人民网、金黔在线、新浪、搜狐、网易等发布信息，征集参与者。经必要审核认证，向这些人发出邀请。7月，邀请报名成功的新人到黄果树大瀑布举行婚礼。

待遇：对于参加首次"以壮美大瀑布为证婚人，我们结婚吧"的新人，黄果树大瀑布景区免费提供三天星级宾馆住宿，游览以黄果树为中心的四个景区；向新婚夫妇赠送结婚纪念品——精致的黄果树大瀑布蜡染壁挂。

摄像摄影：制成 VCD 或精美照片，在黄果树大瀑布景区展出；在省外推介会上播放和展出。

（五）为世界最壮美的大瀑布披上绿装

对象：到黄果树大瀑布旅游的所有游客。

准备：从黄果树大瀑布景区自有的苗圃基地选出若干成活率高的树种；在黄果树大瀑布上游白水河选择可以植树的地方，进行有规模的培养与护理；为植树人准备不怕风吹、日晒、雨淋的吊牌。

选择：有针对性地请游客中的名人、有典型意义的代表为黄果树大瀑布披上绿装。对种树过程进行摄像或拍照，在新树挂上留有种植者信息的牌子，与他们约定每年或经年来看望自己种的树。

意义：树上的挂牌可以称为"连理枝"、"同心结"、"友谊树"、"大地情"、"金婚果"、"学子心"、"兄弟谊"、"姊妹情"等。

摄像摄影：制成 VCD 或精美照片，在黄果树大瀑布景区展出；在省外推介会上播放和展出。

（六）到壮美大瀑布找刺激——在犀牛潭蹦极

对象：有多次蹦极经历的运动员级人物。

报名：在 5 月的新闻发布会上传播信息。报名者填写报名前时要附上其在三甲医院的体检表，以及曾在何处蹦极的证明。

地点：在犀牛潭旁搭台，背景是黄果树大瀑布，蹦下之人，伸手可触犀牛潭水。

奖项：凡被选中的蹦极运动员，完成蹦极后，可享受在黄果树大瀑布景区三星级以上宾馆免费住三天，在黄果树大瀑布周围四个景区免费旅游。

摄像摄影：制成 VCD 或精美照片，在黄果树大瀑布景区展出；在省外推介会上播放和展出。

（七）搭黄果树结拜姊妹顺风船

用“黄果树”命名的企业和品牌。贵州有黄果树烟草集团、黄果树油漆、黄果树食品等。

向这些企业发出邀请，为共同办好“世界最大尼亚加拉瀑布与世界最美黄果树瀑布结为姊妹瀑布”活动出谋划策，出钱出力。

为贵州名特优企业和旅游品牌提供展示平台。

①贵州茅台酒。策划人建议：通过省政府，向贵州茅台集团发出邀请，在 5月、7 月、10 月的几次大型活动酒会上，只用茅台酒招待中外客人。

②贵州安顺蜡染。在 7 月、10 月活动中，安排安顺蜡染优秀作品展出。现场表演蜡染制作。

③安顺、平坝地戏、傩戏表演。

④贵州松桃苗族特技表演：上刀山、下火海、捞油锅、尖矛刺喉等。

⑤赤水竹器产品。

⑥织金砚台产品。

⑦大方生漆漆器产品。

⑧贵阳布艺少数民族服饰“芭比娃娃”。

（八）发展两大瀑布旅游经济高峰论坛

主题：“让黄果树走向世界　让世界走进黄果树”。

主持：贵州省政府、国家旅游局。

嘉宾：加拿大、美国专家；中国香港、澳门、台湾旅游经济专家；中国大陆旅游大省的专家、学者。

程序：5 月在新闻发布会上发布信息，5 月底向选定人发出邀请，请他们准备资料，为发展黄果树大瀑布旅游业把脉，7 月在黄果树大瀑布景区参加会议。除大会发言外，还要组织小会深度交流。

黄果树大瀑布集团公司着重介绍近年的发展和中、远期规划。

（九）活动突出文化特色

"世界最大尼亚加拉瀑布与世界最美黄果树瀑布结为姊妹瀑布"活动在5月、7月、10月间举行。其间，要穿插举办若干种具有文化特色的小活动，例如：

（1）黄果树大瀑布风景区奇石展；

（2）贵州知名画家成果展；

（3）安顺蜡染创新产品成就展；

（4）旅行家徐霞客贵州行研讨会；

（5）黄果树大瀑布风景区规划研讨会；

（6）保持黄果树大瀑布风景区生态和谐研讨会；

（7）以黄果树大瀑布为背景的影视作品评选；

（8）以黄果树大瀑布为龙头带动贵州全省旅游发展研讨会。

这些活动由省政府牵头，旅游局、文化厅、水利厅、地矿局、林业局、规划局、建设厅的负责人及开设旅游专业的贵州大学、贵州民族学院、贵州师范大学、贵州商业高等专科学校、各省市旅游学校的专业教师参加。拨出专款，奖励有创新、可操作、能见效的研讨成果。

中篇是"世界最大尼亚加拉瀑布与世界最美黄果树瀑布结为姊妹瀑布"活动的重点。要逐项落实，需要具体的执行方案。

"三分策划　七分执行"，要使策划变为成果，尚需从中央到省、市、县、镇各级领导的重视和支持，尚需中外广告策划代理公司的一致努力，尚需黄果树大瀑布旅游集团公司领导的带领及推动。

【解析】中篇是策划的核心部分，是策划人着力要解决的问题。这篇策划的重点在宣传、推广黄果树瀑布的具体策略上。这些前所未有的创意性策略，在实施过程中会遇到许多困难，只要坚持实行策划书中提出的策略，策划人的总体目标一定能够实现。

这份策划书交给委托人阅读后，让委托人大吃一惊，在这么紧迫的情况下，能提出这些富有创意的策略，确实不容易。

下篇

要使"世界最大尼亚加拉瀑布与世界最美黄果树瀑布结为姊妹瀑布"活动取得圆满的效果，让中外游客满意，还必须完成以下工作：

一、黄果树大瀑布风景区小环境的整治

对黄果树镇居民，企、事业单位人员进行"做文明东道主"礼仪培训。请省市旅游学校专任教师到镇上讲解接待的礼仪；向每户人家发送学习礼仪的VCD光盘，限定学习时间，组织考核，公务员要带头学得更好。

黄果树镇街头应保持整洁有序，污水、畜粪应及时清理，不在行道树上晾晒衣物，不在公路上晾晒粮食。

清理黄果树镇假冒伪劣商品，特别是旅游文化商品，杜绝三无商品上柜。

整治黄果树镇饭店。绝对保证食品安全、卫生，杜绝"食物中毒"现象。

重新检查黄果树镇的医院、诊所，取缔无照就医。保证在活动期间，游客看病就医的服务质量，绝对不能出现医疗事故。

对黄果树镇的持照驾驶员进行专门培训，在活动期间不准违章驾驶，绝对不能出交通事故。

要在公路的两端设卡，对过境车辆驾驶员提前发出行车安全要求，以保证在活动期间道路畅通和人员安全。

确切掌握黄果树镇无业居民、流动人口情况。不允许在活动期间出现游客被盗、被抢等案件。

对黄果树镇擦鞋、拾荒、乞讨者严加管理，杜绝拦路乞讨行为出现在景区各地。

对景区导游统一规划管理。统一服装、统一悬挂工作牌（有本人近照、工号、投诉电话）。

二、青年志愿者的投入

在 5 月举行的新闻发布会需要召用 500 名大学生青年志愿者。

通过共青团贵州省委向各大学发出征召通知，由大学生填写申请，经学校考核后，按 1：1.2 的比例推荐 600 名大学生参加"世界最大尼亚加拉瀑布与世界最美黄果树瀑布结为姊妹瀑布"活动组委会的培训，从中确定 500 人参加 7 月和 10 月的活动。

对青年志愿者要求有相应的外语对话能力，用普通话与国内游客交流。

对参加黄果树大瀑布与尼亚加拉大瀑布知识竞赛的大学生要优先推荐。

参加活动的大学生青年志愿者在完成任务后，黄果树大瀑布集团公司与团省委向他们赠送旅游纪念品和服务证书，建议各大学对他们进行表彰、表扬。

以上所策划的项目，尚有一些还留存在执笔人脑中，待思考成熟后，再奉献给黄果树大瀑布集团公司。

【解析】这是一篇让华裔加拿大人吴军先生感到吃惊的策划案，他只向策划人提供了一份百字左右的提示，作者在三天时间里就撰写出令曾担任广告公司总经理的他意想不到的"这样好"的策划。

做策划一定要站在全局的角度思考问题，尽可能将涉及的各个方面都考虑进去，最好不要出现遗漏。

人们常说"三分策划，七分执行"，在策划的执行过程中，补充、修改、完善策划，提出新的策略，也是常有的事。策划人面对一个新的课题时，可以用策划大纲的方式来完成策划任务。

建设贵阳"银发工程"服务馆项目策划^①

关于建设贵阳"银发工程"服务馆的请示

市委、市政府:

为落实国家和贵州省为解决老龄化问题,纳入"十一五"规划的《贵州省关于加快发展养老服务机构的意见》,为实现世界卫生组织对"积极老龄化"提出的"参与"、"健康"和"保障"做出实际效果,根据贵阳得天独厚的优势,贵阳市老龄委、贵阳市老年大学策划了"建设贵阳'银发工程'服务馆(暂定名)"项目,现将项目请示和附件呈上,请予批示。

做好贵阳养老服务,具有天时、地利、人和等优势,我们一定在市委、市政府的领导下,积极努力,充分利用优势,把该项工作做好。

敬请领导批示

贵阳市老龄委

贵阳市老年大学

2010 年 1 月 20 日

附件:

1. 关于建设贵阳"银发工程"服务馆的可行性报告
2. 贵阳"银发工程"服务馆招商策划
3. 贵阳"银发工程"服务馆整合营销策划(提纲)

【解析】这是应贵阳市老龄委和贵阳市老年大学的邀请所做的一份策划。我国已经出现未富先老的状况,怎样安排老年人的生活,已经成为我们绕不过去的问题。策划人根据贵阳市的情况,向政府提出建设"银发工程"服务馆的请示,同时反映自己的诉求。向上级部门提交的请示,文字内容不宜太多,可用附件形式对请示内容进行补充。

---

① 该案例由王多明执笔,选自王多明. 新策划写作及解读 [M]. 北京:中国广播电视出版社,2012.

附件1：

关于建设贵阳"银发工程"服务馆的可行性报告

一、建设贵阳"银发工程"服务馆的有利条件

（一）贵阳的区位优势

贵阳市地处贵州腹地，是中原通往云南及东南亚的要道。"贵阳"作为地名距今有400多年的历史。贵阳市总面积为8 034平方公里，森林覆盖率超过16%，属亚热带湿润温和型气候，具有明显的高原性季风气候特点，一般年均降雨量1 100毫米左右，年平均气温15.3摄氏度，最热7月平均温度24摄氏度，最冷的1月平均温度4.6摄氏度，凉爽的贵阳2006年被评为"中国避暑之都"。贵阳市人口近400万，地处云、贵、川、桂、渝五省区地域中心，是华南、西南交通交汇点，形成北上四川、重庆，南下广西入海，东出湖南到华东，西进云南的交通大十字，是我国中西部的交通枢纽城市。

清镇市是被称为"湖城"的贵阳近郊县级市，拥有得天独厚的旅游资源和气候资源。西行，经清黄高速，享誉世界的黄果树大瀑布、龙宫、红岩天书、天龙屯堡、马岭河大峡谷、万峰林、贞丰双乳峰等旅游资源串成一线；向北，有息烽温泉及革命传统教育基地——息烽集中营、遵义会议会址、仁怀盐津河峡谷、赤水、习水诸多旅游景点；东行，有铜仁梵净山、石阡温泉等美景，让人赏心悦目；向南，茂兰、大小七孔等旅游胜景让人心旷神怡。

从清镇市红枫湖畔的项目地点出发，在几天的行程中可以把全省旅游景点尽收其中。

（二）贵阳的休闲定位

2010年贵阳市强力推进的"三创一办"，是对贵阳软实力的巨大提升、资源禀赋的认可，也是新休闲坐标的认定，贵阳的知名度在全国范围进一步提高。贵阳拥有神秘的喀斯特地形地貌、多彩的民族文化和风情，是一个非常令人向往的地方。

（三）适应老龄化社会的需求

随着我国经济社会的发展，人们生活质量的提高，老龄化已经成为不可回避的现实，国家对老龄化社会的重视，已经提到了相当的高度。保障老年人安度晚年，进一步提高老年人生活质量，建设"银发工程"服务馆的呼声十分强烈。针对这一情况，贵阳市目前尚无一所设施完善的老龄人服务馆，因此很有必要建设一座集组织旅游、文娱休闲、医疗护理、老年教学功能于一体的服务馆，打造贵阳市乃至全省第一的养老服务"航母"，做全省的表率，为老年人提供优越的设施，使众多

老年人老有所乐、老有所学、老有所为、老有所医，为提高老年人生活质量，实现社会、经济、公益事业同步增长做贡献。

（四）贵阳"银发工程"服务馆的宣传、社会、经济效益

贵阳"银发工程"服务馆，在经营性和公益性服务中，能有效地传播贵阳的旅游资源和气候资源信息，作为政绩形象工程，对外能更好地扩大贵阳的知名度、美誉度，对内能增加旅游收入，既造福贵阳的老年人，又能联络全国各省市区的老龄委、老年大学，在老年人中扩大社会影响。潜在的经济效益大于显现的经济收入，从长远看，10 年后的贵阳"银发工程"服务馆，就是贵阳银发经济的重要增长点。

【解析】任何策划一定要立足于对当地情况的认识和了解，以便对项目作出准确的定位，使策划更有说服力。面对各地的情况，策划人要做到心中有数，以充足的理由，阐释自己的策划意见。凡是做策划一定要掌握充分的依据，如果"开黄腔""无的放矢"一定不能做好策划。

二、贵阳"银发工程"服务馆的功能要求和建设规模

（一）功能要求

根据有关的建设规定，结合贵阳市的情况，该项目的功能定位为：

1. **休闲娱乐**

"银发工程"服务馆设有室内健身房、棋牌室、书画室、网球场、门球场、室内温水游泳池、音乐排练室，能娱乐，能运动，能教学，能排练，这些设施不仅对省内、贵阳市内的老年人开放，还可以利用不同地区的气温差，夏天吸引干热的北方地区、酷热的中部地区和湿热的东部沿海地区的老年人前来消夏避暑，在避暑中旅游、健身、学习，使入馆休闲的老人们的娱乐活动更有意义。

2. **组织旅游**

通过各地老龄委和老年大学，吸引省内其他地州市以及省外的老年人，到贵阳银发工程服务馆小住十天半月，针对老年人的特点，让老人们在充裕的时间内体味、领略贵州的山水之美，又不使老年人过于劳累，将贵州省的主要旅游景点逐个安排，让老人们成为宣传贵州的义务传播员。

3. **安排教学**

充分利用贵阳"银发工程"服务馆的设施，在组织老人旅游之余（因贵阳的地理区位优势，每次旅游大体只安排半天时间），面向入住的老人与贵阳市老年大学同步开展教学活动，使入住的老人们与贵阳老年大学的学员相互交流，互相切磋，使他们的休闲旅游生活更加丰富，体验式旅游的质量更高。

4. **短期疗养**

有针对性地对入馆的老年人提供诊治性疗养服务，让外地老年人在贵阳"银

发工程"服务馆多住一些时间，使"银发工程"服务成为他们养身治病、健身康复的服务馆。

5. 传经送宝

由贵阳"银发工程"服务馆邀请全国有影响的政治家、两院院士、科学家、经济学家、文学家、艺术家、慈善家等，以公益方式为他们提供服务，邀请他们前来休闲旅游、健身疗养。在这些人物入住期间，向他们报告贵阳的社会、经济发展情况，请他们安排讲学报告，请贵阳、六盘水、黔西南、遵义、黔南、黔东南、毕节等相关部门人员到贵阳参与听讲。

6. 功能延伸

以满足贵阳市老年人需求为基础，贵州省老龄发展事业基金会参与投资，充分依靠贵阳市政府组织领导，动员社会参与，建立和完善贵阳市老年福利服务网络，为居家养老的老人提供指导支持，为贵阳老年人活动提供场所，建成集旅游、娱乐、学习、培训、生活服务、医疗保健等于一体的综合性、多功能的社会服务养老馆。

（二）建设规模

根据功能需要，贵阳"银发工程"服务馆需占地400亩，建筑面积2万平方米，可同时安排600名老人活动，还可以同时接待省内外游客100人。其主要设施包括老年文体活动中心、老年文化休闲旅行社、老年医疗康复中心、老年养老护理中心、老年营养膳食中心，以及相关的基础设施、绿化工程及必要的辅助用房等。

1. 总体设计要求

总体布局力求合理、新颖，体现时代气息。从整体看，"银发工程"服务馆绿树环抱、郁郁葱葱、冬暖夏凉，采取中式建筑，融合贵阳地区文化特色，力争建成环境幽雅、风景宜人、医疗方便、供老年人颐养天年和休闲的乐园。

2. 总体工程方案

拟建的养老护理中心占地13.32万平方米，建一栋7层楼的总体式楼寓，地下室为停车场，1层为工作服务区（办公室及员工宿舍）和展览室及旅游商品销售商店；2～5层为酒店式标准间，用于老年人入住治疗、康复、生活、小住（每层楼的四角都设有医疗服务室，配有具备护理资质的服务员及相应的医疗救治设备）；6层为教室（学习书画、音乐、美术、舞蹈、体操、蜡染、傩戏面具、雕塑的教室）；7层为娱乐活动区（设置适合老年人的各种健身、棋牌器具）。设置三台医用电梯和两侧步行楼梯。屋顶建成中国式园林和观光台。

游泳池建在四合院外，室外设置绿化地、花园、长廊、亭、台、水榭、曲径、网球场、门球场、高尔夫球场（此项投资另行安排）等。

3. 土建工程

公寓楼主体工程呈中庭花园四合院型，建筑类别四类，安全等级二级，耐火等级二级，抗震防裂度7级，全框架结构，使用年限70年。

（三） 建设地点

贵阳"银发工程"服务馆项目地点，建议设置在贵阳清镇市红枫湖附近。此地临水靠山，绿树葱茏，风景优美，气候宜人，环境幽静，空气清新，交通便利，离贵黄高速公路仅几公里。

【解析】以上是策划的重点，策划中提出了"1. 休闲娱乐；2. 组织旅游；3. 安排教学；4. 短期疗养；5. 传经送宝；6. 功能延伸"，全面考虑了项目的功能和建设的内容，使策划案更具有操作性。

三、投资估算

经测算，项目总投资约为 3 490 万元，其中征地 900 万元，工程费用 2 200 万元，其他费用 350 万元，不可预见费用 40 万元。在工程费用中，建房 2 万平方米（700 人×29 平方米），需资金 2 200 万元（以每平方米 1 100 元计算）；其他费用包括设备购置及安装费 150 万元，室外给排水及消防工程费 30 万元，供电、网络工程建设费 20 万元，生活车辆购置费 80 万元，绿化费 70 万元。

【解析】据策划人介绍，投资估算是策划人员向土木建筑专家咨询以后做的初步概算。在实施过程当中，会出现与概算不一样的情况，这也很正常。做策划的人，不可能是各行各业都擅长的专家，一定要在不熟悉的领域中向内行请教。正如大卫·奥格威所说的："我不是学化工的，面对橡胶行业的客户，我们也不拒绝，因为公司有化工方面的专家。"

四、运作方式

（一） 党政引导

请市委批准，政府立项，在市发改委、财政、规划、建设、旅游、文体等部门的领导、指导下，征地、建设、购置设备、培训人员、开展经营活动。市政府在北京或贵阳召开高规格的新闻发布会。前期招商宣传费，请市政府安排财政拨款。

（二） 社会参与

拟请有实力的广告策划公司，根据贵阳"银发工程"服务馆的功能，提出经营方案、策划经营策略，发布宣传信息，招商引资。

（三） 市场运作

通过招商引资，贵阳"银发工程"服务馆 75% 的投资（含工程费、其他费用及不可预计的 40 万元）由引入的单位投资，投资回报为 15 年的经营使用权。15

年后由贵阳市政府收回自主经营权；25%的投资（土地征拨费及前期宣传费、招商活动费）由市政府向贵州省老龄事业发展基金会申请拨款。

贵阳"银发工程"服务馆建成经营，把公益事业放在首位，按企业市场化运作，酒店式管理，投资人能在15年之内收回成本。

（四）媒体宣传

作为贵阳市的重点工程，请市委市政府安排《贵阳日报》、贵阳电视台、贵阳广播电台大力支持，利用媒体优势宣传贵阳"银发工程"服务馆项目。由贵阳广告策划公司做出整合传播营销方案，在政府有关单位督促下，具体实施。

贵阳市以外的媒体，需要经费支持，切望得到市委市政府的有力支持。

五、总结

贵阳"银发工程"服务馆项目，纳入政府统筹规划，突出为老年人服务的重点。首先，侧重为省内外老年人提供游、乐、玩、学、养为一体的生活环境，要求洁净、采光好、进出方便、坐轮椅无障碍，采用防滑地板、防跌扶手、坐式便器、紧急呼救等装置。

其次，完善各种旅游、娱乐、学习培训、生活服务、保健康复等服务管理部门和相应的设施，安排专门服务人员和医务人员满足老年人的各种特殊要求。该项目建成后，能为贵州省老龄事业的发展提供成功经验，逐步在全省推开，进一步推动老年人服务在全省深入开展，使老年人老有所养、老有所乐、老有所为、老有所医。为老人提供高质量的服务，让他们的老年生活锦上添花。

最后，以贵阳"银发工程"服务馆的服务促进老年人家庭关系的和睦和谐，维护社会稳定，为促进贵阳经济社会的发展做出新的贡献。

附件2：

建设贵阳"银发工程"服务馆招商策划

【解析】建设新项目，除了项目本身的优势以外，组织资金会成为一个重要的问题，因此本策划专门列出招商策划。

一、总的原则

前期招商宣传费，向市政府申请财政拨款。通过招商引资，贵阳"银发工程"服务馆80%的投资由引入的单位投资，投资回报为15年的经营使用权。15年后由贵阳市政府收回自主经营权。20%的投资由市政府向贵州省老龄事业发展基金会申请拨款。

在招商过程中，要贯彻执行"党政引导，社会参与，市场运作媒体宣传"的原则。

二、招商对象

1. 沿海经济发达地区的老龄委、老年大学、红十字基金会
2. 香港、澳门的慈善机构，慈善事业家，老年人社会公益组织
3. 全国著名的、贵州有实力的房地产开发商：保利、绿地、水电、铁建、和弘、远大、恒大、嘉友、新世界、世纪城、中天、鸿基、宏立诚等
4. 贵阳有实力的房地产开发商、矿业老板
5. 沿海地区的商会：浙江、江苏、山东、广东、福建等商会
6. 大型集团公司董事会

三、招商宣传

1. 媒体选择

报纸媒体：《人民日报·海外版》，《经济日报》，《贵州日报》，《老年报》。

杂志媒体：《中国地理》，《老年健康》。

电视媒体：中央电视台·财经频道，中央电视台·综合频道·夕阳红节目，贵州电视台·卫视频道，浙江电视台·卫视频道。

广播媒体：中央人民广播电台·旅游节目，贵州人民广播电台·体育旅游节目。

网络媒体：金黔在线，以发布新闻的方式传播信息；新华网·贵州新华网站；贵阳市政府官方网站；贵阳市老龄委网站；贵阳市旅游局网站。

直邮媒体：网站，发邮件给全国各省市区老龄委邮箱；用信函寄将宣传单寄给全国的目标受众；通过电话向目标受众发信息，引起他们关注。

2. 发布内容

（1）贵阳的区位优势。

（2）贵阳的休闲定位。

（3）适应老龄化社会的需求。

（4）贵阳市委、政府的优惠政策保障。在招商引资中，有一两家大户认筹是最理想的，也应考虑将贵阳"银发工程"服务馆采取产权销售式或租赁方式出售或出租。

（5）贵阳"银发工程"服务馆的宣传效益、社会效益和经济效益。

四、招商经费

由市委市政府根据以上建议，选择发布的内容、应该使用的媒体，从中确定其价值，再具体操作。

由市委市政府确定招商费用，策划人以此为基础安排恰当的媒体，报领导审核

批准后再实施。

五、招商政策

从实际出发，用足国家对建设积极老龄化社会的相关政策，争取外来投资，给予投资者各方面的政策支持和保障，以此吸引更多的投资人青睐贵阳的投资环境。

根据省市招商政策的落实情况鼓励积极招商成功的人士。所获奖励应扣除在招商过程中购买媒体所付出的费用。

六、运作程序（图6-1）

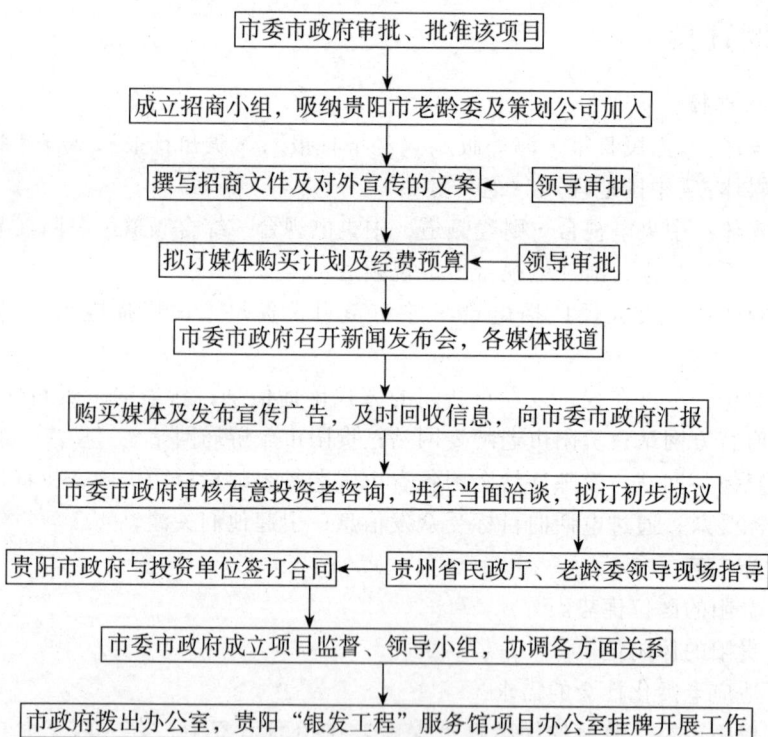

市委市政府审批、批准该项目

↓

成立招商小组，吸纳贵阳市老龄委及策划公司加入

↓

撰写招商文件及对外宣传的文案 ← 领导审批

↓

拟订媒体购买计划及经费预算 ← 领导审批

↓

市委市政府召开新闻发布会，各媒体报道

↓

购买媒体及发布宣传广告，及时回收信息，向市委市政府汇报

↓

市委市政府审核有意投资者咨询，进行当面洽谈，拟订初步协议

↓

贵阳市政府与投资单位签订合同 ← 贵州省民政厅、老龄委领导现场指导

↓

市委市政府成立项目监督、领导小组，协调各方面关系

↓

市政府拨出办公室，贵阳"银发工程"服务馆项目办公室挂牌开展工作

图6-1 贵阳银发工程服务馆项目运作程序

附件3：

贵阳"银发工程"服务馆整合营销策划（提纲）

【解析】银发工程服务馆本身是一个服务项目，最终要实现在营销中发展，在营销中扩大，所以这份策划案对整合营销问题专门做了策划。这里的整合营销在四个方面分别列出了相应的策略。

一、整合传播营销概念

现代市场营销观念，摒弃商品本位、企业本位，真心实意地树立消费者本位，将推销、促销归结为"沟通"。

贵阳"银发工程"服务馆项目，面对既有迫切需求，又有相应的支付能力，占人口12%的银发老人市场，只要经营得法，不愁做不好、做不大。

整合营销传播是将传播组合中的所有方面进行协调整合，以符合消费者在品牌接触的各种阶段的不同需求。其实，整合营销传播是我们综合、协调地使用各种形式的传播方式，传递本质上一致（策划运动的主题）的信息，达到预定目的的一种营销手段。

我们把贵阳"银发工程"服务馆的公益事业放在首位，同时在市场化运作中按照企业的"商品"来经营，需要采用整合营销传播的方式来推销，使其在保持公益性的基础上实现利润最大化。

整合营销传播与过去的推销完全不同，过去和现在正在运作中的不少企业，根据自身条件和能力，制造大量商品，然后制定能赚到最大利润的价格，通过由其掌握的配销通路，使用各种促销手段把产品卖出去。

现代市场营销，由于商品极大丰富，供大于求，商品的同质化越来越普遍，与传统的销售有了很大的不同。在现代市场营销中，所运用的整合传播营销理念是这样的：

第一，要研究消费者的需要和需求，卖消费者确定想买的产品，而不是只卖自己能生产、经营的产品。

第二，充分了解消费者为满足自己的需要和需求所需付出的成本，而不是去做所谓的定价策略。

第三，要考虑如何使消费者更方便地购买到服务，而不是单纯地一厢情愿地设计销售通路。

第四，对于满足消费者的需求和需要，一切为他们服务的促销手段，归结起来，只有"沟通"二字。服务提供者和经营者真正与消费者实现了"信息沟通"、"情感沟通"，贵阳"银发工程"服务馆服务与货币的交换才能实现。

二、两个阶段的整合传播营销

（一）招商引资阶段

招商引资是将项目"卖出去"，要让投资者得到准确的"商品"信息，权衡投入产出，促使他们下决心采取行动，签订合同，投入资金。

（二）建成经营阶段

贵阳"银发工程"服务馆建成后，传播的信源、信息和信宿都不同了，传播的方式也要随之而变。通过各种方式和媒体的整合传播，使广大受众认知贵阳"银发工程"服务馆能为他们带来什么利益，充分引起他们的兴趣，打动他们的情感，调动他们结伴而来的积极性。让这些老年人和老龄工作者们口碑相传，带动更多的老年人和老龄工作者来贵阳"银发工程"服务馆休闲旅游度假，争取在三五年内，使贵阳"银发工程"服务馆能与庐山齐名，与北戴河争辉。

三、整合传播营销的运用

（一）整合传播的运用

1. 媒体整合

中央媒体与地方媒体、电子媒体与平面媒体、电视媒体与广播媒体、报纸媒体与精美单页媒体、大众传播媒体与分众传播媒体、户外媒体与室内宣传品的有机配合。

2. 传播方式整合

传播方式一般有五种，除了自我传播以外，其他四种传播方式都可以用来传播贵阳"银发工程"服务馆的相关信息。做广告首选大众传播媒体，但信息落地效果最好的传播方式依次应该是组织传播、人际传播、群体传播。

3. 传播内容整合

传播内容要按三点一线理论来安排。根据贵阳"银发工程"服务馆项目的目标点、公益点、盈利点，找准投资人的关心点、需求点、利益点，在传播中向现实的和潜在的投资人表述贵阳"银发工程"服务馆项目的闪光点、独特点、新卖点，将贵阳"银发工程"服务馆项目的"准星"放在投资人关心点的"缺口"中央，对准我们开发目标点的"靶心"，三点成一线时，确定扣动扳机的时机，才有可能"命中"目标。

4. 传播时机整合

贵阳市开发贵阳"银发工程"服务馆拥有天时、地利、人和，占据了别的地方无法实现的、得天独厚的条件，诸多要素都已经具备，机不可失。从中央到省市对银发老人的关心，老年人的需求和经济支付能力形成的市场，已向我们提出开发贵阳"银发工程"服务馆项目的要求，如果放弃这种机会，可能会造成不可弥补的损失。

（二）整合营销的运用

整合营销是指促销组合或销售促进在营销环节中的具体运用，指的是不能在促销中只单独用一种方式，独轮车难以驾驭，"四个轮子一齐转"的四轮驱动汽车更稳当。将贵阳"银发工程"服务馆的服务项目，组合成几十个各具特色的"旅游套餐"，选择适当的时机，推介给有需求的老人。

1. 广告促销

广告促销，首先是确定传播的受众，再次是传播的主题、传播的策略、传播的时机与地域、传播的媒体和费用，最后是广告传播的效果。

贵阳"银发工程"服务馆在服务销售阶段，其促销信息的受众包括以下人员：

（1）月收入千元以上的城镇老年人，他们拿出两三年的积蓄外出旅游，实属正常消费。这一市场的人口，在中国有 0.78（13×12%×50%）亿人以上，而且正在快速增长，他们每人每年外出旅游花费 0.3 万元，每年的旅游花费总额超过 1 170 亿元，分到各地旅游景点，即使只有 1‰用到贵阳"银发工程"服务馆，金额也在千万元以上。

（2）儿女为尽孝心，出钱让父母外出旅游。

（3）在每年的长假、寒暑假，爷爷奶奶、外公外婆带着孙儿女、外孙儿女外出旅游。

（4）年轻夫妇带父母外出旅游，将父母交给贵阳"银发工程"服务馆，另选更刺激的贵州旅游线路，结束时再与父母会合，同机返程。

（5）全国各省市县的老龄委，老年大学，老年文娱体育晨练组织，以中老年人为主的文化社团、学术组织（诗词楹联协会、书画协会、离退休教师协会、离退休医师协会、离退休工程师协会等），各党群部门、企事业单位（机关、学校、医院、部队等）的离退休干部处，街道社区的群众组织，都是贵阳"银发工程"服务馆传播信息，争取将受众变为消费者的促销对象。

（6）因为我们的服务做得好，会吸引部分有经济实力的老年夫妻，如候鸟似地每年定时来休息旅游和疗养。

（7）贵阳"银发工程"服务馆经营 3 年后，在国外媒体上刊播广告传播的信息，与外国旅行社联系，组织外国游客前来旅游。从第 4 年起，每年有 1 000 至 5 000 人次的外国游客，应该是可以实现的目标。

以上现实的和潜在的服务对象，通过全国老龄机构进行组织传播，全国各地各种旅行社进行营业推广，把各种可以利用的因素都调动起来。

传播的主题集中到一点：贵阳"银发工程"服务馆是全国唯一建在国家级四个旅游景区中的老年大学、老年疗养院、老年旅游营地。

广告传播的策略主要有：

（1）公益活动与经营利润相结合，以公益为主，在塑造良好形象中获取最大利润；

（2）实现让老年人在贵阳"银发工程"服务馆期间愉快而有意义的生活，通过老人们返回后的口碑宣传扩大知名度和影响力；

（3）实现最大效益的传播，在媒体上广泛宣传和全国各省地县及相关老年组织内的传播同时并举；

（4）表现现实的经营内容给老年人带来的好处，和不断开拓，为老年人的将来着想同时并举。

　　贵阳具有"春来本是踏青时，夏日炎炎好避暑，秋高气爽正好玩，冬无严寒赛北国"的气候优势。一年四季、各种节假日都要推出不同主题的营销节目；面对南北方、沿海地区、中西部地区的不同受众，都要有不同的说辞。

　　比如，对重庆的老年潜在游客说："红枫湖边上的老年大学，在旅游中学习，在避暑中娱乐，在享受中健身。"

　　对南京的老年潜在游客说："贵阳'银发工程'服务馆就在比千岛湖水域更大的红枫湖边上，到屯堡寻根，学贵阳布衣人蜡染，就在夏无酷暑冬无严寒的贵阳。"

　　对北京的老年潜在游客说："贵阳的自然山水，走一步换一景，被国家级四个风景区围在中心的贵阳'银发工程'服务馆，会为您带来无穷乐趣。"

2. 公共关系促销

　　（1）凡入住 10 天以上的老人，皆颁发老年大学单科结业证，入住半月以上的，颁发荣誉证和荣誉牌，让这些有形的物质礼品起到无限的公共关系形象宣传的作用。

　　（2）在设计房舍时，留出一大面石料墙体，将凡是到贵阳"银发工程"服务馆休闲住宿半月以上的老人姓名（省、地、县）刻在石料墙上。

　　（3）根据收费的不同，向特殊的老年团队客人赠送特制的印有"贵阳'银发工程'服务馆"的帽、衣、裤、鞋、旅行包等行头，赠送特制拐杖。

　　（4）对特殊客人赠送特制的印有"贵阳'银发工程'服务馆"字样的体育用品，如羽毛球拍、乒乓球拍、门球杆、网球拍等。

　　（5）入住 10 天以上的老人，在参加写作兴趣班的作业中，选出精品，打印出来，上专栏刊登，在贵阳"银发工程"服务馆网站发布，半年、一年编本集子，为后学者提供借鉴。

　　（6）老年客人在贵阳"银发工程"服务馆入住期间拍摄的旅游、学习、休闲活动的照片，选其精品在贵阳"银发工程"服务馆网站发布，年终评奖。奖品通过各省市县老龄委代行颁发。

　　（7）每个组团的老年团队，都应由贵阳"银发工程"服务馆工作人员为他们拍摄全体队员入镜的照片，一是赠送给老年团队客人，二是发在网站上，三是放在宣传栏中，作为扩大宣传的展品。

　　（8）对于有创意的活动项目，由贵阳"银发工程"服务馆工作人员拍下录像，制成光盘，在老年客人入住后，在闭路电视中播放，引起老年人的兴趣，使他们改变计划，多住几天，亲自参加有创意的活动。

　　（9）每年至少举办两次带公益性质的促销宣传。第一次放在五一劳动节，由全国总工会、全国妇联、全国老龄委安排 100 位全国著名人物到贵阳"银发工程"服务馆免费住 7 天；第二次放在农历九月初九重阳节，由各省区直辖市老龄委安排 100 位老年人到贵阳"银发工程"服务馆免费住 7 天。

　　以上两次活动都要精心策划，使贵阳"银发工程"服务馆的付出收到双倍的宣传效果。

3. **营业推广**

（1）做好全国各省市县老龄委的工作，做好各企事业单位离退休老干处的工作，让它们成为贵阳"银发工程"服务馆的营业"柜台"。

（2）与全国的旅行社联络，通过它们组织各地的老年客人入住贵阳"银发工程"服务馆。

（3）借用全国各旅游景区的服务中心发送贵阳"银发工程"服务馆的宣传资料，介绍我们的服务特色，引起老年游客的注意。

（4）在北京、上海、天津、重庆、南京、广州、香港、台北等城市的老年机构中，以联盟方式、联营方式设立"柜台"销售，对于潜在目标市场较集中的市、县设立下伸的"柜台"，提供从网上直接订房、选择"旅游套餐"的便利。

4. **人员销售**

贵阳"银发工程"服务馆实行"全员服务、全员营销、全员管理"，从最高层领导到基层人员，总经理、老年大学教师、驾驶员、导游、服务员、厨师、洗衣工、花匠等，每人都熟记贵阳"银发工程"服务馆的服务理念，切实身体力行，都能代表贵阳"银发工程"服务馆的良好形象。每人都熟悉贵阳"银发工程"服务馆的"旅游套餐"项目的内容，只要有客人问到，都能如数家珍般地说清楚。每人都熟悉贵阳"银发工程"服务馆的保健、运动设施，当这些设施出现故障时，都能处理，能让入住老人感到满意。每人都熟悉数码照相机的简单操作，随时、随处准备为老年人拍照，提供让老年人满意的服务。

贵阳市老龄委、老年大学的所有工作人员，站在贵阳推进"积极老龄化"的高度，心为贵阳"银发工程"服务馆着想，话为贵阳"银发工程"服务馆而说，事为贵阳"银发工程"服务馆而做，同心同德，一定能把贵阳"银发工程"服务馆做成全国的积极老龄化服务项目。

四、整合传播营销要回答的几个问题

第一，向谁传播——市场细分——目标受众的社会生活状态、经济收入水平、文化素养提升、心理需求预期、健康情况判断。

第二，传播什么内容——宣传主题——将贵阳"银发工程"服务馆的优势、老年人的特殊需求、社会公益事业与营利目标的统一这三点集中在一条线上（三点一线说）。

第三，用什么方法传播信息——传播的策略——用什么措施做营销。

第四，在什么地域做传播？在什么时间做传播？

第五，用哪些媒体做传播？用哪些媒体做营销？

第六，在营销过程中，怎样实现传播效益、社会效益、经济效益最大化？

五、处理领导和管理机构与贵阳"银发工程"服务馆具体经营者的关系

1. 原则

坚持贵阳"银发工程"服务馆,在经营性和公益性服务中,有效地传播贵阳的旅游资源和气候资源信息,对外能更好地扩大贵阳的知名度、美誉度,对内能增加旅游收入,既造福贵阳的老年人,又能联络全国各省市区的老龄委、老年大学,在老年人中扩大社会影响。潜在的经济效益大于显现的经济收入,使贵阳银发经济成为一个新的经济增长点。

2. 制度

实施现代企业管理制度,摒弃人治,以科学、制度化、规范化、合同化的章程、规则、措施作为管理的基础,确立管理层和执行层所有员工的责任、权利和义务。

3. 操作

以市场化操作获取投资回报。在前 15 年的经营中,以投资者聘请的 CEO 为主进行经营管理,贵阳市老龄委、老年大学派出人员做副手,积极配合,以便开展贵阳老龄委和老年大学组织的活动,坚持"积极老龄化"的方针不改变。15 年后贵阳市政府收回经营权后,仍可在原有的基础上继承和发展。

4. 利益

尊重投资人对正当利益的获取。在不违背原则的情况下,应鼓励投资人在自主经营期间在兼顾公益性的同时追求利润最大化。

后记

本策划提纲,在《关于建设贵阳'银发工程'服务馆的请示》获得贵阳市委、市政府批准后,将详细策划,拟制出每一环节的具体实施方案。

任何初始方案都存在一定的主观性、片面性,在与贵阳市委、市政府领导深度沟通后,会使方案更具可操作性。

广告策划公司、策划执笔人衷心希望各级领导给予指点和支持,也希望各级领导尊重策划公司、策划执笔人的劳动,尊重其知识的产权。

实施"背篼乐业"工程策划[*]

关于开展"背篼乐业"工程的建议

【背景介绍】

这份策划的背景：一是胡锦涛同志提出了"包容性增长"的问题，要让全体劳动者共同享受改革开放的成果。二是贵阳市的进城务工的背篼们，为贵阳市民解决了家政服务的劳动力投入问题，让市民感受到确实需要这一群服务者。三是进城务工的背篼们，由于生活习惯等原因，给城市的文明带来了负面影响。四是人力资源公司把这个问题当成己任，委托策划人一起来解决相关问题。

主题：市民在社会包容中安居　背篼在就业包容中乐业

共同为"三创一办"做出新贡献

建议书中的"背篼"，指以背篼为主要工具，进城务工的农民工。

此建议不涉及诸如用超大编织袋拾垃圾和在街头摆摊擦皮鞋等务工者。

2010年9月16日，胡锦涛同志在第五届亚太经合组织人力资源开发部长级会议中，作了《深化交流合作　实现包容性增长》的致辞。专家预言，在"十二五"规划中，肯定会明确提出包容性增长。包容性这个概念将越来越普及并被人们接受。

一、贵阳市背篼农民工的现状

（一）背篼农民工的来源

为了向市委、市政府领导部门汇报我们的建议，贵州超群人力资源有限公司（以下简称超群公司）投入人力物力，对贵阳市云岩、南明、花溪、乌当、小河、白云、金阳各区及清镇市的背篼农民工的现状进行了调查。背篼农民工主要来自省内贫困县的贫困乡村，全省各县都有农民到贵阳，身背背篼，承揽搬物运货的劳

＊　该案例由王多明执笔，选自王多明. 新策划写作及解读［M］. 北京：中国广播电视出版社，2012.

务，不过，毕节地区各县的"背子客"数量最多，黔南惠水、安顺平坝、黔东南麻江次之。

以背篼形式离乡背井出来务工的农民工，绝大多数家境困难，以最低端的劳务换取微薄的收入来养家糊口，或为子女赚取学费。背篼农民工文化程度较低，大部分为成人文盲或只有初小学历。

背篼农民工多数以帮带乡亲、以老带新方式进入城市。一家两口或三口人（带一子或女），有的按来源地域结成小集体，由领头人承揽劳务。活动时多为"散兵游勇"各揽业务，有大活时用手机招人。

（二）背篼农民工的数量及集中待客地

超群公司专员经过两个多月的实地走访，通过抽样调查和重点调查中，得知在贵阳市七个行政区和清镇市大约有 2.5 万 ~ 3 万人从事背篼服务工作。逢春种、秋收、年节、农历七月半前后，有几千或近万名背篼离开城市返乡做短暂停留。

他们主要集中在大型的物流集散地，如：五里冲农副产品水果批发市场，市内火车站、原各汽车站和金阳客车站，市西商业街、浣纱路、威清路、延安西路、太慈桥、三桥的各个批发市场，中新、新发、比兰德、大西南家具城、红星美凯龙等家装装饰材料市场，贵钢花鸟市场，沃尔玛、北京华联、大昌隆等超市，大十字广场、人民广场、云岩广场、东山广场、振华广场，金阳世纪城等在建楼盘和已有住户在装修的新楼盘，清镇东门桥附近，都相对地集中了几十、几百或上千的背篼农民工。

（三）背篼农民工的服务质量及社会贡献

背篼农民工的劳务分为四种。一是守候式，蹲守在较为固定的地点，等候有人召唤；二是游走式，身背背篼，游走在大街小巷，希望有人喊一声"背篼！"——有人购买劳务了；三是相对固定式，承揽了几家商店、门面需要背篼的活，在附近候着，随叫随到；四是找准了正装修房子的某栋大楼，承揽了卸车、背沙、背水泥、背砖、拆墙、背建筑垃圾、装车等活儿。从整体来说，背篼农民工属于三无民工（无组织、无固定、无保障），没有统一的组织，没有固定的服务地点和内容，没有劳动者基本的维权保障和社会基本的福利性保险。背篼农民工们默默地承担城市脏、累、重、危险性、低素质的应急性劳动，难以得到市民从物质报酬到精神层面的充分认可。

像袁杰那样，从背篼农民工进入受人景仰的行列的人太少了。媒体在寻找他们，鼓励更多的背篼农民工改变现状，其效果并不尽如人意。

贵阳已经进入老龄化社会，面对众多的空巢家庭，贵阳确实需要背篼这种劳务提供者。背篼农民工为改善和提高市民的生活质量，付出了辛劳和汗水，已经成为贵阳市民生活中不可或缺的重要成员。市民装修新房，购置家具、电器，乔迁等都需要体力劳动服务，背篼农民工充当了首选的角色。背篼农民工已经用自己的存在方式融入城市，为贵阳的城市化进程做出了特殊的贡献。

（四）背篼农民工的陋习和不良社会影响

事物都是一分为二的，在肯定背篼农民工的社会贡献的同时，应该看到由于背篼农民工的"三无"特点和文化程度较低等原因，极个别背篼农民工有"忌恨富人"心理，采取报复社会"不公"的行为或者心怀不轨，身背背篼作掩护，行抢、盗之事，犯下恶性案件；少数背篼农民工待客雇用时聚在街头赌博打发时间，随处以背篼为枕倒地而卧，用废弃木料于街头烧火取暖，随地大小便；极个别背篼农民工没有归宿，用背篼遮头，盖张破布睡在华丽商店或银行的大门口；还有上述背篼在街头打架、发酒疯、衣衫褴褛、衣不蔽体……有损市容市貌，与文明背道而驰，造成社会不和谐。

背篼农民工的陋习和不文明行为，是贵阳市"三创一办"的最大难题。民政部门、慈善机构动员长期露宿街头的背篼农民工移住到专门为他们准备的住所，为他们送去衣被等，但收效甚微。游走在街头巷尾、聚在商场饭店外的背篼农民工以人们不愿看到的形象出现，为现代城市文明抹上了一笔不和谐的黑墨。

（五）背篼农民工应该获得享受改革开放成果的权利

在不少市民的认识里，背篼农民工工作低贱，在他们干活时进行监视，讲价时给予歧视，受伤害时少有同情，对他们的不文明行为心中怀恨却不去制止。贵州超群人力资源公司认为：贵阳市的背篼农民工和其他市民一样，应该享有改革开放的成果，他们已经融入城市，应该关心他们的疾苦，帮助他们提高劳务质量，获得相关政策的扶持和资助，与普通市民一样体面地生活。

二、改变背篼农民工现状的建议

根据贵阳市服务业发展要实现更大突破的要求，面对贵阳市背篼农民工的现状，我们作为人力资源综合性服务企业，有责任为社会造福，为市民在社会包容中安居，背篼农民工在就业包容中乐业，提高贵阳这座城市里所有人的生活质量，增加人们的幸福指数，尽我们的绵薄之力。因此，我们不揣冒昧，向领导机关献计献策，力求为贵阳市的"三创一办"尽职尽责。

要改变背篼农民工的现状，总的建议是：党政领导，市场运作，社区主导，企业实施。

（一）党政领导

市委、市政府及相关职能部门是这场"攻坚战"的领导。依靠各级党委和行政的力量，宣传"三创一办"，实施"三创一办"，下决心又好又快地解决难题。

领导机关出政策，动员社会力量参与，请电视、报纸等媒体宣传报道，贵阳市内各级党政群、工青妇、社团、学校、企事业单位、社区、居民都动员起来，统一思想——正确认识背篼农民工的贡献和陋习,在包容中实现市民与背篼农民工的安居和乐业;统一政策——要实现包容性增长,政策向弱势群体倾斜是必要的。为背篼农民工解决必要的生存生活需求、安全需求,开展技能培训,使他们像当年的"川军"入黔那样"立足、奋斗、发展、致富",如重庆的"棒棒"那样走向规范的劳务市场,凭体力和智慧生存和发展;统一行动——在试点社区取得经验后,培训社区相关人员,在全市统一开展工作,力求在2011年9月举办第九届全国少数民族传统体育运动会之前,使贵阳市的市容市貌有极大的改观;统一宣传——由省市媒体拿出一定的时间和版面,组织采写背篼农民工的报道,让市民和背篼农民工都关注、参与、负责任地提高自己的思想水平,规范自己的行为。

市政府民政部门、市政建设部门、人力资源保障部门、城管部门都涉及改变背篼农民工现状的工作,由市委、市政府牵头,形成齐抓共管,分工协作,将责任落实到具体部门和个人,就没有办不好的事。

(二) 市场运作

在市委、市政府领导下,用市场运作方式,批准超群公司组织实施"背篼乐业"工程。超群公司接受市委、市政府的委托,力争在第九届全国少数民族传统运动会举办前,在贵阳市六个行政区域设立完善的组织机构,进行新型的超群管理模式,让全国人民看到一个科学、和谐、文明、全新的贵阳!

通过开展如下活动,逐步将散乱的低素质的背篼农民工组织起来,规范其行为,加强培训和实施有效管理,形成市民安居、背篼农民工乐业的持续向好的和谐局面:

第一,为每一位在贵阳务工一个月以上的背篼农民工建档注册。

背篼农民工主动向暂住地的社区、居委会申报,领取、填写(或社区干部帮助填写)登记表;社区分管户籍和人口的干部主动上门为背篼农民工服务,发放、填写登记表。真正做到社区、办事处、区、市对背篼农民工的来源地、个人基本信息、迁徙归属有完整的了解,对背篼农民工的数量、质量有准确的把握。

凡注册的背篼农民工,由社区向他们免费发送《农民工务工手册》,同时签名填写"农民工务工公约"。

第二,以社区为单位,以行政力量组织背篼农民工开展及"做文明市民"、"维护劳动权利"等基础培训,由超群公司组织专家、学者、教授为背篼农民工上课,政府给予补贴,对参加培训成绩合格者,发给相应证书;根据背篼农民工的需要,开展"基本生产技能"培训(与省内各地区县乡为当地村民组织的外出务工生产技能培训相当)。背篼农民工凭借获得的相关培训证书,到办事处领取统一制作和印有标识及编号的"马甲"制服。费用由超群公司、政府拨款、背篼农民工自己各负责1/3(如果免费送给背篼农民工,因为自己没花钱,也许不会珍惜。背篼农民工所承担的费用也就10元/人)。

对于没有穿"马甲"制服的街头务工者,市、区、办事处城管和社区都有管理的责任。督促背篼农民工进行"注册"、接受培训，才能使他们从"三无"变为"三有"，贵阳市背篼农民工劳务市场才能从根本上改观，贵阳的"三创一办"才能攻下这座顽固"堡垒"。

第三，在背篼农民工比较集中的企事业单位所在地的社区，设立相应的劳务市场，人力资源公司派专人巡视，社区派专人配合，企业单位像负责"门前三包"那样，规范劳务市场，帮助背篼农民工改掉不文明的陋习。

第四，超群公司在市委市政府领导下，编印文字和视频教材，组织背篼农民工参加基础培训；设计、制作背篼农民工的工作制服；收集、汇总资料，将全市注册背篼农民工的活动情况随时能准确地向市领导或职能部门汇报。

第五，超群公司专门设立"背篼农民工法律维权处"，由公司特聘律师，组织背篼农民工学习法律知识，为需要维权的背篼农民工免费提供法律援助。

第六，超群公司专门设立"三创一办"宣传办公室，通过市委、市政府批准，在媒体上报道市民和背篼农民工和谐包容相处的新闻，报道贵阳市改变脏乱差市容市貌的新闻，进行市民和背篼农民工维权的宣传。

第七，对于不注册、不接受管理、不参与培训的背篼农民工，对他们仅视为短期打工，同样给予关注、关照。一个月后，仍然拒绝者，由于他们没有统一的制服，市民也不会雇用他们，这种措施在执行中会逐步规范，逐步完善。

第八，穿统一制服的背篼农民工，在劳动服务中与市民产生了矛盾纠纷，背篼农民工可以向社区和超群公司专门设立的"法律维权处"（专用电话）投诉，市民也可以向超群公司专门设立的"法律维权处"（专用电话）投诉。超群公司"法律维权处"会在第一时间，在包容、和谐、法律面前人人平等的基础上派出专人调查，提出处理纠纷的建议，并上报市政府有关部门。目的是明辨是非，化解矛盾，求得新的和谐统一。

（三）社区主导

在开展实施"背篼乐业"工程的过程中，社区是工作的重点、难点、关键点，社区市民是"背篼乐业"工程的受益者，社区的治安、环境等都会在"包容性增长"中得到进一步改善。

第一，根据街道办事处的安排，通过背篼农民工注册登记，社区要确实掌握两个数：一是居住在社区里的每一位背篼农民工的基本情况（包括露宿在社区范围内的背篼农民工）；二是在社区范围内务工的背篼农民工的劳务报酬情况。由专人负责调查、统计、分析相关数据，每月上报。

第二，列出需要基础培训和技能培训的背篼农民工的名单，联系培训地点和确定培训时间，由超群公司聘请教师组织培训。对合格者给予认定，收取 10 元/件的编号制服费，发给制服和《农民工务工手册》，保存背篼农民工填写的"农民工务工公约"。

第三，社区市民与背篼农民工发生纠纷时，在第一时间给予调解，同时通报给超群公司。记录情况，提出处理意见，跟踪处理效果。总结在社区中奉公守法、诚实守信、勤劳致富的背篼农民工的事迹、经验，为评选背篼农民工先进人物提供材料。

第四，维护社区治安、环保秩序，及时制止发生在社区内的不文明行为。居住在社区或在社区内务工的背篼农民工出现的影响市容市貌的问题，社区一经发现和接到报告，要理直气壮地立即制止和纠正。对于这样的问题，要充分发挥社区"三创一办"义务监督员的积极作用。

（四）企业实施

如果本建议被市委、市政府采纳，超群公司被授权组织实施"背篼乐业"工程，超群公司在市委、市政府及市政建设局、人力资源保障局的领导下，一定不辜负领导的信任，安排精兵强将，借助社会贤达及致力于该项工程的有识之士，形成合力，把该项工程作为公司的主要业务。

第一，在尽可能短的时间内，超群公司在贵阳的七区一市（清镇市）同时开通"背篼乐业"工程工作站，24 小时派人值班，为需要用工的企事业单位调派背篼农民工，为背篼农民工维权，管理、纠正背篼农民工的不良陋习。

每个工作站配备 5 人以上，有专用汽车作为交通工具，有专人负责网络值班，有专人巡视，随时随地解决有关背篼农民工的问题。

第二，编制背篼农民工注册、与市民发生纠纷的登记处理、背篼农民工维权申请、背篼农民工先进人物登记等表格。对各种文本表格用电脑进行存储与分类整理，随时能向领导机关汇报背篼农民工最新的情况和数据，向媒体单位提供有关背篼农民工的报道线索和报道素材。

第三，设计并承担预付费用，制作背篼农民工编号马甲制服。根据社区注册情况，及时将编号马甲制服送到社区。随时与社区保持热线联系，和社区一起解决发生在该社区的背篼农民工与市民的纠纷，一起制止发生在背篼农民工身上的不道德、不文明行为，对触犯刑法的背篼农民工，要依法移交公安司法机关处理。

第四，组织承担背篼农民工的基础培训和专业技能培训。选购或编写印制培训教材，选聘或培训任课教师。由社区开展基础培训，由市内中等专业技工学校开设相应的背篼农民工（有小学毕业以上文化）专业技能培训。用好用足中央、省对务工农民的各种优惠政策，使上级的拨款产生超值的效益。

第五，积极发现新问题，找出新动向，总结新经验。一方面，积极向市委、市政府及相关领导部门汇报情况，为领导机关决策及时提供资料和依据；另一方面，向新闻媒体提供报道方向和素材，及时向各区、街道办事处、社区反馈收集整理的资料，向其他社区通报相关情况，使纠纷解决在萌芽状态。

第六，超群公司本身就承担了"岗前、岗位培训"，"劳务派遣"，"人事外包"，"推荐人才"，"劳动人事政策咨询"，"劳动保障政策咨询"，"劳动纠纷代理"，"员工余额调配"，"提高人力资源利用"等业务，因而能从背篼农民工的

"注册"表中发现人才，把他们推荐给合适的省内外、国内外的用工单位，为到贵阳务工的背篼农民工牵线搭桥，在做好低素质背篼农民工基础培训和技能培训的同时，让背篼农民工中的人才脱颖而出。

第七，超群公司建立"贵阳农民工网站"，随时更新信息，及时宣传党委、政府对农民工的各项政策；反映背篼农民工的诉求；讲述背篼农民工的故事；报道各级党委、政府对背篼农民工的关怀、帮助，背篼农民工的先进事迹，市民对背篼农民工的赞扬，社区对背篼农民工的管理经验；批评背篼农民工的不良陋习。

第八，承担"背篼农民工法律维权处"律师的办公费用；承担背篼农民工编号制服1/3的费用（有2.5万背篼农民工注册，需支付25万元费用）；承担组织实施"背篼乐业"工程12名办公人员的工资，以及设备购置费、办公耗材费、交通通讯费，估计为6万元/月；承担培训用文字教材的编写、印刷、发行费用，约为3元/本，2.5万本的费用总计为7.5万元，培训用视频教材的费用为4元/张，估计总额为1万元。

根据以上初步估算，超群公司需准备100万元左右资金投入该工程的实施和运作。

三、实施"背篼乐业"工程，改变背篼农民工现状建议的可行性分析

贵州省在连续开展的"多彩贵州"形象宣传中，采用了"党政推动、社会参与、市场运作、媒体搭台、文化唱戏"模式，实践证明是成功的，贵阳市推出的"三创一办"也很有成效。

我们坚信，有贵阳市委、市政府的坚强领导，有全体市民和背篼农民工的积极参与，有基层社区组织实实在在的工作，我们一定能在举办第九届全国少数民族传统体育运动会，即2011年9月以前对贵阳市的背篼农民工的现状来一个效果明显的改观。

关于实施"背篼乐业"工程的运作时间表和程序，待市领导委派超群公司承办后，方能设计。现在我们还不能做出，敬请领导理解、原谅。

四、超群公司简介

超群公司是以劳动派遣、职业介绍、劳务输出为核心内容的综合性劳动服务机构，是经贵阳市劳动保障部门批准，贵阳市工商部门注册登记的法人单位。公司注册资本为100万元人民币。办公室地点位于贵阳市宝山南路30号（蟠桃大厦24楼3号）。

超群公司本着"超群卓越的服务"理念竭诚为省内外企事业用人单位和派遣员工提供多种灵活的、近距离的、贴心的人力资源服务；秉承"以诚信求生存，以品质谋发展"的服务宗旨，做到与时代同步，实现社会和经济增益的最大化。

五、建议书后面的话

常言道，"三分策划，七分执行"。我们的建议书是用心策划的，希望得到市委、市政府相应领导机关的重视，及时将信息反馈给我们，以便尽早开展后续工作。

在实施"背篼乐业"工程的过程中，根据实际情况，如需要调整工作方针，我们会及时向市委、市政府相应领导机关汇报，得到及时的指示，使"背篼乐业"工程的目标能取得阶段性的成果，促进贵阳的"三创"早日实现。要做好背篼农民工的工作，任重而道远。

【解析】这份策划由两部分组成：策划人先写完以上建议书，会同超群人力资源公司董事长杨明林先生，向省、市劳动人事部门报告，公司愿意承担执行"背篼乐业"工程的前期费用，希望获得政府的支持和帮助；省、市劳动人事部门的领导看完建议书以后，肯定了公司的作为和建议书提出的问题及解决办法，同时要求对项目写出一份具体操作的实施方案。

下面这份实施方案就是应省、市劳动人事部门领导的提议所撰写的。

实施"背篼乐业"工程的方案

在"十二五"规划中，胡锦涛同志提出的"包容性增长"，已经得到了明确的肯定。基于本策划书额主题，"包容性增长"的目标是，在城市化进程中，背篼农民工与市民共享改革开放的成果。

实施"背篼乐业"工程的项目构架如图7-1所示。

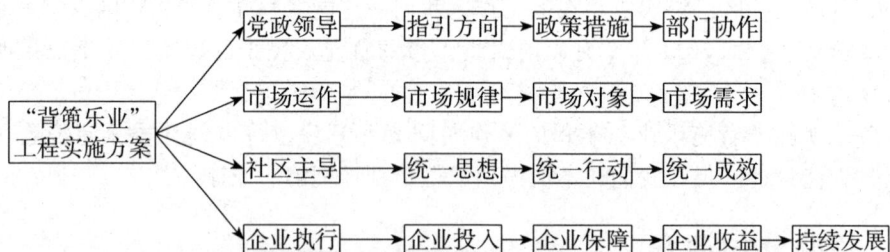

图7-1 实施"背篼乐业"工程的项目构架

一、实施"背篼乐业"工程的指导思想

贵阳市委、市政府及相关职能部门是这场"攻坚战"的领导。依靠各级党委和行政部门的力量，像宣传、实施"三创一办"这样，只要下定决心就能又好又快地解决难题。在市委、市政府的领导下，在各职能部门的支持下，我们坚信这项工程一定能做得有声有色，做成"三创一办"的一个亮点。

1. 可操作

"背篼乐业"项目具有可操作性，针对领导机关、市民、背篼农民工中，分别都有实施的步骤、可行的措施和具体的指标。

2. 可持续

实施"背篼乐业"工程，不是贵阳市的权宜之计，而是贵阳市国民经济和社会发展规划中的重要部分，要提高居民素质，建立持续和谐、长治久安的社会，必须常抓不懈。

3. 可发展

贵阳是贵州省的省会城市，要当好全省经济社会发展的"火车头"，黔中经济区崛起的"发动机"，率先实现全面小康。贵阳市做好了"背篼乐业"项目，对全省具有示范性，可延伸到全省其他城市。

二、实施"背篼乐业"工程的具体方案

（一）党政领导是成功的保证

1. 指引方向

在实施"背篼乐业"工程的过程中，市委、市政府为工程指引方向，及时指示，解决实施过程中出现的问题。市委、市政府将"背篼乐业"项目安排进例会日程。市委、市政府主要领导，到区县社区调研实施"背篼乐业"项目的情况，听取主管职能部门的汇报；根据国家、省的"农民工"政策，及时对"背篼乐业"项目作出指示。

2. 政策措施

党中央、国务院对农民工进城从事服务工作，围绕农民工转移就业、职业培训、社会保险、权益维护、思想文化、党团活动等方面都制定了相关政策，涉及多个部门，如人力资源部门，教育部门，卫生、计划生育部门，工商部门，税务部门，司法部门，工青妇，公安部门，安全生产监督管理部门，住房和城乡建设部门，民政部门，文化部门，以及城市社区。我省根据实际情况，已经提出为进城务工的农民开展综合服务的政策要求。切实执行这些政策措施，是实施"背篼乐业"工程的保证。

3. 部门协作

领导机关出政策，全社会参与，电视、报纸、广播、杂志、户外广告媒体、楼宇电梯广告媒体等反复进行公益宣传报道，贵阳市各级党政群、工青妇、社团、学校、企事业单位、社区、居民都动员起来，统一思想、统一政策、统一行动、统一宣传。宣传部门、民政部门、市政建设部门、人力资源保障部门、城管部门、教育部门、文化部门、卫生计生部门、司法部门、公安部门等都涉及改变背篼农民工现状的工作，由市委、市政府牵头，形成齐抓共管，分工协作，将责任落实到具体的部门和个人。

（二）市场运作是符合规律的发展过程

1. 市场规律

实施"背篼乐业"工程必须符合市场规律。农民工进城务工，为赢得最大的收益，使个人生活支出最小化，因而在吃、穿、住、行诸方面都是以最低标准来付出，生活质量较低，幸福指数不高。

超群公司正是依照这种规律，吸引、吸纳背篼农民工进入"背篼乐业"工程。要在实施工程的过程中，提高背篼农民工的经济收入，逐步改善他们的居住条件，改变市民对背篼农民工的看法，实现贵阳市容市貌的大改观，按市场规律办事，将这一工程打造成促进社会和谐的、"包容性增长"的工程。

2. 市场需求

（1）当务之急，尽快见效。超群公司接受市委、市政府的委托，力争在第九届全国少数民族传统运动会举办前，在贵阳市七区三县一市设立实施"背篼乐业"工程的组织机构，采用新型的超群管理模式，让全国人民看到一个科学、和谐、文明、全新的贵阳！

（2）组织起来的背篼农民工不再是"三无人员"。过去由于背篼农民工的"三无"（无组织、无技术、无法制观念）特性和文化程度较低，出现了极个别背篼农民工有"忌恨富人"心理，报复社会"不公"，身背背篼作掩护，行抢、盗之事，犯下恶性案件的情形。实施"背篼乐业"工程后，这种情形会大量地减少或消失。

（3）逐渐改变背篼农民工的各种陋习。诸如待客雇用时聚在街头赌博打发时间、随处以背篼为枕倒地而卧、用废弃木料于街头烧火取暖、随地大小便等陋习会得到根本改变。

（4）对无处安身的背篼农民工，要彻底改换生活情形。极个别背篼农民工夜里没有归宿，用背篼遮头，盖一块破布，睡在华丽商店或银行的大门口的情形，能得到根本改变。

（5）逐步纠正少数背篼农民工在街头打架、发酒疯、衣衫褴褛，赤身裸怀等不文明行为，使贵阳市尽快步入"全国文明城市"的行列。

3. 市场对象

超群公司认为，实施"背篼乐业"工程的市场对象是广泛的，多方面的。

（1）背篼农民工是实施"背篼乐业"项目的主体，工程项目基本围绕他们展开，为他们谋利益，为他们求发展。这些好的本意要通过社区和大众传播媒体进行宣传，动员广大市民参与，超群公司实施"背篼乐业"工程的各区县工作站人员要共同努力，尽可能让所有的背篼农民工都登记注册，进入"背篼乐业"项目。

实施"背篼乐业"工程的难度在于怎样吸纳尽可能多的背篼农民工参加。我们提出三结合的措施：

其一，政府公告，媒体报道，社区宣传，吸引住在辖区的背篼农民工到社区登记；

其二，超群公司区县工作站工作人员开展地毯式的梳理，劝说没有注册登记的背篼农民工到社区注册登记；

其三，告知社区市民和需要用工的单位，不要雇用没有编号制服的背篼农民工。这样，规范背篼农民工队伍，使已经注册登记的背篼农民工获得市民信任。

（2）广大市民是参与"背篼乐业"工程的主要对象。贵阳市民的数量是背篼农民工数量的近百倍，他们的参与对自身有益，对背篼农民工也有利。如果这项工程像宣传"三创一办"那样深入人心，市民能得到背篼农民工诚信的服务，背篼农民工都能成为合格的市民，贵阳市将会更加和谐祥和。这也是市民所希望看到的。将广大市民作为"背篼乐业"工程的主要参与对象，绝对不能忽视。

（3）需要聘用背篼农民工的单位，也应作为工程的参与对象来看待。特别是房地产业集中的地方，需要大量的背篼农民工提供搬运劳务。要使这些单位重视"背篼乐业"工程，合理雇用背篼农民工，关照背篼农民工，维护背篼农民工的权益，这是这些单位维持生产正常运作或超常规发展的基础。对此，超群公司实施"背篼乐业"工程的区县工作站工作人员会主动与用工量较大的单位联系，一起把背篼农民工的服务、用工工作做好。

4. 市场活动

按照市场规律，通过开展以下活动，能逐步提高背篼农民工的素质，规范其行为，对其加强培训和实施有效管理，形成市民安居、背篼农民工乐业的持续向好的和谐局面：

（1）为每一位在贵阳务工一个月以上的背篼农民工建档注册。背篼农民工主动向暂住地的社区、居委会申报，领取、填写（或社区干部帮助填写）登记表；社区分管户籍和人口的干部主动上门为背篼农民工服务，发放、填写登记表。真正做到社区、办事处、区、市对背篼农民工的来源地、个人基本信息、迁徙归属有完整的了解，对背篼农民工的数量、质量有准确的把握。凡注册的背篼农民工，由社区向他们免费发送《农民工务工手册》，同时签名填写"农民工务工公约"。

（2）以社区为单位，以行政力量组织背篼农民工开展及"做文明市民"、"维护劳动权利"等基础培训，由超群公司组织专家、学者、教授为背篼农民工上课，政府给予补贴，对参加培训成绩合格者，发给相应证书；根据背篼农民工的需要，开展"基本生产技能"培训（与省内各地区县乡为当地村民组织的外出务工生产技能培训相当）。背篼农民工凭借获得的相关培训证书，到办事处领取统一制作和印有标识及编号的"马甲"制服。费用由超群公司、政府拨款、背篼农民工自己各负责1/3（如果免费送给背篼农民工，因为自己没花钱，也许不会珍惜。背篼农民工所承担的费用也就10元/人）。

对于没有穿"马甲"制服的街头务工者，市、区、办事处城管和社区都有管理的责任。督促背篼农民工进行"注册"、接受培训，才能使他们从"三无"变为"三有"，贵阳市背篼农民工劳务市场才能从根本上改观，贵阳的"三创一办"才能攻下这座顽固"堡垒"。

（3）在背篼农民工比较集中的企事业单位所在地的社区，设立相应的劳务市场，人力资源公司派专人巡视，社区派专人配合，企业单位像负责"门前三包"那样，规范劳务市场，帮助背篼农民工改掉不文明的陋习。

（4）超群公司在市委市政府领导下，编印文字和视频教材，组织背篼农民工参加基础培训；设计、制作背篼农民工的工作制服；收集、汇总资料，将全市注册背篼农民工的活动情况随时能准确地向市领导或职能部门汇报。

（5）超群公司专门设立"背篼农民工法律维权处"，由公司特聘律师，组织背篼农民工学习法律知识，为需要维权的背篼农民工免费提供法律援助。

（6）超群公司专门设立"三创一办"宣传办公室，通过市委、市政府批准，在媒体上报道市民和背篼农民工和谐包容相处的新闻，报道贵阳市改变脏乱差市容市貌的新闻，进行市民和背篼农民工维权的宣传。

（7）对于不注册、不接受管理、不参与培训的背篼农民工，对他们仅视为短期打工，同样给予关注、关照。一个月后，仍然拒绝者，由于他们没有统一的制服，市民也不会雇用他们，这种措施在执行中会逐步规范，逐步完善。

（8）穿统一制服的背篼农民工，在劳动服务中与市民产生了矛盾纠纷，背篼农民工可以向社区和超群公司专门设立的"法律维权处"（专用电话）投诉，市民也可以向超群公司专门设立的"法律维权处"（专用电话）投诉。超群公司"法律维权处"会在第一时间，在包容、和谐、法律面前人人平等的基础上派出专人调查，提出处理纠纷的建议，并上报市政府有关部门。目的是明辨是非，化解矛盾，求得新的和谐统一。

（三）社区主导是实施方案的关键

在实施"背篼乐业"工程的过程中，社区是工作的重点、难点、关键点，社区市民是"背篼乐业"工程的受益者，社区的治安、环境等都会在"包容性增长"中得到进一步改善。

1. 统一思想

实施"背篼乐业"工程，势必会增加社区工作人员的工作量，会使本来就繁忙的工作更加繁忙。因此，要从思想上统一做好"背篼乐业"工程的认识：

（1）这是落实"十一五"成果的一个重要方面；

（2）这是落实"三创一办"的重要内容；

（3）这是实现"包容性增长"的重要环节；

（4）这是社会经济发展进程中赋予我们的新使命。

因此，要从贵阳市战略发展、持续和谐发展、内涵发展的高度，统一社区工作人员的认识，使他们在服从组织安排的基础上，创造性地把本社区的"背篼乐业"工程做出特色。

2. 统一行动

（1）生活在本社区的背篼农民工在社区注册。根据市、区（县）街道办事处的安排，超群公司各区（县）工作站配合，做好背篼农民工的注册登记工作。社区派专人负责调查、统计、分析，每月上报，要确实掌握两个数：一是居住在社区里的每一位背篼农民工的基本情况（包括露宿在社区范围内的背篼农民工）；二是在社区范围内务工的背篼农民工的劳务报酬情况。

（2）明确背篼农民工培训的内容。社区根据注册情况，列出需要基础培训和技能培训的背篼农民工的名单，联系培训地点和确定培训时间，由超群公司聘请教师组织培训。对培训合格者给予认定，收取 10 元/件的编号制服费，发给制服和《农民工务工手册》，签订并保存背篼农民工填写的"农民工务工公约"，发放"农民工 VIP 卡"。

（3）调解背篼农民工的纠纷。当背篼农民工与市民或背篼农民工之间发生劳务纠纷时，在第一时间给予调解，同时通报给超群公司工作站，记录情况，提出处理意见，跟踪处理效果。

总结在社区中奉公守法、诚实守信、勤劳致富的背篼农民工的事迹、经验，为评选背篼农民工先进人物提供材料。

（4）维护社区治安、环保秩序，及时制止发生在社区内的不文明行为。居住在社区或在社区内务工的背篼农民工出现影响市容市貌的问题，社区一经发现和接到报告，要立即制止和纠正。对于这样的问题，要充分发挥社区里"三创一办"义务监督员的积极作用。

（5）社区为背篼农民工安顿固定待工点，为无家可归的背篼农民工安排一个"家"。由政府投资，每个社区划出地块，设置能让背篼农民工待工时遮风避雨的地方，尽量避免背篼农民工四处游走找"活路"，这样社区市民需要劳动服务时能很顺利地找到他们。

这项工作的难度在于政府要有资金投入，也可以发动社区市民捐赠（钱、物皆可），让背篼农民工这批社会弱势群体也能享受改革开放的成果。

3. 统一成效

（1）社会效果。做好"背篼乐业"工程，会改善社区环境，改正背篼农民工的不文明行为，促进社区更加和谐安详。

（2）经济效益。做好"背篼乐业"工程，会使社区的商业更加繁荣，为市民和经营户提供更多的方便，吸引更多的国内外资金投入贵阳，为促进经济发展打下基础。

（3）长效机制。做好"背篼乐业"工程，不是短期行为，在城市化进程中，未来 10 年内还会有农民离乡离土，到城市就业，那些没有专业技能的，还是会用"背篼"作为主要工具。因而，规范背篼农民工劳务市场具有历史意义。做好了，就是建立了社会经济持续和谐发展的长效机制。

（四）企业实施是落实方案的重点

如果实施"背篼乐业"工程的建议被市委、市政府采纳，超群公司被授权组织实施"背篼乐业"工程，那么本公司在市委、市政府及城乡建设部门、人力资源保障部门等的领导下，在各城市社区的支持下，在广大市民的积极参与下，一定不辜负领导的信任，把该项工程做成"三创一办"的亮点之一。

1. 组织落实

（1）超群公司从内部进行组织架构的调整，强化为"背篼乐业"工程服务的部门，公司人员扩充为120人左右，设立策划部、法务部、宣传部、农民工资源部、公关协调部。从组织上保证背篼农民工的所有劳动事务都有人管。

（2）在贵阳七个区及三县一市同时设立"背篼乐业"工程工作站，在当地有关部门安排下，每站配备7～10人（从下岗工人中招聘、培训，以合同形式明确责权利），承担辖区内背篼农民工的注册登记，整体劳务派遣，零星劳务管理，安全、文明服务，维权，培训等综合服务。

（3）通过社区组织，对"背篼农民工"进行注册登记，建立"农民进城务工数据库"，按区（市、县）、社区、个人进行编号。对背篼农民工进行有效的做文明市民宣传、劳务调度、人力资源培训、维权帮助、调解劳务纠纷等协调和管理工作。

2. 措施落实

（1）设计印制相关表格。超群公司精心设计使信息既够用又简明的《贵阳市进城务工农民工注册登记表》、《贵阳市进城务工农民工维权申请表》、《贵阳市进城务工农民工先进人物事迹表》、《贵阳市进城务工农民工与市民发生纠纷登记表》等表格。

（2）数据库处理信息。将各种已经填写的信息文本表格，用电脑数据库存储并分类整理。随时能向领导机关提供背篼农民工最新的情况和数据，向新闻媒体单位提供有关背篼农民工的报道线索和报道素材。

（3）进行基本道德培训。超群公司配合社区，利用晚上时间，借用社区内小学，用特别编印的教材或视频教材，组织已注册的背篼农民工参加"做合格市民"的基本社会公德和职业道德培训。

（4）设计、制作背篼农民工编号马甲制服。对已经完整地填写《贵阳市进城务工农民工注册登记表》的背篼农民工，经超群公司根据区县、社区进行编号后，将其信息存入数据库，背篼农民工向社区交纳10元钱，就可以领取一件价值30元的编号马甲制服和一张多用途的VIP卡。该卡可以在购物、乘车时享受打折优惠、办理保险业务等。卡片的编号与马甲制服的一致。

（5）超群公司承担设计制作编号马甲制服的预付费用和VIP卡的制作费。根据社区注册情况，及时按数量将编号马甲制服和VIP卡送到社区。

（6）各区县工作站随时与社区保持热线联系。365天、24小时/天为注册背篼农民工服务：组织、协调辖区内的集体劳务，为背篼农民工谋取合法权益，与社区一起解决发生在该社区的背篼农民工与市民的纠纷，一起制止发生在背篼农民工身上的不道德、不文明行为。对触犯刑法的背篼农民工，要依法移交公安司法机关处理。

（7）从《贵阳市进城务工农民工注册登记表》中，选出有文化和专业技能的农民工，通过社区，组织他们参加专业技能的培训。对培训情况进行详细登记，将通过培训结业的背篼农民工派遣给需要用技工的单位，提升背篼农民工的劳务质量，使他们获得较高的、稳定的经济收入。

超群公司本身就承担了"岗前、岗位培训"，"劳务派遣"，"人事外包"，"推荐人才"，"劳动人事政策咨询"，"劳动保障政策咨询"，"劳动纠纷代理"，"员工余额调配"，"提高人力资源利用"等业务，因而能从背篼农民工的"注册"表中发现人才，人尽其用，把他们推荐给合适的省内外、国内外的用工单位，为背篼农民工牵线搭桥，在做好低素质背篼农民工基础培训和技能培训的同时，让背篼农民工中的人才脱颖而出。

（8）超群公司选购或编写印制培训教材，选聘或培训任课教师，到社区开展基础培训，由市内中等专业技工学校开展相应的背篼农民工（有小学毕业以上文化）专业技能培训。用好用足中央、省对务工农民的各种优惠政策，使上级的拨款产生超值的效益。

（9）超群公司的农民工服务工作站与社区一起，积极发现新问题，找出新动向，总结新经验。一方面，积极向市委、市政府及相关领导部门汇报，为领导机关决策及时提供资料和依据；另一方面，向新闻媒体提供报道方向和素材，及时向各区、街道办事处、社区反馈收集整理的资料，向其他社区通报相关情况，使纠纷解决在萌芽状态。

（10）超群公司设立"贵阳农民工网站"，随时更新信息，及时宣传党委、政府对农民工的各项政策；反映背篼农民工的诉求；讲述背篼农民工的故事；报道各级党委政府对背篼农民工的关怀、帮助，背篼农民工的先进事迹，市民对背篼农民工的赞扬，社区对背篼农民工的管理经验；为今后拍摄以背篼农民工为题材的新闻片、电视剧提供素材；批评背篼农民工的不良陋习。

（11）超群公司设立的"法务部"承担为背篼农民工维权的工作，特聘律师的费用由公司承担。

3. 效益落实

超群公司要承担多种费用：

（1）设计、印刷各种表格；

（2）设计、制作农民工VIP卡；

（3）建立背篼农民工数据库；

（4）承担背篼农民工编号制服1/3的费用（有2.5万背篼农民工注册，需支付25万元）；

（5）组织实施"背篼乐业"工程综合服务中心12名办公人员的工资及设备采购费、办公耗材费、交通通讯费等，估计为6万元/月；

（6）培训用文字教材的编写、印刷、发行费用，3元/本，总额为7.5万元；

（7）培训用视频 DVD 教材的制作费用，4 元/张，估计需 1 万元；

（8）设立并维护七个区三县一市同时开通的"背篼乐业"工程工作站（每站 7～10 人，配备电脑、车辆、通讯等设备）。

按照以上初步估算，超群公司共计需要准备 100 万元资金投入该工程的实施和正常运作。

超群公司的利益点：

为了使"背篼乐业"工程在"十二五"和"十三五"这十年中持续做下去，超群公司需要寻找获利点，才有足够的资金支持必要的支出。

（1）获得政府给予的政策支持。组织实施"背篼乐业"工程，承担农民工基础培训和专业技能培训的业务，获取应得的劳务报酬，以解决超群公司投入"背篼乐业"工程工作人员的基本工资。

（2）在为背篼农民工开展投保服务中，获取正常的劳务费。

（3）从背篼农民工填写的注册表中，寻找适合更高层次用工单位需要的技工，经专业技能培训后，派遣到用工单位，超群公司收取正常的业务报酬。被派遣的背篼农民工可以获得更高、更稳定的经济收入，用工单位可以解决人力资源不足的困难，是一举多得的好事。

（4）做好"背篼乐业"工程，媒体广为宣传，将产生极好的社会影响，获得社会慈善机构、慈善家和社区市民的捐赠。捐赠款项完全用于"背篼乐业"工程的支出，可以减轻超群公司的部分负担。

综合测算下来，超群公司还必须努力将开展其他业务的收入投到"背篼乐业"工程中去。

【解析】实施"背篼乐业"工程前期的投入大约需要 100 万元。省、市劳动部门负责人很关心超群公司的生存与发展，询问今后如何维持，有没有盈利点。如果没有盈利点，这个项目将难以为继。策划人根据杨明林董事长及公司高层人员的分析和判断，列出了几条工程实施以后的效果预测。虽然项目总体上属于公益事业，但是也要有发展和盈利的可能才能把这件大工程长期坚持下去。

三、实施"背篼乐业"工程效果预测

第一，贵阳市委、市政府推行"民心工程"、"民生工程"，会产生深远的历史意义和现实影响。实施"背篼乐业"工程，受人文关怀的主体是背篼农民工，得益的是全市人民，是党执政为民的具体体现，是深化改革、让全体人民共享改革开放的成果，能持续和谐地推动贵阳市社会经济又好又快发展。

第二，提高背篼农民工的市民意识和从业道德，实施"背篼乐业"工程，实际上也是"树人工程"。实施"背篼乐业"工程，能有效地提高背篼农民工做合格市民的意识和从业道德，能增加背篼农民工的经济收入，改善背篼农民工的生活、工作环境，提高他们的生活质量，对其子女的教育、成长会产生极大的影响。

第三，为贵阳市民创造一个既能提供生活便利，又能消除不文明行为、令人心情舒畅的社区环境。成功地实施"背篼乐业"工程，得益的是贵阳全体市民，生活更加便利，社区环境更文明、清洁、安全，社区的生活秩序得以改善，同时会减轻社区工作人员的负担。

我们坚信，有贵阳市委、市政府的坚强领导，有全体市民和背篼农民工的积极参与，有基层社区组织实实在在的工作，我们一定能在举办第九届全国少数民族传统体育运动会，即 2011 年 9 月以前对贵阳市的背篼农民工的现状来一个效果明显的改观。

超群公司执行"背篼乐业"工程的内部组织架构如图 7-2 所示。

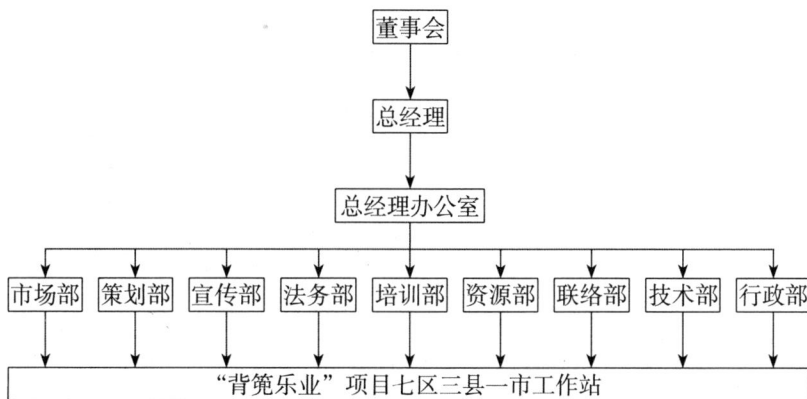

图 7-2　超群公司执行"背篼乐业"工程的内部组织架构

波仔奶茶店促销策划案[*]

一、什么是奶茶——初识奶茶做营销

奶茶是什么，从哪儿来，现在是什么样？奶茶是"牛奶+茶"吗？消费者和出售者都不会这样回答。奶茶是一种饮品，从中国台湾传入大陆，在很短的时间内，风靡省、市、县各级市场，在青少年消费者心中，已逐渐形成一种饮品文化，与瓶装水、可乐饮料分别占有相当的市场销售机会和市场份额。喝奶茶是超乎解渴的一种精神需要，一种时尚的文化消费。

在贵州大学北校区南侧边缘的朝阳路、学子路上，迅速出现了 11 家以销售饮品为主的小店：街尚·冰世界、地下铁、奶茶之盗、阶阶、可乐猫、本木町、随缘吧、星语、梦幻、欣奇、波仔奶茶。这种高密度的商业布局，面对人流量不大、消费目标不明确、购买欲望和总体购买力不高的市场，竞争是难免的，弱肉强食、适者生存的规律，在这个地域一定会显现出来。茶风暴、梦焉位于学校宿舍区内，人群集中，销售情况与朝阳路上的奶茶店显然不同。

1988 年，台湾省台中市政府附近的春水堂时任产品研发部经理林秀慧，首先推出配制的"珍珠奶茶"，因其口感软、搭配浓淡皆宜、滋味超优，迅速被消费者接受。

珍珠奶茶迅速走红的原因是：（1）口感新鲜、味美，现做现卖，多种原料组合，对消费者有吸引力。（2）口味不断推陈出新，变化多，形成诸多系列，能满足消费者多种选择。（3）店铺投资少，风险低，见效快。（4）价格便宜，饮用方便。

一些媒体对奶茶进行了抨击：

"没珍珠没牛奶也没茶，成本几毛钱的珍珠奶茶售价 1~5 元。"（2007 年 3 月 2 日《泉州日报》）

"奶茶中的珍珠为何有嚼头？植脂末害你没商量。"（2009 年 4 月 15 日《现代

* 该案例由王多明执笔，选自王多明. 新策划写作及解读［M］. 北京：中国广播电视出版社，2012.

快报》）

"劣质奶茶畅销，一杯珍珠奶茶成本不到 5 角。" （2006 年 12 月 28 日沈阳今报）

"奶茶竟是女性心脏的隐秘杀手。"（2009 年 6 月 16 日《贵州都市报》）

这些报道无疑增添了奶茶销售的阻力。经策划人员参照多种资料测算，优质奶茶的成本约为 1.3 元/杯。

二、市场怎样——明确市场的现状

贵州大学北校区内有奶茶店 3 家以上，如茶风暴、移动性奶茶车、梦焉。学校周围几家奶茶点的基本情况如下：

"街尚·冰世界"，商品品种多，出售冰粥系列，水果鲜美，品味地道，特色是冰镇型饮品，迎合夏天消费者的需求，处于朝阳路和学子路结合部，地理位置好，人流量大，价格不高，比波仔便宜。

"本木町"最便宜的奶茶，每杯价为 8 元。

"地下铁"品种最多，是价格最便宜的一家，味道正，门面较小，正当街，人流量大，消费群不只是学生。

"奶茶之盗"品种多达 58 种，价格偏低，有多种外国式奶茶，环境和地理位置都很好。

"阶阶"地理位置好，门前人流量大，为二层楼，最具创意的是中英文的菜单，能吸引外国人，但售价昂贵，营业时间为 11：00 至 23：00。

"可乐猫"开业才几天，且在后一排铺面，店堂设置不井然，推出"开业期间买一送一"的活动，生意清淡。调查者品尝后，认为口味比较好。

"随缘吧"与"波仔"有两店之隔，两家奶茶店的销售环境与价格大体相同。

策划小组调查人认为：（1）价格，其他店几乎都比波仔低（冰世界 4 ~ 6 元，地下铁分大小杯，价在 2.5 ~ 4.5 元之间，奶茶之盗 3 ~ 4 元，阶阶 5 ~ 12 元，茶风暴 3 ~ 6 元，梦焉多为 3 元。总体价格在 5 元以下）；（2）质量口味，都比较纯正；（3）品种数量，波仔相对较少，其他店品种较多，最多的达 86 种；（4）特色，各有千秋，街尚·冰世界特色明显，冰、水果是新鲜的，环境优雅别致；（5）地理位置，各家不同，有优有劣。

调查小结：波仔与朝阳路其他奶茶店相比，质量、品种、价格方面都有待提高，若要占领优势地位，还需要从内至外作出改变。店内以秋千为座椅的特色值得肯定，也是下一步宣传的 USP（独特的销售主张）之一。

波仔困境：（1）门前人流量小；（2）商品种类较少；（3）价格偏高；（4）缺乏个性广告语；（5）经营方式单一；（6）口味不够好；（7）装修不吸引人。

【解析】广告策划的第一阶段就是收集资料，包括与策划或服务有关的必需的特定资料和平时不断积累起来的一般知识资料。其次，要用心去研究、分析资料。

对收集的资料反复咀嚼，用"心智的触角到处加以触试"，用不同的方式方法来研究资料，探索其意义和内在联系。本策划通过调查波仔的竞争对手的情况全面地分析波仔的不足。

三、把握目标消费群

谁是我们的竞争对手？谁是我们的目标消费群？这两个问题是营销的首要问题。竞争对手已经清楚了，还需要认清我们的目标消费群。

策划人群体，经深思熟虑，认为波仔奶茶的目标消费群包括以下人群：

（一）贵州大学的学生及与他们关系密切的同龄人

波仔既然选择了在贵州大学北校区旁开店，一定是看中了大学生这类消费群体。"既来之，则安之"，我们要对贵州大学的学生进行细分，找到波仔的目标消费群。

贵州大学北校区有近 1.6 万名本科生，仅千名研究生。学生中家境较好，又舍得花钱的不足 50%，选择每周喝 2 杯奶茶的是这里面的 30%，自己买单主动请同学喝奶茶的只是其中的 20%。

学生在什么情况下会主动来喝奶茶？大致有以下几种情况：

与男（女）朋友约会时。

心情特好，又希望有品位的消遣，约上几位友人共享奶茶。

心情不好，独自一人来店，或有好心人邀约他来店散散心。

外校老乡、老同学、年轻的亲戚来访，要找一处安静之处倾谈。

有同学过生日或自己过生日，3~5 人举办小型聚会。

出门办事，路过奶茶店，进来小憩。

老师和学生相约在奶茶店指点学习或指导毕业论文等。

进校报名，毕业离校，广交朋友，告别朋友……

以上这些潜在消费者，到了朝阳路，只有 1/11 的可能选择波仔。

因而，主动出击，争取客源，让 1/11 变为 1/3 或 1/4，我们才能把波仔奶茶朝阳路店的生意做好。

（二）住在附近的中学生

中学生喜欢新鲜事物，和三五同学一起来享用具有舶来意味的饮品。

（三）住在附近的小学生

主要是生日消费、特殊天气消费、节假日消费，或者家长买回家去品尝。高年级小学生有自主消费能力和消费欲望的，会与一部分中学生成为常客。

（四）在附近工作的人

在朝阳路、学子路上的商店当老板或在附近工作的员工，因忙里偷闲、朋友相邀、交谈私事等需要，也会选择奶茶店。

（五）在附近就餐的人

已经在附近的饭店就餐的人，为寻一处放松心情、窃窃私语的地方，也会离开饭店进入奶茶店，或干脆叫饭店服务员到奶茶店"端杯奶茶来"。

（六）附近的外国人

在贵州大学工作或学习的外国人，也会来喝奶茶。

四、受众-顾客-消费者

接收波仔奶茶店商品销售信息的人，是我们的受众。

对波仔奶茶感兴趣，有消费欲望，进店光顾或打电话询问的人是顾客。

购买了奶茶的顾客才是我们的消费者。

认识这三种人的准确概念，区分他们的不同，有助于我们做好工作。

【解析】成功的策划案必须找准合适的产品、合适的目标顾客。消费者调查主要指了解消费者的需求、动机、购买习惯与消费习惯，以及与此相适应的消费者年龄、性别、文化程度、宗教信仰等情况，综合分析出消费者为什么购买、购买什么、由谁购买、在什么时候购买、在什么地方购买、购买的频率如何，以及购买后由谁使用、使用后的评价如何等，进一步分析出消费者的构成、消费倾向以及其变化规律。本策划案的作者没有介绍调查消费者的过程，直接用"策划人群体，经深思熟虑"来带过，虽说分析得比较合理，但是缺乏数据的支持，使分析结果存在一定的争议。

五、广告传播的重要性

在营销组合或销售促进中，广告促销、公共关系促销、人员推销、营业推广被我们称为"促销的四个轮子"。

广告是广告主付费，通过媒体，向确定的受众传播商品和服务信息的活动。

广告主发出信息，需要用媒体，找准目标受众，则可事半功倍。

没有和奶茶接触，不知道有波仔奶茶的人，不会成为顾客，不会成为消费者。

我们建议采取如下方式传播波仔奶茶店的商品和服务信息：

（一）确定广告语，大力推广（从中选出一条）

到波仔，荡飞好心情！

波仔奶茶，好心情！

波仔奶茶，真爽！

波仔推销的是好心情！

你的朋友——波仔！

波仔——心憩的港湾

（二）运用广告语

1. 店堂门头横匾
2. 进店正面墙上
3. 奶茶杯上的 2cm×3cm 不干胶杯贴（广告语、地址、电话）
4. 名片、宣传单、跨街布标
5. 调奶师、服务员服装
6. 送货车（可在花溪物色两辆送货车，租用车厢广告位）
7. 租用自行车上的广告位
8. 门前放置 X 展架
9. 在异业联盟店的菜谱、桌上放置 KT 版广告牌
10. 到贵州大学学生宿舍区、教师宿舍区、食堂门口、运动场门口，以及其他能贴广告的地方如公告栏内张贴 POP 海报
11. 店内墙上张贴与奶茶有关的或青少年顾客喜欢的图画

（三）广告设计思路及原则

广告语采用的字体要活泼、亮丽。建议选用华康少女字体书写"到波仔，荡飞好心情！"、"波仔——心憩的港湾"等广告语。

设计时要确定并采用标准色、标准字。目前店门为大红色、名片为深咖啡色，店内墙壁为浅肉色，秋千绳、柜台、桌面是杂色，不能给受众、顾客、消费者以"过目难忘"的印象。

面对现实，只能调整。门头和店堂里用的广告语，可以配合大红和肉色作为底色设计。

（四）营造文化气息

店内的时尚文化气息，除了秋千，基本体现不出来。进店喝奶茶的消费者，是享受文化，享受气氛，不是为解渴。以此为出发点，改善环境，改变服务，改进质量，让消费者享受奶茶文化的熏陶。

【解析】成功的策划中广告版面占据重要的位置。有些广告显得很友善，有些很诱人，像磁铁一样把你的目光吸引过去，让你觉得读起来很舒服。你在自己的广告中应该采用的就是这种编排。避免那种读起来很累，甚至让读者都不愿看的版面编排。你的广告必须有一个"视觉焦点"——吸引读者目光的最核心、最重要的

视觉要素。它通常是你的标题和图片。本策划中所建议的广告语虽说简单明了，能被消费者一下子了解，但是通过调查，波仔奶茶的主要消费者是学生，也就是年轻人，年轻人比较崇尚潮流和个性，所以应当选用具有爆炸性的广告语吸引消费者。

六、塑造形象脱颖而出

公共关系是外求发展、内求团结所采取的一系列措施。大至联合国，小到个人，都需要在发展中树立良好的社会形象。

有权威学者说"公关第一，广告第二"，甚至说"公关将代替广告"，可见公关在促销中有多么重要。企业及商品要提高知名度、美誉度，促销也是一个过程。

针对波仔奶茶店，开展下列形象宣传的公益活动，能达到提高知名度、美誉度的目的。

（一）潜心研究怎样做好奶茶

进优质货，调优质奶。开发十几种属于波仔自己的新口味奶茶。打出自己的旗号，宣传自己的特色，组织属于波仔的目标消费群。新创一种口味特殊的"波仔奶茶"。

（二）把工作做到贵州大学校园里去

"波仔奶茶"的店主冷国波毕业离校不久，有与学生干部沟通的基础。到贵州大学的学生社团中去，与学生领袖交朋友，为他们提供小型会议、聚会、交友的雅致场地，提供优质低价的奶茶以及其他帮助。主动将贵州大学的社团、学生会、团干会等组织的小型活动迎到波仔奶茶店来进行。对活动地点"朝阳路波仔奶茶店"的通知也是一种很好的宣传。

（三）自主出击，举办小型活动

开展小型的（8～10人）读者交流恳谈会、网友见面会、情缘沟通会……贴出海报，为这些活动提供场地和质优价廉的奶茶饮品。

（四）进入社区作宣传

进入教师宿舍区和商品房住宅区，配合居委会、社区做公益宣传，如防盗、禁毒、防流感……抓住各种机会。在这些宣传活动中，加进"波仔奶茶提醒您"的字样即可，花费少，影响大，一举夺得。

（五）提供勤工助学的机会

由学校团委、学生会推荐，社团推选三四个特困生，在课余时间到波仔奶茶店兼职做服务生，对他们进行生活上的接济，教会他们调制奶茶，为他们创业、就业打下基础。

七、人缘促销显奇效

广结人缘是促销的妙法。

（一）店内结缘

来的都是客，相逢开口笑，一句热话三分暖，一杯奶茶十份情。

进店来喝奶茶的客人，都有各自的心理动因、心理需求、心理期待。在他们身上"应用心理学"就很有用武之地了。

察言观色，主动与客人交谈，寻找共同话题，在交谈中建立起相互信任的平台，逐步建立朋友关系。

及时记录新客人、新朋友的资料，如生日、专业、班级、重要纪念日、重要亲人的资料等，存入电脑资料库，以备随时调用。如，在客人生日前的几天，邀请他到波仔奶茶店过生日、为他准备生日祝福等。

（二）店外结缘

1. 异业联盟

奶茶店与饭店、蛋糕店、文具店、书店、超市都可以建立联盟关系。在这些店铺中引入格子铺，增加波仔奶茶店的花色，为消费者提供方便。

2. 联合多家商店，共同炒热朝阳路商铺，使街区商业更发达

3. 争取为社区做更多的公益活动

4. 举办游戏活动

在竞猜活动中认识善动脑的好学者，公布中奖名单，建立联系方式，定期开展智力活动吸引顾客。

5. 入住学生食堂

与学生食堂联盟，争取一方摊位，在下午（特别是周五）由店聘特困生到食堂门口销售波仔奶茶（价位打折）。

6. 在学校运动场做宣传

把波仔奶茶店的X展架放到学校运动场门口，提醒爱好运动的同学到波仔奶茶店"补充能量"。

7. 周末到闹市街头促销

周六、周日，学校放假期间，国家法定节假日，在花溪城管部门的应允下，由做兼职的同学，拉开布标、穿着波仔奶茶职业服，到花溪车站站台、花溪饭店门口热卖波仔奶茶。

8. 到兄弟院校做宣传

在花溪开往贵州民族学院的"小面的"内外做宣传广告，为下一步到贵州民族学院开分店，提前做舆论宣传。在贵州民族学院学生中提高波仔奶茶的知名度、美誉度是必要的。如上法炮制，到贵州大学南校区开设分店、到省委党校开设

分店。

9. 借助媒体宣传

进入《品折天下》杂志，借助媒体，在朝阳村率先上杂志宣传"奶茶文化"。

【解析】策划是筹谋、运筹规划等思维活动，是策划者面对需要筹谋的活动，事前所作的规划和打算。这里所提出的行动建议非常合理也具有创新性，如果按照这些建议去实行，一定能获得成果。

八、营业推广下工夫

提高商品质量，增加客人喜欢的品种，练好服务基本功，改善营业环境，调整出更能让消费者接受的价格，这五个方面做好了，能让进店的顾客成为消费者，能让消费者成为波仔奶茶店的义务"广告宣传员"，成为带客进店消费的"义务售货员"。这就是"柜台艺术"。

应用消费心理学基础知识，在与客人交谈中，了解他们的心理需求和期待，用规范的、简洁的、温馨的话语，留住顾客，让他动心，迅速变为消费者。

每周推出一款主题词奶茶，说服受众，使他们转变为顾客、消费者。用 X 展架进行宣传，放置在波仔奶茶店门前，或用布标挂在门前，使之特别醒目。

九、抓住时机勤出击

时机是时间机会，任何人、任何企业都有属于自己的促销时间机会。

中国的国节，外国的洋节，学校的校节，家庭的纪念日，个人的纪念日，如生日、入团日、入党日、获得录取通知纪念日、恋爱纪念日、升迁纪念日、工作转正日、发工资日……都蕴含着促销机会。在时机到来前，提前做好相应准备，发出相邀式广告宣传（针对电脑数据库中的个人资料，用发短信的形式，温馨提醒，不表露销售目的），送出祝福，邀请他们到波仔奶茶店庆祝。

学校区域内的商店，受学生放寒暑假的影响，销售情况会出现陡降，因而要未雨绸缪，提前做好针对教师、社区居民的传播，让他们知道波仔奶茶店，记住波仔奶茶店，对波仔奶茶店产生好感，有消费需求时，到店内消费或打电话预订。

十、一定要做"波老大"

不想当将军的士兵，不是好士兵；不想把企业做好做大的老板，不是好老板！

学习实践科学发展观，对一个小店来说，是根据市场需求的发展规律，探寻符合规律的营销路子，敢于开拓思路、放手实践，善于总结自己的、别人的经验和教训，逐步实现阶段性目标，为实现远景规划打下基础。

开设在贵州大学北校区附近老朝阳村 12 栋 7 号门面的波仔奶茶店老板，一定赞同策划人提出的做好做大奶茶店的建议，关键是执行。策划人常说"三分策划，七分执行"，能否根据实际情况去有效地执行，是策划成功与否的关键。

在成功案例中学会做广告，做公关，做营销，在实际营销中学会做营销。

没有资金，借钱做广告的成功例子，不胜枚举。何况奶茶的利润空间较大，在企业的导入期、成长期，用利润的 70% 为扩大再生产做舆论宣传准备，不会危及波仔的生存，坚信"艰苦干两年，产下一窝仔"的目标一定会实现。

亲学校　爱学生　助公益

——雀巢咖啡校园营销策划[*]

上篇

一、对雀巢的基本认识

总部位于瑞士的雀巢集团，是世界上最大的食品公司。一个多世纪以来，中国消费者已经认识并信任雀巢品牌，早在 1908 年，雀巢公司就在上海开设了中国第一家销售办事处。雀巢是最早进入中国的外商之一，对中国有着坚定的承诺。20世纪 80 年代初，雀巢就开始与中国政府商谈在中国投资建厂，并将其在营养品和食品加工方面的世界上顶尖的专有技术和丰富的专业知识转让给中国。1990 年，雀巢在中国大陆的第一家合资厂开始运营，随后又建了多家工厂。雀巢通过利用本地原材料在本地制造同等高品质的食品，替代进口产品。现在雀巢在中国大陆销售的产品中 99% 是在本地制造的。

雀巢拥有丰富多样的产品，这些产品为处于人生不同阶段、拥有不同生活方式和文化背景的消费者提供营养与健康，为消费者带来"优质食品，美好生活"。伴随改革开放的步伐，雀巢食品已大踏步地进入中国 20% 以上的家庭和社会人群。

茶虽然是中国人最主要的饮品，但经过 30 年的市场开拓，雀巢咖啡已经被城市中的白领所接受。要获得更大的饮品市场，富有创意的营销策划及创造性地执行特别重要。

二、雀巢在中国的销售状况及对中国的贡献

2006 年，雀巢在大中华地区的年度销售额达 119 亿元人民币，缴纳各项税款

---

  * 该案例由王多明执笔，胡艺聪解读，选自王多明. 新策划写作及解读［M］. 北京：中国广播电视出版社，2012.

约 11 亿元人民币。雀巢以每年稳定递增 5% 的速度，在中国扩大销售收入。2010年，销售收入达 144 亿元人民币以上。

雀巢中国公司自成立以来，始终关注长期可持续的业务发展，而不是只重视短期利润。开展业务的基本方式就一直是向有关各方承诺长期可持续发展的价值。在中国，雀巢通过积极开拓和发展本地可持续的鲜奶生产和咖啡种植业来帮助中国偏远的农民大大改善生活水平。

雀巢从瑞士引进的投资累计达 70 亿元人民币；带来世界最大食品公司在营养和食品及饮料方面的先进经验和技术；在中国大陆销售的产品 99% 是由本地生产的；帮助中国发展富有竞争力的出口产业；为本地员工提供富有吸引力的工作机会，提供国际培训；为本地产品及相关产业带来创新；是可靠的纳税企业，每天支付约 300 万元鲜奶款给奶农，每年收购 5 000 吨咖啡豆；为黑龙江、云南、山东和内蒙古的农民提供稳定的现金收入；为农民提供技术支援，改善原材料质量，提高产量和效率。其贡献价值累计超过 1 亿元人民币。

"雀巢"已成为大中华地区消费者最信任的外国品牌之一，该品牌覆盖了一系列按照国际质量标准制造的产品：奶粉、液体奶、酸奶、婴儿配方奶粉、婴儿米/麦粉、甜炼乳、成长奶粉、早餐谷物、速溶咖啡、咖啡伴侣（植脂末）、冰淇淋、巧克力和糖果、瓶装水、饮品、鸡精和调味品等。

【解析】以上两点，是策划人对通过网络搜集的雀巢的相关资料进行"去粗取精，去伪存真"后的改造之作。

三、雀巢在中国及贵州省的未来发展空间

13 亿多正在富起来的中国人，其购买力、购买欲望正在向新的高端产品聚集，令所有外资企业"馋涎欲滴"。中国饮品市场的国际化趋势，势不可挡。"80 后"、"90 后"年轻人，正在将喝咖啡从"时尚"变为"平常"。如果有 2.6 亿（约占中国人口总数的 20%）中国人喝雀巢咖啡，每人每年平均消费 100 元，将会使雀巢集团仅速溶咖啡这一项的收入就达到 260 亿元人民币。

贵州有常住人口 3 600 多万人，2010 年 GDP 为 4 593 亿元，城镇居民人均收入为 14 142 元。在 2010 年全国 34 个省区市人均 GDP 排名（排序以各地常住人口数统计得出）中，贵州是第 34 位，仅为 11 640 元，是上海市人均 GDP93 488 元的12.45%。报载"贵阳市 2010 年工业总产值突破 1 000 亿元，是 2005 年的 574.1 亿元的 1.8 倍，从 2000 年以来，工业增加值占 GDP 的比重始终保持在 35% 以上"。在经济发展中在全国"垫底"的贵州，有许多让人不解的现象：据报纸报道，"月薪低于一千五，别想招到服务员"，"海航涉足贵州白酒业，欲拿出 7.8 亿元'一口闷下'怀酒"，"以大瀑布为核心，涵盖 12 个知名旅游景区，面积超过美国黄石公园，投资千亿，黄果树开建国家公园"（贵阳市一年的工业总产值还不够建黄果树国家公园一个项目的花费）。贵州的建设资金，基本来自中央政府和发达地。与周边省市区相比较，贵州人收入不高，但消费并不低，舍得在吃、穿、用上花

"将来的钱"是"出了名"的。

【解析】策划人认为，"不穿鞋的部族，正是购买鞋的潜在市场"，经济总量较低的贵州，正是雀巢咖啡这种国际大品牌的未来市场。

在贵州市场的开发中，产生的创新性经验，具有向全世界不发达地区推广的价值。

四、雀巢咖啡面对的多种挑战

茶叶、茶文化，在中国已有几千年的历史，近些年出现的成品茶饮料，迎合市场的需要，得到了快速的发展，在生产企业和销售企业的精心策划和创意中，牢牢地占据了中国的饮料市场。

啤酒大体也是改革开放以后在中国大行其道的饮品，与喝咖啡相比较，喝啤酒可以不讲究时间、地点、对饮的人和价格，年销售量达几百万吨之多，已经将中国人的"酒文化"做出了一番不小的改变。

果汁饮料与健康、时尚、原汁原味紧紧相连，对小孩、青年人有极大的诱惑，抢占了没有经济收入却有支付能力的新一代的饮品市场。

以两大可乐为代表的碳酸饮料，已牢固地占据中国市场，通过广告、公关、营业推广，其销售终端网点密布全中国，销售势头越来越好。

各种瓶装矿泉水、纯净水、薄荷水等也已经牢固地被中国人捏在手中，其有价格优势，购买方便，从大瓶到小瓶有各种包装，广告定位、品牌建设主题鲜明，不可逆转地成为中国人的"最爱"。

水是生命之源。以上的茶水、啤酒、果汁、可乐、矿泉水等，在销售中，各行其道，与咖啡既是抢占市场份额的竞争对手，又是"大路朝天，各走半边"的伙伴。

【解析】在多元化的饮品中，高雅、优越、幽静、闲情、享受，是喝咖啡独有的、别的饮品不能替代的品位。

雀巢咖啡既要保持和发扬这种传统的咖啡文化，又要在"不失身份"的前提下，争取占有更大的市场份额。本策划的任务就是帮助雀巢咖啡在贵州省做得更好。

五、雀巢咖啡准确的市场定位

【解析】定位（positioning）这一概念最早出现于艾·里斯（Al Reis）和杰克·特劳特（Jack Trout）在 1969 年 6 月号的《工业营销》（Industrial Marketing）杂志上发表的一篇论文当中。它的出现立即在美国的广告界产生了巨大的反响，成为当时流行于美国的一个重要市场营销观念和技术，并迅速风靡全球，逐步成熟与完善，成为市场营销理论中的一个重要分支。定位理论是在市场营销环境、营销观念对传播业的影响变化中发展起来的，它的出现成为营销史上的一次划时代的革命。

对于定位这一概念，很多学者都从不同的角度予以阐释。它常见的定义有：

第一，定位是企业根据消费者对某种产品形象的认识、了解和重视程度，给自己的产品规定一定的市场地位，培养产品在消费者心目中的特色和形象，以满足消费者的某种偏爱和需要。

第二，定位是指在潜在的顾客心里建立企业或商品的地位。

第三，定位是指公司设计出自己的产品和形象，并在消费者的心目中占据与众不同的有价值的地位。

第四，定位是消费者关于某品牌（产品、公司）所有联想的集合，包括品质、价格、特性、风格、使用、购买点等。

第五，定位是消费者对某品牌（产品、公司）与其竞争对手相比较，形成的相同或相似的心理位置。

第六，定位是勾画出产品形象和所提供的价值的行为，以此使细分市场上的消费者理解和正确认识某产品有别于其他产品的特征。

这些概念都说明了这样一个观点：定位不在定位对象本身，而是在消费者心底，是在消费者的大脑中占据一个合适的位置，一旦这个位置确立起来，就会使人们在需要解决某一特定需求或其他问题时，首先考虑某一定位于此的事物。

为了更准确地理解、把握定位的概念，必须正确地认识以下几点：

第一，定位不仅仅局限于产品营销，而有着更为广阔的应用范围。

第二，定位不是对产品本身作实质性的改变，而是对市场的发现。

第三，定位的关键是找出消费者心智上的坐标位置，而不是空间位置。

第四，好的定位容易形成竞争优势，但其本身不是竞争优势。

雀巢咖啡的品牌定位是品牌战略的基础和核心，是创建品牌的基础和保障，准确的品牌定位是建立强势品牌的必要前提条件。

本策划不是对雀巢咖啡作准确的定位，而是作雀巢咖啡的反向定位，根据对市场的发现，分析出人们不愿意喝咖啡的原因，从解决这部分人群的心理障碍和经济利益为出发点作营销，将潜在消费者变为现实消费者，从根本上增加雀巢咖啡的销售业绩。

从来就没有喝过咖啡，不知其味道的；已养成喝茶习惯，维护传统的；只喝啤酒，不喝咖啡的；怕多喝咖啡对身体不适的；认为雀巢咖啡是奢侈品，喝水更解渴的；讲究喝咖啡的环境，不是想喝就喝的；以为果汁更利于健康，营养更丰富的……目前还有很多不喝咖啡的人群，在广告传播、公关活动、营业推广、人员促销中，有针对性地解决相关问题，使雀巢咖啡在潜在消费者心中的位置发生变化，这就是准确定位的新成绩。

艾·里斯和杰克·特劳特认为："定位是你对未来潜在顾客心灵所下的工夫，也就是把产品定位在你未来顾客的心中。"定位从产品开始，可以是一件商品、一项服务，甚至一家公司、一个机构，但它并不是要你在产品上作什么重大改变，而是要你在产品的名称、品牌、价格、包装、服务上下工夫，为自己的产品在市场上树立一个明确的、有别于竞争产品的、符合消费者需要的形象，其目的是在潜在顾客心中得到有利的地位。

由此可见，定位是一个从外向内的过程，即从顾客的角度出发，针对潜在顾客的心理采取行动。因此，艾·里斯和杰克·特劳特给"定位"下的定义是："如何在预期顾客的头脑里独树一帜。"

本策划是我们给雀巢在贵州销售设计的第一个"五年计划"，具体要落实到在省内各大中专学校旁的"雀巢咖啡专门店"。雀巢咖啡专门店不只出售雀巢咖啡单一商品，而是以雀巢咖啡为主，同时提供雀巢的奶粉、液体奶、酸奶、婴儿配方奶粉、婴儿米/麦粉、甜炼乳、成长奶粉、早餐谷物、咖啡伴侣（植脂末）、冰淇淋、巧克力和糖果、瓶装水、饮品、鸡精和调味品等产品，以及向顾客提供科学消费这些产品的知识。

【解析】策划人群体提出的"亲学校 爱学生 助公益"策划案，并不排斥雀巢公司业已成熟、已经取得成功的原来的营销方针和策略，只是针对贵州市场提出了具有创意的系统性的营销策略。

下篇

六、以创意取胜，征服人心

跑江湖的人常说："膏药一张，各有不同的熬法。"我们为雀巢提供的在贵州省的销售策划，特别着重在"创异"与"创益"上下工夫。

营销策划的第一要务，是找准向谁销售。策划人经过科学的分析比较，走别的竞争产品没有走过的路，认定贵州的180万大中专学生、教师，及学生的家长为第一圈（据第6次全国人口普查，每户家庭平均为3.1人，即180万×3.1人/户），约为558万人，第二圈（家庭成员的周围，每人有100人以上经常进行信息交换的人，558万×100人）为55 800万人次。也就是说，争取到贵州的大中专学生，也就有可能占据贵州全省潜在消费者的心智。这也就是本策划最重要的"定位"。

策划的主题定为"亲校园 爱学生 助公益"9个字，概括了雀巢促销组合的销售对象，销售的主要策略，销售的地域划分，根据学校的教学安排进行的时间策划也很明确，从雀巢—学生—家长—亲属这条信息传播线来看，只要策划的执行到位，甚至有创造性的发挥，在三五年时间里，雀巢在贵州的销售额应该可以实现28 350万元［（180万人×50元×1.05）×3］以上。

【解析】该策划的创意是建立"雀巢咖啡专门店"，以雀巢公司的先进经营管理模式，使专门店在贵州全省遍地开花，一定能将世界一流产品送到欠开发、欠发达的贵州，"长风破浪会有时，直挂业绩济沧海"。

七、媒体选择及创意文案

（一）媒体选择

1. 电视媒体

从贵州电视台卫视频道、生活频道，到贵阳、遵义、安顺、毕节、铜仁、六盘水、黔南、黔东南、黔西南电视台，对雀巢的公益事件和广告进行宣传，交相辉映。

2. 报纸媒体

贵州的报纸种类少，具有影响力的机关报、市民报仅五六种。在《贵州日报》上做广告，向省市党政机关表明态度，在《贵州都市报》、《贵阳晚报》、《贵州商报》上做广告，直接向受众传递信息。

3. 广播媒体

除了在省、各地州市广播电台播放广告以外，在各县的广播电台的广告时段都安排广播广告的播出。

4. 在各大中专学校临街的路段，选择恰当的户外广告

例如，贵州师范大学宝山北路上的人行过街天桥广告，贵州大学、贵州民族学院门前花溪大道上的人行过街天桥广告，贵州财经学院路口的户外广告，贵州商专盐务街上的户外广告，都是雀巢咖啡专门店应占领的信息发布阵地。

（二）传播雀巢咖啡信息的部分广告创意文案

电视广告 1　阅览室篇

图书馆报刊阅览室的一角，同学们在聚精会神地阅读。一位新同学坐上一个空座位，他往大桌上放了一杯咖啡。那热气回荡开来，让周围的人忍不住用鼻子吸入香气。镜头推向雀巢咖啡专用的杯子。

广告语："阅读　一天好开始"

电视广告 2　考试篇

教室里，正在考试

一位同学一筹莫展地看着试卷，他突然想起了什么，伸手入口袋，低着头。此时被老师发现，"拿出来！"老师喝道。学生无奈地给了老师，原来是一包雀巢咖啡，头部已被咬开。老师会意一笑，学生高兴，充满信心继续答题。

广告语："我的灵感一刻　我的雀巢咖啡"

电视广告 3　赤壁之战篇

诸葛亮和周瑜在军帐中商讨赤壁之战，正在烦闷之际，属下端来两杯雀巢咖啡，两人一人一杯，突然两人同时拿起毛笔在手心写了一个字，摊开手一看，皆为"火"，然后两人拂面哈哈大笑起来。诸葛亮说：雀巢咖啡，真是我的灵感之源。周瑜连说：嗯，嗯。

广告语:"我的灵感一刻 我的雀巢咖啡"

电视广告4 木乃伊篇

在博物馆里,一名工作人员端着一杯咖啡,靠着大厅的墙壁,咖啡的味道飘进馆内,木乃伊的头全部转向工作人员,眼睛都瞪大啦!(木乃伊是装在水晶棺材里的,棺材是立着的)

广告语:味道好极啦!(木乃伊发出的)

广播广告1 上学篇

咚咚咚,响起敲门声,妈妈说道:起床了,女儿,该上学了。(女儿没有回应,又过了一会儿,同样的声音传来,还是没有回应),这时闹钟响起了,铃声是"喝雀巢了,喝雀巢了……"只听见起床(穿衣服、拉拉链等)的声音,然后是夸张的喝咖啡的声音。

(活泼中显严肃的声音)雀巢,一天好开始。

广播广告2 误会篇

男:老婆,你不要走,我不能没有你呀,我们之间肯定有误会!

女:误会?那你告诉我,昨晚你梦话里说的人是谁?

男:我昨晚说梦话了吗?我说的什么呀,老婆?

女:你说:每天上班前,把你捧在手心,轻轻地闻(吻)一下,然后深情地把你放进嘴里,新的一天就开始了。哼……

男:哈哈哈,老婆,难道你忘了,你每天早上给我准备的,不就是雀巢咖啡吗?

女:(和解地)回家吧,明天继续给你准备。

(活跃中显严肃的声音)雀巢,一天好开始。

平面广告1 喂食篇

广告标题:一天好开始

广告语:精神好,什么都好

广告创意:画面中有一位妇女喂早餐给她的孩子吃,可她不是把早餐喂到孩子的嘴里,而是鼻子里。

创意说明:妇女把早餐送到孩子的鼻子里,是因为这位妇女还没清醒、睡意蒙蒙。这么点小事都做不好,工作和学习怎么办呢?所以雀巢咖啡会帮助这种人唤醒精神,迎接崭新的一天的工作、学习和生活。

平面广告2 成长篇

用三个画面描述一个人一生的不同阶段,表现出他的每一个阶段都有雀巢的陪伴。雀巢随着他的成长也在不断地发展变化着。

画面一:深夜里一位备战高考的学生,正在集中精神复习功课,有一只手将一杯热腾腾的雀巢咖啡摆放在桌上,昏暗的灯光下咖啡的香气四处飘散,这位正在认真思考的人,禁不住这味道的诱惑,很满足地吮吸着。

画面二:一位戴着眼镜的年轻人,正在为考研挑灯夜战,桌上同样摆放着一杯咖啡。

画面三：喧闹的办公室里，到处是忙碌的身影。黑夜来临，一位身着衬衫打着领带的年轻人，站在办公室的落地窗前，手里托着一杯雀巢咖啡，忙碌了一天后，这样的一杯咖啡让他感到轻松。

画面文案：每喝一口，都有不一样的味道，这种味道，似乎只有你"雀巢"才知道。

广告语：我的灵感一刻，我的雀巢咖啡

八、广告、公关四六开

【解析】国内外都有广告专家说，现在是公关第一，广告第二。策划人基本同意这种观点。

为中国的改革开放做出较好业绩的雀巢集团，在中国实施西部大开发第二个十年的开局之年，中国实施第十二个五年计划的开局之年，贵州省委、省政府提出工业强省的战略目标，加快城市化进程，大幅提高劳动者的报酬等机遇中，用创新的思路，确定新的目标受众-顾客-消费者，用创意的表现做好贵州市场的开拓，一定可以把雀巢咖啡在贵州的销售做得更好！

（一）公共关系活动

策划人建议组织如下校园公关活动：

（1）争取得到大中专学校团委、学生会、就业指导中心的首肯和支持，与学生社团建立紧密的联系。

（2）紧跟学校团委、学生会的中心活动，为学校提供宣传布标、展板。在宣传载体的右下角署名"爱你们的雀巢咖啡"。

（3）从每年新生进校到次年1月，从3月开学到放暑假之前，这10个月都有"爱你们的雀巢咖啡"主题活动（见表9-1）。

表9-1　　　　　　　　　校园"爱你们的雀巢咖啡"主题活动

月份	主题活动	备注
9	"爱你们的雀巢咖啡"在身边	提供迎新生的帐篷、音响、饮水
10	在新生中寻找"雀巢伙伴"	了解特困生情况
11	校园雀巢文化周	书法、绘画、英语演讲
12	评选雀巢杯"校园十大歌手"	冠名、奖品、证书
1	雀巢助你获得好成绩	交流复习、考试经验
3	迎着春风进校园写作大赛	编辑成册、推荐给报纸杂志发表
4	专业技能展示大赛	会计、计算机、数学、普通话
5	模拟销售创意大赛	以小组为创意单位销售雀巢产品
6	校园雀巢趣味体育活动竞赛	三人篮球、踢毽子、跳绳
7	回顾校园快乐事演讲比赛	摄影、录像、速写、新闻稿

以上仅为某一年贵州大中专学校校园内 10 个月的活动策划题目，每年都要根据当年全国的主题活动来安排。比如，2011 年是中国共产党建党 90 周年纪念活动，雀巢校园活动要安排有纪念意义的主题活动月。

每项活动都精心筹划，用最少的经费投入，开展最佳的人际沟通，获取最大的传播效果、最好的名声和信誉。在各种活动中，发现可以同雀巢事业一起发展的优秀学生中的领袖人物。

（4）在暑假中组织由学校团委、学生会认定的特困生参加销售雀巢产品的培训班，对参训学生给予生活补贴，奖励品学兼优的好学生。

（5）在每年 10 个月的活动中，获得两次冠军或两次一等奖以上的学生被评为"雀巢大（中）学生之星"，组织他们到上海、广东等雀巢集团分公司的所在地旅游参观，从各校的优秀人物中选出优胜者，送中国香港或瑞士旅游参观。

（6）积极参与贵州大中专学校所在社区的社会公益活动。如贵阳市的"三创一办"，安顺市的"三创"活动。组织学生中的"雀巢积极分子"加入"志愿者"队伍，由雀巢提供统一着装和工具，出现在社区需要的地方，"关怀空巢老人"、"助残扶困"、"帮鳏寡孤独"、"绿化社区"等。

建议雀巢公司在贵州开办一份《学校雀巢星报》，半月刊，四开报，及时交流各专门店的经验、信息，专门店服务员和大中专学生应该成为主要的撰稿人。这份报纸能够成为贵州雀巢分公司与学生、学校及社会各界沟通的重要通道。

（二）广告传播活动

（1）广告依然是信息传播的最好方式。注重策划创意广告活动，有益于雀巢产品在贵州市场的新发展。

（2）在各种大众媒体上购买时间和空间，精心策划，做富有创意的广告。比如，在每年评选"雀巢大（中）学生之星"的活动前、中、后期，在电视、报纸、广播、网络媒体上发布广告；在《学校雀巢星报》上，在各雀巢咖啡专门店内外做广告宣传；在校园内、社区公告栏内张贴广告海报。

（3）贵州全省上百家雀巢咖啡专门店，统一印制广告卡片。年底发放次年的年历卡片（A 面是雀巢咖啡专门店的广告内容，B 面是 12 个月的日历），VIP 卡片（与普通名片大小相同，A 面是雀巢咖啡专门店的广告内容，B 面是客户填写的学校姓名）。至少印发两种节日贺卡，其一是消费者的生日卡，用不可改变的颜色将生日进店消费的顾客的生日填写在卡的 B 面上，其二是赠送给在圣诞节、复活节等西方节日来消费的顾客的金卡或银卡。这些卡片在雀巢咖啡专门店的异业联盟店也能获得优惠。

（4）充分利用雀巢的 CIS 做广告推广。凡是进入雀巢咖啡专门店的顾客，都主动向其递上统一印制的传单，把人际传播、口碑传播当成最有实效的广告。

九、人员推广进校园

【解析】在贵州的许多大学校园中，如贵州大学北校区、南校区（农学院）、蔡家关校区（工学院），贵州民族学院，贵州财经学院都有为学生提供饮食、购物、打印、电信、休闲、娱乐、修补服务的各种店铺，只要学校允许，雀巢咖啡专门店就要开到学校中去，将营业推销和人员推广结合起来，实现与学生和教师面对面沟通，人与人间的人际传播。

策划人有以下建议：

（1）形成异业联盟：雀巢咖啡专门店与饭店、蛋糕店、文具店、书店、超市都可以建立联盟关系。比如，在这些店铺中引入格子铺，既增加咖啡店的花色，又为消费者提供了购物的方便。

（2）联合多家商店，共同炒热校内为学生和教师服务的商铺，促进校内街区商业门头更规范、更美观，使各家生意更兴隆。

（3）雀巢咖啡专门店带头争取为学校教职工社区做更多的公益活动。

（4）与学校学生食堂、教职工食堂联盟，争取获得能让雀巢咖啡专门店展示、经营的立足之地，在下午（特别是周五）由雀巢咖啡专门店聘特困生到食堂门口销售雀巢咖啡（价位打折）。

（5）把雀巢咖啡专门店的 X 展架（户外广告形式）放到学校图书馆楼前、食堂门口、学生宿舍楼门前，以及去往学校家属楼的必经之路上。

十、校外就近开设咖啡店

谁是我们的目标消费群？谁是我们的竞争对手？这个问题是营销的首要问题。

贵州有 30 多所本专科高校，有在校生近 30 万人，高级中学、中等专业及技工学校 200 多所，有学生 150 万人，这 180 万大中专学生及教师，是雀巢咖啡重要的目标消费群。在学生读书期间，培养他们的雀巢咖啡情结，将他们培养成为忠实的消费者。

锁定大学生为雀巢咖啡现实的和潜在的目标消费群，找准"消费领袖"，做好雀巢咖啡的形象宣传，打开大学生市场，并不是难事。

大中专学生在什么情形下会喝咖啡？大致有以下几种情况：

■ 与同学相恋，到有情趣的小店喝咖啡。

■ 心情特好，又希望有品位的消遣，约上几个友人共享咖啡。

■ 心情不好，独自一人来店，或有好心人邀约他来店散散心。

■ 外校老乡、老同学、年轻的亲戚来访，要找一处安静之处倾谈，会选择校外的小咖啡店。

■ 有同学过生日、自己过生日，邀请 3 ~ 5 人到校外的小店喝啤酒、喝咖啡。

■ 外出办事，回校途中，到咖啡店小憩一下，喝杯咖啡。

■ 教师为学生指导毕业论文，学生向教师请教，相约在咖啡店。

■ 进校报名，毕业离校，广交朋友，告别朋友……

把雀巢咖啡专门店开到大中专学校旁，能聚集目标消费群。

策划人群体，经深思熟虑，认为雀巢咖啡的目标消费群包括以下几个：

■ 大中专学生及与他们关系密切的同龄人。

■ 有消费冲动，喜欢享用具有舶来意味的饮品的中学生。

■ 在大中专学校附近工作的商店老板或员工，忙里偷闲、朋友相邀、谈私密事，也会选择去咖啡店。

■ 在附近的饭店就餐后，要寻一处放松心情、窃窃私语的地方，会离开饭店进咖啡店，或干脆在咖啡店吃简餐。

■ 在大学工作或学习的外国人，就近喝咖啡或啤酒。

十一、经营学生能够消费的咖啡店

【解析】本策划案提出，在贵州省凡有大学、高级中学、中专的街区，都应该至少开设 1 家（贵州大学可以开设 5 家以上）雀巢咖啡专门店（不同于一般意义上的专卖店）。专门店的经营目标不能过分地强调盈利，而以公共关系营销为主，交朋友、建感情、树品牌、求长远。

店头和店内布置，要迎合学生的需要，与学生口味更接近，避奢华、讲实用、要温馨、忌冷漠，成为学生社团的"家"，成为学生倾诉衷肠的场所。

店内墙上介绍咖啡文化：咖啡豆产地、加工、价值、故事……学生、教师喝雀巢咖啡的心得。

雀巢咖啡及其他食品、饮料，要以学生的消费能力为定价标准，出售大部分学生能承受其价格的各种食品和饮料。

凡本校（雀巢咖啡专门店所在地的学校）学生、教师，凭学生证、教师证等有效证件，可以打折购买，促进销售。

设置学生 VIP 卡，对于雀巢咖啡专门店的常客，给以最惠待遇。这种卡可以借用，以刷卡方式建立电脑数据库。

每逢开学、期末、毕业，国家法定节假日，洋节，到学校公告栏张贴 POP，在店内发布信息小卡片（双面彩印 100 张/4 元人民币），推广更优的价格和服务。

每周推出一款主题词咖啡产品，说服受众接受，使他们转变为顾客、消费者。将 X 展架放置在雀巢咖啡专门店的门前，或用布标挂在门前，使之特别醒目。

雀巢咖啡专门店的服务人员，一律统一着装：红色贝雷帽及红色衣裙鞋袜。在提供高品质商品的同时，增加客人喜欢的品种，练好服务基本功，改善营业环境，调整出更能让消费者接受的价格，这五个方面都做好了，能让进店的顾客成为消费者，能让消费者成为雀巢咖啡专门店的义务"广告宣传员"，成为带客进店消费的"义务售货员"。

这就是"雀巢咖啡专门店的柜台艺术"。

雀巢咖啡专门店的服务人员要应用消费心理学知识，与客人交谈，了解他们的心理需求和期待，用规范的、简洁的、温馨的话语留住顾客，让他动心，迅速变为消费者。

十二、成为学生社团的"会议室"

每间大中专学校附近的雀巢咖啡专门店都要成为学生社团的"家"。

每间专门店的店主和每一位营业员，都要努力把雀巢咖啡专门店的经营理念、服务标准、各种优势传播到各个学生社团、学生联合会、学生会、班委会团委、团总支、团支部中去。

雀巢咖啡专门店选用这所学校刚毕业的学生为营业员，她们与各个学生社团、学生会、团组织的学生干部有沟通的基础，与学生领袖交朋友，获得各种社团、学生会、团组织的信息，为他们提供小型会议、聚会、交友的雅致场地，优质低价的雀巢咖啡，以及其他帮助。

雀巢咖啡专门店自主出击，在各个学校的公告栏张贴"雀巢咖啡专门店将主动提供店堂座位，供学校的社团、学生会、团干会举行小型活动"。

雀巢咖啡专门店主动向学校团委、学生会、就业指导中心、学生社团如市场营销协会，给出几个名额，由他们推荐三四名特困生，课余时间到雀巢咖啡专门店做服务生，对他们进行生活上的接济，教会他们调制雀巢咖啡，为他们创业、就业打下基础。

十三、帮助贫困学生成就学业

雀巢咖啡专门店与学校相关部门确定招聘特困生的推荐、竞争、选举、确定等步骤，要充分在校园内、雀巢咖啡专门店内做广告，大张旗鼓地宣传，让很多人知道这件事。

在寒暑假，组织这些特困生集中参加培训，把他们作为未来的雀巢咖啡专门店的店长来培养。只有一两间雀巢咖啡专门店的城市，可以将特困生员工送到省会贵阳市来培训。

在培训中开展各种竞赛，从咖啡知识、管理知识到调制咖啡、为人处世的能力，从务虚的到务实的，从科技的到人文的，比如咖啡文化竞赛，服务态度竞赛，创新意识竞赛，演讲口才竞赛，写作、绘画竞赛，身体耐力竞赛等。

通过免费培训的这批特困生员工上岗后，能胜任工作的，应与老员工同工同酬，表现突出的，不要论资排辈。他们毕业正式加入雀巢咖啡专门店后，能提拔当店长的，要及时提拔。

特困生在校读书期间，利用周末、节假日到雀巢咖啡专门店上班，获取报酬；如遇到要向学校缴纳学费、住宿费等较多费用时，由雀巢咖啡专门店先为其缴纳，以他们为雀巢咖啡专门店服务时的报酬为补偿。

他们的家乡需要新开设雀巢咖啡专门店的，可以派他们回乡开展工作，将雀巢咖啡专门店开进这座县城的高中或中专所在的街区。

十四、以满意营销培养雀巢忠诚的消费者群

【解析】满意营销要求注重顾客购买的便利性，对雀巢咖啡专门店而言，应当包括销售渠道的完善性和服务性。渠道的完善性，是指雀巢咖啡专门店的渠道网络能覆盖全省大中专学校所有的目标消费群，相对于每一类（大学生、高中生、中专生、教师）目标消费者都有针对性的渠道相对应，让顾客能方便地购买和享受服务。渠道的服务性，是指只有渠道的服务质量不断改进，消费者满意度不断提高，渠道才能具有较强的业务推广能力和发展空间。

与传统营销相比，整合营销更重视服务环节，在销售过程中，强调为顾客提供便利，让顾客既购买到商品，也能够享受到便利。

为了方便目标消费群体购买，在各个大中专学校内和社（街）区设置雀巢咖啡专门店，会极大地方便目标消费者的购买。在增值服务上，开设电话订货、短信订货，雀巢咖啡专门店送货到学校宿舍楼、教学楼、图书楼、体操房、运动场，只要有顾客需要，都要尽量满足。

在营销过程中，策划的目标是要为广告主寻找到准确的新的目标消费群，通过策划策略的实施，培养出数以千万计的忠诚消费者。随着这个忠诚消费群体的成长、进步，其消费能力不断提升，对雀巢系列产品从信任到消费，不断扩大社会影响力的，雀巢的销售会越来越好。

消费者的忠诚是指消费者会重复购买雀巢系列产品或接受服务，对此品牌长久忠心，而不再关注其他品牌的信息。研究表明，消费者忠诚度每增长5%，就可以使公司的赢利翻一番，因为70%的销售收入来源于忠诚的消费者。拥有忠诚消费者就意味着用更低的成本获得更高的营销效率和更多的利润。消费者的忠诚可以划分为不同的类型，有专家将忠诚分为垄断忠诚、惰性忠诚、潜在忠诚、方便忠诚、价格忠诚、激励忠诚与超值忠诚七种，其中，超值忠诚是最有价值的忠诚。在贵州的大中专学生中，雀巢应放弃垄断忠诚和惰性忠诚，以方便忠诚、价格忠诚、激励忠诚为基础，一步步实现超值忠诚这一高端目标。

十五、以体验营销扩大雀巢产品忠诚消费者群

开设在贵州省各大中专学校的雀巢咖啡专门店，实际上就是为大中专学生设置的营销体验店，就是以雀巢咖啡专门店的销售和服务为舞台，以雀巢系列商品为道具，以消费者为主要演员，创造能够使消费者参与演出，值得消费者回味的活动舞台。体验营销是雀巢咖啡专门店与顾客-消费者的更深层次的触点，努力把顾客-消费者吸引到体验雀巢咖啡及系列产品中来。

让顾客-消费者得到亲身体验，在知道产品好却不知道为什么会这样好的营销

业中，推出体验营销，具有十分重大的意义。实施"欢迎进入雀巢新世界"的推广活动，将以认知沟通、情感沟通、行为沟通为导向目标的体验促销策略做好，能使顾客-消费者忘掉我们是在做促销，雀巢咖啡专门店同顾客-消费者完成了双向沟通（communication），使雀巢咖啡专门店实现可持续增长。

十六、用最省的费用获取最大的市场回报

以年度为单位，广告费用分为大众传媒和自制广告两部分。

（一）大众传媒的费用（表9-2）

表9-2　　　　　　　　　　　　大众传媒的费用

媒　体	频道/版面	时间/版幅	时长（秒）	刊例价（元）/次（未打折）
贵州电视	卫视	B-1	30	8 500
贵州电视	科技	B-1	30	3 500
地州市电视	1	B-1	30	1 000
贵州日报	A2	1/2		150 000（彩）
贵阳日报	A2	1/2		50 000（彩）
贵州都市报	A2	1/2		80 000（彩）
贵阳晚报	A2	1/2		80 000（彩）
贵州商报	A2	1/2		40 000（彩）
地州市日报	A2	1/2		5 000（彩）
电视广告				合计：各播50次，计650 000
报纸广告				合计：各刊5次，计2 125 000

除电视、报纸广告以外，加上广播广告和户外广告，年度广告费为340万元。在运作中，刊例均有折扣。以5折计，170万元可以使年度广告均匀发布。

（二）自制广告的费用（表9-3）

表9-3　　　　　　　　　　　　自制广告的费用

媒体形式	开　数	纸　质	印　数（万）	费用（元）
海报	1/4	125单面铜版	8（分4次印刷）	80 000
VIP卡	1/128		8（分4次印刷）	40 000
年历卡	1/128	250双面铜版	20（分3次印刷）	10 000
门头布标	5米/条	幅宽80cm广告	8 000条（以300家店计算）	160 000
X展架	60×160	写真喷绘	1 800	72 000
小　计				362 000

自制广告没有折扣，在具体运作中，可以要求提供印刷、制卡、喷绘、布标等服务的公司在保证质量的基础上，给出最合理的价格。

【解析】按照此策划案，当雀巢公司在贵州省年度广告费用支出 206.2 万元时，可获取 9 000 万元的销售收入。广告费仅占销售收入的 2.29%。由此证明，本策划的执行，除了获得很好的知名度传播效果，优良的社会责任美誉度效果，重要的是要促进销售，这是我们做广告的首要目的。该策划一定会为雀巢公司带来较好的经济效益。

家嘉佳行动策划

——贵阳嘉润家具商城整合行销传播策划书（大纲）[*]

开诚布公（代前言）

贵阳嘉润家具商城在贵阳市、贵州省有较高知名度，已产生相当的积极效益。面临正在膨胀的家具市场的有序与无序的竞争，该商城为寻求准确的战略定位，提升商城整体形象，抢占更大的市场份额，成为贵州省内最著名的家具商城品牌，通过报纸向社会诚征策划合作对象，借助专业水平打造嘉润商城品牌，在合作中实现双赢。

贵阳嘉润商城的诚意打动了以中国策划协会学术委员王多明为首的一群策划人的心。我们对嘉润的诚意表示赞赏，愿意将专业知识和实际经验与嘉润的整合传播营销策划相结合，在帮助嘉润成长壮大、增加盈利的同时，体现自身价值，获得精神、物质双丰收。

贵阳嘉润家具商城是广东顺德乐从方圆实业有限公司旗下的商城，具有重要地位。乐从方圆公司 1998 年创建，被称为广东乐从永不落幕的家具博览会代表。创建伊始就看准贵州这个富贵淘金之地，投资亿元，兴建贵州西南国际家居装饰广场，六盘水西南家居装饰广场，以及贵阳五里冲农副产品批发市场。在前三个市场取得丰富经验和丰厚利润后，为做更强、更大的家具市场，相中了嘉润路龙头地段的 6 万平方米，兴建贵州最大的家具商城。通过两期招商，已入住家具品牌近 500 家，占营业面积 4 万平方米，汇集广东、北京、四川、上海、浙江及香港地区等上百个著名品牌的家用家具和办公家具。在 2002 年 12 月下旬的促销活动中，嘉润取得了非常明显的销售效果，超过了贵阳其他家具商城的销售业绩。

策划人王多明从事策划教学已有 10 多年，在教学和参加策划实践活动中，总结成功的策划，出版了策划、策划运作、策划写作等教材 13 本，是贵州天马广告

---

* 该案例由王多明执笔，王泽苑解读，选自王蕾，王多明. 策划书写作及精选案例解读［M］. 北京：中国广播电视出版社，2008.

公司、贵州商业广告公司、贵阳天邦广告公司、贵阳锐地广告公司、遵义汇美大康广告公司等的高级顾问。

以王多明为首组成的自由策划人群体，有贵州商业高等专科学校担任策划专业教学的年轻教师和 2003 届毕业生。无论个体优势或群体优势，这个自由策划人群体都能与嘉润同舟共济，一起完成嘉润商城的营销目标。

贵州商业高等专科学校新近投资 10 多万元配置了教学用 1.5 米电脑喷绘机、刻字机，专为策划设计配置了工作站型计算机、数码录像机、照相机，能满足本策划中对报纸、路牌、单页、光盘广告的制作需要。

以王多明为首的自由策划人群体与贵阳嘉润家具商城策划代理合同一经签订，即可通过贵州商业高等专科学校策划专业教研室，动员相关教师和学生进入各运作阶段。几十名教师、几百名学生服从策划安排，这是贵州任何一家策划公司都做不到的。

调查印象

从嘉润家具商城策划部索取资料后，10 多名策划专业的学生即分组进入贵阳各个家具市场，开展了为期 3 天的调查工作。因为嘉润对同行业的经营情况也作了长期的调查研究，现只对调查的"印象"作一简要说明。

家具市场出人意料的清淡

尽管家具商场打出 1/2 版报纸广告，"全场清仓大抛售"、"庆元旦，送大礼"、"千款家具，引爆寒冬"，调查人员在各大型家具卖场内难见"火爆"的销售场面。

贵阳港艺家具广场在 2002 年 5—6 月就打出因装修需要全场最低价销售的广告，但顾客到卖场后发现并不是那么回事，只好再走他家。12 月，该家具广场再次"岁末再掀风暴，全场清仓大抛售"，口号是"价位低、质量优、服务好、信誉佳"，"省心省钱，尽在港艺"。当调查者问到家具的性价比时，多数营业员"墨者黑也"，无从对答，有顾客进去，却都空手而返，显然是受广告影响来看看行情，没得到满意的款式、质量、价格而离去。

贵阳欧化家具城"送大礼"，打出"新年新款新价格，百万家具大酬宾"的广告，印出 18 种（套）家具的原价和特价。殊不知，贵阳人对这种做法早已习惯，想买的，价值、量值、质值，就买，不想买的，卖家将价格降得越低，买者反而信不过。

欧化这次让价，最大的力度为 2.5 折，让价最多的达 2 950 元/组。这种降价销售，是一把杀向自己的利剑，精明的消费者会对原价、特价、现价产生怀疑：是让利、酬宾，还是有什么企图？因此，欧化在年前的销售并未火爆。伊春光明家具在年前也做了打折策划，特惠产品 4 折起。目前还看不出有特好的利市效果。

裕丰、青禾、合众、宝山、展览馆等家具卖场的吸引力，被沃尔玛、北京华联、星力、百盛、新大陆、时代广场、大昌隆、佳信佰、智诚等超市的圣诞、新年策划攻势打破了，因而众多家具店出现了同冬天一样寒冷的局面。

据调查者对嘉润商城南方、金奥宝、顾家等商家的了解，在嘉润年末的促销策划发布以后，都不同程度地实现了规模销售。虽然进卖场询问、观察的顾客比 11 月、12 月中上旬有明显增多，但总体成交额并未达到理想境界。

因策划代理合同未曾签订，数据尚在统计，未能形成详细的调查报告。策划代理合同一经签订，策划调查费用到位后，策划人将按策划调查要求，提交相应的具有说服力的调查报告。

【解析】这份策划书的支持基础就是市场调查报告，在没有正式签订合同之前，还不能和盘托出。广告策划一经送达广告主手中，其中的许多好的创意、策略会被广告主免费获得。因此，为保护自身利益和知识产权不被侵害，广告策划人还是应该有所保留的。

整合营销传播概念

现代市场营销，摒弃商品本位、企业本位，真心实意地树立消费者本位，将推销、促销归结为"沟通"。

整合营销传播，是将传播组合中的所有方面协调整合，以符合消费者在品牌接触的各种阶段下的不同需求。其实，整合营销传播是我们综合、协调地使用各种形式的传播方式，传递本质上一致（策划运动的主题）的信息，达到预定的目的的一种营销手段。

整合营销传播与过去的推销完全不同，过去的和现在正在运作中的不少家具厂、家具商店是先制造大量商品，然后制定能赚到最大利润的价格，通过由其掌握的配销通路，使用各种促销手段把产品卖出去。

现代市场营销所运用的整合营销观念应该是这样的：

第一，要研究消费者的需要和需求，卖消费者确定想买的产品，而不是只卖自己生产的、经营的产品。

第二，充分了解消费者为满足自己的需要和需求所需付出的成本，而不是去做所谓的定价策略。

第三，要考虑如何使消费者更方便地购买到商品，而不是单纯地一厢情愿地设计销售通路。

第四，对于满足消费者的需求和需要，一切为他们服务的促销手段，归结起来，只有"沟通"二字。生产者和经营者真正与消费者实现"信息沟通"、"情感沟通"，商品与货币的交换才能实现。

以自由策划人王多明为首的策划人群体，将始终坚持整合营销传播，以此为完成策划、销售任务的理论和实践的基石。

【解析】这部分实际上是在向广告主介绍现代营销的理论，为其找出销售效果不好的原因，进行诊断，还得先讲讲病理学，让他相信"医生"对症下药的道理。

策划前嘉润要回答的几个问题

【解析】用提出问题、回答问题的方式，用层层剥皮的技巧，回答家具市场销售中的"宏观调控"、"市场定位"、"产品定位"、"文化价值观"的问题。

一、策划的出发点是什么——跳出家具看家具市场

第一，贵阳市 2002 年 GDP 达到 337 亿元人民币，人均可支配收入约达 6 909元。

第二，贵阳市两城区户均可支配收入约为 23 765.8 元/年，100 平方米住宅平均总价约为 240 822 元/套，房价与收入比约为 10.13 年/套。贵阳市三郊区、小河户均可支配收入约为 20 700.8 元/年，100 平方米住宅总价约为 150 000 元/套，房价与收入比约为 7.24 年/套。清镇、开阳、修文、息烽三县一市户均可支配收入约为 18 634 元/年，100 平方米住宅总价约为 84 000 元/套，房价与收入比约为 4.5 年/套。

第三，贵阳市有商品房开发公司 498 家左右，2000 年竣工商品房 200 万平方米，2001 年竣工 300 万平方米，2002 年竣工 400 万平方米，以每户平均 100 平方米计算，这几年有 9 万户人家搬进了新居。

第四，贵阳市民在银行的存款余额，2002 年年底达到近 300 亿元人民币。

第五，统计局发布的资料显示，贵阳市城镇人均居住面积已达 13.5 平方米，乡村的人均居住面积更大些。

第六，贵阳市民的恩格尔系数为 47.2%，优于 50% 的标准值。

从以上 6 点，我们这样观察贵阳市民收入、购房与家具销售的关系：

以购买 100 平方米住宅房为中间值，购一套房需支出 20 万元至 40 万元，装修新房需支出 3 万元至 10 万元。购家具可分为两种情况：其一是由装修公司现场制作大衣柜、床、电脑桌，大约需在装修中投入 1.5 万元至 3 万元：到家具商场购买沙发、餐桌、客厅电视柜等，大约需投入 1 万元至 2 万元；其二是水、电、墙体、地面由装修公司完成装修，所有家具成套购买，约需 3 万元至 5 万元。

家具对于搬进新住宅的家庭来说是十二分重要的。按每户购买家具支出 5 万元计算，9 万户新入住的市民家庭，这几年购家具需支出 45 亿元。

由于家具的利润高，消费者又特别需要，因而吸引众多厂商生产、经营家具。

【解析】家具属于耐用工业品，购买时要付出较多的资金。作为家庭用具，人们生活不能缺少。从这两方面出发，策划人站在宏观的立场，用家庭收入、商品房销售、人均住房的数据得出贵阳市民花在购买家具上的开支总数，让广告主既看到市场前景，又能从"清淡"市场中看出销售的困境所在。

二、什么样的家庭（社会组织）买家具

1. 新婚家庭

这部分家庭是购买成套家具的主力军。年轻人时尚、追逐新潮、喜欢提前享受，他们是中高档新款家具的主要购买大军。

2. 买新商品房家庭

买得起商品房，总要装修，要对旧家具进行彻底革命。他们在装修房子时就作出计划，花多少钱装修，花多少钱买家具。

3. 换家具的家庭

由于家具潮流更新很快，对家中现有家具不甚满意的人，要买新的家具以显示其身份地位。

4. 嫁女儿、送嫁妆的家庭

这类家庭，父母做主与自己做主的年轻人有不同的需求和选择。

5. 在贵阳市租住房屋的人

他们因租住民宅，需要购置简单的家具，满足生活之必需。他们是购买中低档家具的主要买主。

6. 装修办公大楼

企事业单位，社团组织，如贵阳市商业银行办公大楼、铁五局四星级宾馆，在为新落成的办公大楼装修的同时，就会设计办公桌、椅、床、沙发、文件柜、资料柜、会议桌等。这种买主成交额在几十万至百万间，抓早、抓好、抓稳一张单可签几十上百万的家具销售合同。

三、买什么样的家具

家具品牌众多，色彩斑斓，款式别致，购买者会无所适从。

面对西南国际家居装饰商城、嘉润家具、裕丰家具、港艺家具、欧化家具、青禾家私、合众家具、裕华家具、宝山商场（香江家私和南华轩）、沙河家具、省展览馆家具城等众多家具商城，购买者不是货比三家，而是货比六家，才会下决心购买。

黑龙江、北京、香港、浙江、四川、重庆的家具，广东这个全国最大的家具生产地的家具，销售集散地的家具，贵州本地生产的家具，让购买者眼花缭乱，目不暇接。

其实，顾客在进家具商场之前，心中已经有了自己的计划：买什么档次的家具，买什么款式的家具，买什么颜色的家具，买什么价位的家具，他们已成竹在胸。

高明的营业员能从买者的成员组合、寻找的目光所及，很快发现他们的目标，说服他们改变主意，买走自己经营的家具。

至于购买者会购买什么样的家具，经过沟通，策划人提出以下十一种选择：新潮；时尚；耐用；功能全；价值；经典；精致；古典；信任厂家；服务到家；符合家装风格。

四、家具的销售、购买怎样传播家具文化

家具文化是物质与精神的载体，是家庭户主受教育程度、修养、兴趣、爱好、经济收入、社会职业等因素的外在表现。

卖家具如果坐等顾客上门，让他们在家具"兵马俑式的方阵"中挑选，必然不会有好的销售业绩。

销售家具要提前介入，准确把握购买者的家具文化观念，才能创造优秀业绩。

【解析】以上是策划书的前半段，主要的重点放在后半段。策划书的前半段是告诉广告主，策划人的服务诚意，对市场的了解和把握，要为广告主回答（解决）的几个问题，由此让广告主对策划人群有准确的了解，使广告主信任策划人的才华与能力。

策划书的后半段是策划人要阐述的主要问题，即营销的策略、方针、方法的介绍。这部分才是广告最需要的，策划人要下工夫把这部分写好，才能赢得策划案的运用。

家嘉佳行动方略

一、请进来

（1）中外著名家具样品展。

（2）从国外带回的家具展。

（3）使用百年、数百年的家具展。

（4）破坏家具过程展。

（5）伊春家具主题展。

（6）浙江家具流动主题展。

（7）广东家具规模展。

（8）香港家具豪华展。

（9）中产阶级家具常年展。

（10）新婚家庭家用家具陈列展。

（11）不定期举办家具知识讲座，欢迎准购买者听讲座。

（12）举办价格上百万元、上千万元的家具展。

真正做到每月一展，实现嘉润"永不落幕的家具博展会"的承诺。

【解析】这些创意是使广东乐从方圆公司的特色宣传具体化的好点子。

二、走出去

（1）为正在建设中的住宅楼样板房提供成套的家具，特别标明"贵阳嘉润家具商城提供"。

（2）到房地产开发公司新落成的、业主正在装修的小区搞嘉润家具图片展或部分实物展。

（3）到房地产开发公司登记的新房业主家上门推销（带家具目录、照片、价位、厂家名）。

（4）与房地产开发商合作，买新房送家具，按房价比送不同档次的主要家具。家具中有多种组合方案供业主选择。

（5）为新房主免费设计家具款式、色泽、功能，按业主需要专门定制。

（6）与婚姻登记处和婚纱影楼合作，为准备结婚的新婚夫妻设计新家具。

（7）购买成套新婚家具的，赠送成套的婚纱摄影或摄像服务，制作光盘。

（8）老家庭购买新家具的，免费为这家人照艺术全家福，以新家具为背景。如果由买主自己摄影，凭发票报账，或举行摄影展，既宣传家庭和睦，又宣传嘉润家具。

（9）组织尚未下定决心的买主到家具厂参观，到外地家具贵阳组装厂参观，到商场选购。

（10）组织买成套贵重家具（价值在 10 万左右）的买主到广州、香港参观。

（11）为买主提供广东顺德家具的商情，由他们选购顺德的家具，嘉润负责为他们订货、验收、发货、运输、收货、送货上门、安装及售后服务，拟出合理的服务费，诚心诚意减少买主远程购物的烦恼。

三、善公关

嘉润的定位应是销售中高档家具，以高档为主，同时经营办公用品、宾馆家具。

嘉润的公关目标如下：

（一）定位公关

商城设立"公关部"，选择内外形象俱佳的工作人员与贵州、贵阳的高层人士广泛接触，广交朋友，了解城市建设、发展信息，如为贵阳金阳新区提供家具，为市委、市政府、人大、政协新落成的金阳办公区准备办公家具，获得双赢。参与企事业单位的招标活动时，嘉润如果有了上等的形象和广泛的知名度，中标就有较大希望。

（二）展览公关

嘉润商城组织一批价位在百万元一件、千万元一套的家具进行展览，时间只有

3 天（实际上是 10 天，也只宣布 3 天，以后用"应广大市民要求，嘉润愿出巨资多展几天"），吸引人们参观，以达到街传巷议的效果。让"永不落幕的家具博展会"名副其实地在贵阳人心中扎根。

（三）媒体公关

当今世界，新闻媒体越来越重要，利用新闻媒体为嘉润服务，是极明智的。

嘉润公关部应配有头脑灵、笔头快、熟行情、人缘好的，专门从事文字工作的人员，与媒体亲密接触，不断变换文体，在传媒中使贵阳嘉润家具商城亮相。争取周周有信息发布，月月有软性文章出现，每季有轰动效应，使贵阳市上层人士及市民对嘉润有好印象。

（四）内部公关

贵阳嘉润家具商城是由近 500 家入场的经营家具的单位组成的，内部高水平的统一、协调至关重要。这方面的工作有：

（1）统一培训进场管理人员和营业员。

（2）统一着装和标识。

（3）统一规范商业礼貌语。

（4）统一设置嘉润标识。

（5）编印一本以对内为主的"刊物"，交流进货情况、经营经验、员工思想情感。

（6）利用节假日、纪念日组织入场员工开展文体活动，增加凝聚力、向心力，形成整体优势。如举办卡拉 OK 赛、拔河赛、趣味运动会、书法赛、演讲赛、时装表演赛等。

（7）表彰成绩显著（绝对值和相对值）的营业员。商城为鼓励全场的营业员，与生产经营商携手，重奖销售成绩特好的营业员。每季评一次，设置光荣榜，刊出戴大红花的照片；每半年评一次，头 10 名到海南旅游；每年评一次，头 5 名到广州、深圳、珠海、香港旅游。

说服入场经营者进行"末位掏汰"，用不断在报上"聘人才"的策划提高整个商场的良好形象。

四、为顺利实施"走出去"、"请进来"，要加大对内部管理力度，逐步导入 CIS

确立恰好的经营理念，规范所有人员的行为，形成统一的视觉识别，以此来提升嘉润家具商城在社会公众心中的良好形象，他在需要买家具时，首选是嘉润。

这是一个大题目，待策划宣传代理合同签订后，将会用更具体的措施和方法去实施。

策划创意方案

嘉润的策划创意须遵循"意念简明"、"设计简洁"、"执行简单"的原则。

【解析】从这"三简"的归纳中，可以看到策划人思路清晰，文笔老练，表达娴熟。要撰写策划案，让读者有兴致读完，必须讲究修辞和语法的规范。

电视策划：选择在黄金时间与非黄金时间搭配播出。在黄金时间只用5秒发布信息，提请观众注意；在非黄金时间，用理性诉求介绍嘉润家具的特点、优势、功能，着重介绍服务理念。

在这一批次的策划广告播出后，非黄金时间用情感诉求策划，以"家"、"佳"、"嘉"、"加"篇轮番播出。

一、电视广告创意

1. 家篇

（1）旧家：拥挤、杂乱、陈旧。

（2）买房：看楼盘、一处、两处。

（3）一家人争议：高层、多层、市区、郊区。

（4）装修：敲打、电钻、灰尘。

（5）选家具：一处、两处、三处、四处、乘车、走路、争吵。

（6）已布置好的新家。

（7）嘉润家具标志。

5秒标版：

（1）黑屏，只听见装修的声音 1.5秒。

（2）灯光明亮的新家，家具摆设恰到好处 1.5秒。

（3）广告语：家有嘉润，佳！

（金属色、木纹色、绿色、商场标识）

2. 佳篇

（1）香榭丽街、唐宁街、新王府井大街。

加拿大乡村别墅、抗嘉湖田野房舍、白宫圆桌餐厅。

（2）平层二居室、错层三居室、跃式客厅至书房。

在茶居上下棋、在餐桌前就餐、在沙发上看电视

（3）温馨的卧室、舒适的床、摇椅。

活泼的儿童房、玩具柜、书桌。

（4）嘉润标志从以上一个个画面中慢慢扫过。

第1、2、3由一幅幅画面快速切换。

第4，嘉润从1、2、3的画面定格画集上扫过。

（5）广告语：家有嘉润，佳！

3. 嘉篇

（1）汉代矮桌、唐代鼓凳、宋代架床、明代书案、清代花架、民国八仙桌。

（2）英国王室、法国宫廷、俄罗斯贵族家庭。

（3）意大利沙发、丹麦壁炉、美国卧室。

（4）联合国大厅会议桌、国际会议演讲台。

（5）亿万富翁的办公桌椅。

（6）椭圆形会议桌、成排的书柜、华丽的转椅。

（7）现代化的办公桌（电脑、文件柜、传真机、对讲设备）。

一幅幅漂亮的画面，被"嘉"字吸入。

再出现新画面，被"嘉"字吸入。

"嘉"字定格，出现"润物细无声"字样。

（8）广告语：嘉润，佳！

4. 加篇

（1）20世纪70年代：

新婚三大件，48条腿"功能第一"。

（2）80年代（"新旧交替"）：

新婚新三大件，捷克式的腿和虎脚16。

（3）90年代（"走向世界"）：

新婚新新三大件，多元化、个性化、华丽型。

（4）新世纪（"自我展示"）：

新房、新家具、新人、以人为本、为我所用、展示个性。

"生活中的加法，家居的变化，都实实在让家具在'加'！"

（5）广告语：家有嘉润，佳！

二、广播广告创意

1. 家篇（故事型）

（一阵噼里啪啦的踩气球声，伴随着结婚进行曲）

男：谁家在办喜事啊？

女：张家娶媳妇啦！

男：老张头前些年也够惨的，企业效益不好，儿子在上大学。他那家空有四壁啊！

女：今非昔比啊，老张这几年可抻抖多了。儿女长大了，儿子在外企。（忽然想起）嗳，听说他儿子的那套家具真不错，质量特好！

男：从穷日子走过来的人，都要买货真价实的家具。老张头儿子在哪儿买的家具啊！

女：在嘉润家具商城！

男：什么？嘉润家具商场呀！赶明儿，我们也把旧家具换了吧，也上嘉润。

女：行，就上嘉润家具商城！

2. 广播广告播出时间

选择黄金时间仅 10 秒、非黄金时间 60 秒的套装

黄金时间：早上 7：20—8：00，中午 11：30—12：30，下午 5：30—6：30

非黄金时间：早上 6：50 左右，中午 1：30 左右，晚上 8：30 左右

时间安排为单月单日播出 3 套，双月双日播出另 3 套

三、报纸广告创意

1. 媒体创意

除在《贵阳晚报》、《贵州都市报》做广告外，选择《贵州工人报》周五报报眼做广告，配合软性文章，传播家具文化，选择《家庭生活报》介绍家具知识，帮助读者增加对家具的了解，培养潜在消费者。

每刊出九期，大致两个月，开展一次有奖征答活动，奖品从几元一个的小皮凳到几百元的电视柜、电脑转椅或摇椅。

2. 时机创意

促销策划可放在周五版，一般软性文章放在周二、周四版，用连载形式，编号收集齐了的读者，可给予家具实物作奖励。

如果读者得到一只皮凳，因为不配套，他会再买一只或三只，这就会促进销售。

3. 空间创意

第一，把一则广告分成两个或几个版面刊出。选择知名度高的品牌，每次刊出一个、两个或三个（应有嘉润的标识），配合"每月一展"重点推出的品牌，使受众加深对嘉润和具体品牌的印象。

第二，在"每月一展"的宣传发动阶段，可以通过邮政单页广告，随同报纸将入展的家具、门票、征求意见表、下月"展事"信息一并刊载，用编号形式，鼓励受众保存，至 2004 年 3 月兑奖。收藏 12 张的抽取特等奖，收藏 10 张的抽取一等奖，以此类推。

第三，凡选中的报纸，每次刊登广告，均确定在同一版面的同一位置，如四版、八版、十六版或三十二版的上半（下半）版，便于读者寻找、收藏、兑奖。

4. 形式创意

最好不用填满文字的报纸广告，而采用赏心悦目、文字不多但信息实在的版面形式。

为配合年度计划，抓住重要节日在报纸上作引导式广告，用单页形式作具体产品的介绍。

5. 内容创意

文案写作要一稿一个样，每稿均有特色，如用"自述式"、"抬杠式"、"自责式"、"对话式"、"公告式"等，创作出贵州一流的策划文案，争取在 2004 年第

十一届中国策划节获"艾菲实效策划奖"。

在报纸上有计划地逐步推出全国有影响的知名品牌的图形，用计算机扫描处理，重点突出"嘉润"标识和经营理念——家嘉佳。

每选中一种知名品牌，由嘉润商场的经营厂家确定，商场内部也搞招标，由入场经营的厂家代表竞标，提供资料，并在原广告费按入场平方米计算的基础上增加版面空间购买费。这种做法，既重点宣传了知名品牌，又不增加嘉润作为一个整体形象出现的经济负担。

路牌策划、车身策划内容的操作，也采用这种方式，既重点宣传了有经济实力的知名品牌，又让嘉润的整体形象在多种场合出现。

四、嘉润家具商场广告语

经策划群体多人的创意、过滤、批判、誊辩，初步选出如下几条广告语：

（1）买一件家具，交一世朋友，嘉润！

（2）好家具，家嘉佳，嘉润！

（3）一件家具一份心，嘉润！

（4）家有嘉润，佳！

第一条诉求的是嘉润做生意不是一回过，家具是商场与消费相互沟通的媒体。这种承诺让购买者放心，嘉润提供的售后服务是在朋友间进行的。

第二条诉求突出嘉润家具的品质，整句话都是围绕"好"、"嘉"、"佳"来表达，让受众对嘉润肃然起敬，信赖有加。

第三条诉求的是嘉润的每一件商品都是精工细作，让顾客精挑细选，而被买走的每一件家具都凝聚着生产、销售、使用三方的共同心血、心意。

第四条诉求文字简洁，将上面几条的优点都集中起来，意蕴丰富，上口，易记，便于传播。消费者在家中用嘉润家具，可以收到好、美、漂亮、体面、有格调、上档次的效果。这是宣传嘉润商场的家具，也是赞赏消费者有眼光，有经济实力，有魄力购买嘉润商品。

经过分析，策划群体主推"家有嘉润，佳！"其他三条，可以出现在不同媒体、不同时间的策划文案中，如在售出家具的质量保证卡上，可以用"买一件家具，交一世朋友，嘉润"，在广播广告的结束语中用"好家具，家嘉佳，嘉润"反复诉求，使听众加深印象。

【解析】嘉润，名副其实，只卖中高档家具，在经营中提高知名度后，丢掉中档，只卖高档家具。

二八定律在家具市场中特别能体现。嘉润要获得20%的重要客户，赚取总利润的80%，让人们一说到家具，就首选嘉润。嘉润还有全国家具信息网可以满足顾客的需要，为顾客竭诚提供特别服务。

为此，策划群体建议，在嘉润家具商城的主要入口处设置"总服务台"，其功能为：

第一，接待大客户、大买主，有一个良好的看样、洽谈、沟通的环境。

第二，接受消费者的各种诉求，比如联系新房现场设计，或买主设计，请嘉润代为制作有特殊要求的家具。

第三，作为一个小展室，每月一换，轮流推出向顾客重点介绍的商品（与报纸广告的宣传相吻合），让消费水平较高的顾客流连忘返，对家具爱不释手。

第四，成为嘉润的信息中心，各厂家入场的所有家具款式、编号、价格都能在总服务台内部网上的计算机中调出图形和相关资料，让20%的大买主，在总服务台完成购物的全过程。

第五，总服务台与各大型的厂家的计算机联网，随时能查到各经营门市的销售情况、库存情况、新款到达情况、服务情况。

第六，嘉润卖出的所有家具，经由总服务台打出统一的小票（可与发票一起交给顾客），小票中有宣传嘉润的广告语，预告下一段将举办的"展事"。

第七，总服务台协调安排搬运工的工作，如谁（编号）为什么商品送货，几点几分送出，什么时候送到，请买主在服务卡上签字，并留下对其服务态度的评语，回嘉润后要及时交回服务卡。

第八，总服务台协调全商城的运输车辆的调度和安排，管理方式同搬运工的基本相同。

【解析】关于什么是"策划"，读者诸君，读到这里，大致心中有数了。策划是预先筹谋的整体运作的科学规划。事情未做但在策划人脑中，已有了一套周密的、慎重的，能按部就班操作和实施的方针和策略。按此方略行事，哪有不成功之理呢？

对需要到买主家现场组装的家具，要选用经过培训、技术过硬、服务态度好的技工，因为他们直接代表嘉润的形象。

搬运工、运输车司机、组装技工和所有营业员一样，分别着不同的职业装，佩带上岗证，使用礼貌语言，以一种积极的心态干好分内工作，做好宣传嘉润的形象的事。

对于贵州家具市场发展的现状和未来预测，本策划在前几部分已作了交代。《贵阳晚报》2002年10月24日第16版的文章《谁动了贵州家具市场的奶酪？》已作了全面、透彻的分析，策划群体不再班门弄斧。

五、贵阳嘉润家具商城 2003 年 3 月—2004 年 3 月广告排期

总的原则是阶段性和一贯性相结合，原则性与灵活性相结合，统一性和个性相结合。

全年度分为四个大单元，分别冠名"家、嘉、佳、加"形象宣传。大体每3个月为一个单元。

电视、广播、报纸、光盘、单页广告围绕同一主题，进行优化组合。

路牌、车体（公共汽车候车亭）、大屏幕电子显示屏的广告，则相对稳定，半

年或一年更换一次。

全年度四个大单元的广告排期大体如下：

1. 春夏融融，嘉润有情（家篇）

报纸：每周两次，周五刊 1/8 版，周二刊 1/2 版，文案讲述家庭与家具，传播家具文化。

电视：每周五晚、周六中午、周日上午各选一时段在贵州电视台、贵阳电视台播"家篇"广告。

展一：3 月——香港皇朝精品家具展

4 月——百年以上家具展

5 月——……

广播：分别在早、中、晚黄金时间发布短广告，在其他时间讲述具体内容。每逢单月选单日播出，双月选双日播出，隔天一次，隔时播出不同内容，每周都有不同文案，让听众在接受家具文化传播中获得商品信息。

光盘：3 月拍摄、制作，月底发送，放在总服务台，用大屏幕电视或投影仪播出，赠送给大客户，在贵阳市举办的"好房子、好车子、好日子"展中赠送给预交购房订金、购车的消费者。

单页：每月出一张，重点推出一个厂家的家具。用招投标方式由进场家具厂家竞争、排序，出一部分设计印刷费。顾客在总服务台取阅，在报纸中夹送，在展览现场派发。

第一单元策划宣传要达到的目的是，重新在社会公众面前树立新形象，让人们眼前一亮，"嗨，嘉润就是不同"。

在 5 月最后一周的报纸上，刊登有奖征求受众意见的反馈表，奖励"嘉润同心结"——专门设计一种用红丝带编成"嘉"字的结。

广播策划在黄金时间提醒听众注意 5 月最后一周的有奖听批评的报纸广告。

单页广告中也同时刊出。评奖以后（抽奖）在 6 月上旬公布中奖者名单，获奖者应在百人左右。

2. 夏日炎炎，嘉润情浓（嘉篇）

第二阶段主题是吸引更多顾客到嘉润。商城延长营业时间，早上 10 点开门至夜里 9 点打烊，让纳凉消夏的人们参观嘉润举办的家具展、茶话会、讲座。

报纸、电视、广播、单页、光盘操作方式没有更大的变动，展示活动仍然坚持"每月一展"。

3. 金秋喜庆，嘉润献礼（佳篇）

这是嘉润销售业绩最佳的单元，金秋收获季节，也是消费者购买力最大的时期。新婚家庭，入住商品新居，企事业办公楼落成，大体都在这个时期，广告宣传在前期进行铺垫后，此时应收到良好的效益。

除报纸、电视、广播、光盘、单页广告以外，在 POP 广告的设计、制作、设置中，都要突出"喜庆"、"美好"、"气派"。

在 9 月 10 日教师节前选定一所边远山区的小学，为教师赠送办公桌椅，关注公益事业，树立公众形象。办公桌椅由入住商城某厂家捐赠，如果能多动员几家，则可多送几所学校。邀请新闻单位参加报道。

国庆期间结婚，买全套卧室家具的，由嘉润出资派专业摄像师提供婚纱摄影服务，送制好的光盘。

在国庆节期间，嘉润在门前的两个路口设置空飘布幅广告、飘动式家具模型和带有嘉润家具商城标识的大型充气模型。

4. 火样热情，献给你（加篇）

报纸、电视、广播、光盘、单页广告的基本运作模式与前三季相同，但内容要服从于第四单位的活动。POP 广告突出红色、火样的景象。

在元旦节期间，除继续使用国庆期间的销售场所室外广告外，着重在"公共关系策划"上下工夫。

此段主要利用元旦、学校即将放假、天寒地冻等机会，开展公关活动：

（1）组织全商场的领导、员工、营业员为边远山区学校捐寒衣。

（2）选定边远山区某小学，动员进场的家具厂家办为学校捐教学桌椅，连同寒衣，一起送达该学校。

以上两项活动，邀请新闻单位参加，嘉润也自拍录像，编成光盘作资料或在商场总服务台播放。

（3）从国庆开始筹备，凡元旦结婚的新婚家庭，购买了嘉润的卧室家具，由嘉润送婚纱摄影一套和婚礼当日的摄像服务。

（4）设法组织 50 对新人，为其主持隆重的集体婚礼（前提是购买嘉润卧室家具），不让他们另外花费，每人送婚纱摄影一套和婚礼当日摄像服务。

对第（4）项可以认为是移风易俗的新气象，邀请新闻单位报道，嘉润自拍录像。

以后每年可组织一次，特别在国庆以后生意清淡时，用这种活动可以点燃冬天里的"干柴"，刺激消费者健康消费。

六、活动经费预算

（1）全年报纸广告费控制在 30 万元以内。

（2）电视广告，含拍片、播出费 80 万元。

（3）广播广告全年只需 8 万元。

（4）POP 广告全年需 20 万元。

（5）路牌广告需 30 万至 50 万元。

（6）车体广告需 15 万元。

（7）公共关系广告 15 万元。

（8）光盘广告 5 万元（5 个版本，每版 1 000 张）。

（9）单张广告（每张印 1 万）需 15 万元。

（10）策划活动调查费 5 万元（数据收集、出数据及文字分析报告）。

（11）媒体公关费 5 万元。

以上费用总计约为 233 万元。与嘉润商城每平方米收年策划费 10 元，计 720 万元相比，不足一半，就可完成以下任务。

七、年度"家嘉佳行动"效果预测

如嘉润家具商城采纳本策划意见，并严格组织实施，应该可以实现以下效果：传播效果全省家具商场要数第一，社会效果让贵阳人一提到嘉润，80％的人竖大拇指，经济效益（即销售利润）应是广告投入的 3 倍以上。

（1）贵州省内，乃至全国大多数城市的家具市场，都未进入科学的、规范的调查、策划阶段，基本上是"守株待兔"地等客上门；再加上竞相降价招徕顾客，反而使自己失去良好形象。

嘉润选准的是走专业化路线、专家路线，作出科学的策划并实施后，一定能成功。

全年多种媒体优化组合，引入整合营销传播，通过多媒体把信息传给受众中有购买欲望和购买能力的顾客，加上商场内部现代营销理念和管理水平的提高，把 1/10 的顾客变为消费者，就可产生 10 亿元以上的销售业绩。

【解析】读者在阅读广告、营销方面的书籍时，常常会发现这些书籍的作者把受众、顾客、消费者三者混为一谈。实际上，广告只是说服受众，引起注意，刺激情绪，促动他产生购买欲望，当他进入商场时，才成为顾客，在商场感受到购物的好处，情绪受到进一步鼓动，当他掏钱完成货币与商品的交换时，这位广告受众才变成了消费者。因此，在广告、营销的表述中，要清醒地认识自己的工作对象。

（2）除作自我宣传策划外，本策划还着重强调嘉润自身形象的宣传、公共关系的策划宣传，会让智诚、大雅园等高档消费场所的消费者，同样看重嘉润，赚取这 20％的主体消费者的钱，为商场及各进场厂家获得 80％的利润。

公众形象是生命线，是企业立于不败之地的根本，一定要固守，要创造性地提高嘉润在贵阳市民心中的美好形象。

策划人声明

由于资料有限，介入情况时间较短，本策划只是一个大纲，每一阶段的操作，每种媒体的运用，具体到每篇文案的创意，都有待深入研究。

策划人恳切希望嘉润尊重知识，尊重人才，尊重知识产权。对本策划的取舍，都能给出有说服力的解释。

最后，预祝咱们合作成功，实现三赢！

天阳天玉米面条整合营销策划案*

【背景介绍】

贵州有两家大规模生产玉米面条的企业，其中一家已在 2001 年 2 月 2 日的《贵州日报》头版头条文章《让"黄金食品"变成金》中作了报道。这家企业还委托贵州电视台天马策划公司策划、设计、制作了电视策划片《康太太，面对面的关怀》。

天阳天公司显然没有它的对手强大，但它是制作玉米面条技术专利的唯一拥有者。

策划人对玉米及其制品过去就曾有了解，早在 1997 年对贵州黔南州龙里县科委引进加拿大优质玉米试验田进行过考察。据说这种优质玉米粉制成面包、蛋糕的食用效果优于精面粉。改革开放以后，随着人民生活水平的大大提高，吃杂粮成为时尚，包谷饭、窝窝头成为保健食品。

前　言

玉米面条是对玉米进行科学的深加工开发、精加工制作的新产品，具有极好的市场开发前景：其一，对于玉米种植者来说，扩大了市场销售对象，能增加收入；其二，对于加工玉米的生产单位来说，获得了一个新的项目，增加了产品品种、就业机会，为投资者带来获利的机会；其三，对于消费者来说，增加了一类新的营养食品，有更多的选择，丰富了消费者的生活；其四，这一类产品的面市，能增加社会生产的总量，增加国家税收，促进经济繁荣和文化发展。

因此，锐地策划公司看准了这一具有极大市场潜力，社会、农民、消费者、生产企业都能获益的好项目，投入精兵强将，组成专门工作小组，在进行周密、细致的调查的基础上，经过多次认真分析、讨论，特将玉米面条的整合营销策划案报告如下。

＊ 该案例由王多明执笔，由谢韵恒解读，选自王蕾，王多明. 策划书写作及精选案例解读［M］. 北京：中国广播电视出版社，2008.

第一编　策划依据

第一章　对玉米面条的认识

　　食用"绿色健康食品"已成为现代人对生活追求的一股浪潮，"吃山野菜"、"吃粗粮"已成为城市居民的一种时尚。玉米具有丰富的营养价值，含有多种维生素、矿物质、粗蛋白、孵磷脂、氨基酸和不饱和脂肪酸等。其中赖氨酸的含量尤为丰富，特别适合中老年人及有心血管疾病的人食用。长期食用玉米制品能促进人体新陈代谢，提高免疫力，增强体质。玉米食品对成长中的少年儿童大脑细胞发育有一定促进作用，也是对孕妇有益的健康食品。

　　过去，由于我国传统的玉米食品的加工制作单一、粗糙，口感不佳，故一直被我国消费者视为"粗粮"、"杂粮"，而不为人们喜爱。在经济发达国家玉米被精加工成各种食品，被当地消费者接受，产生了很好的经济效益和社会效益。我国要改变玉米食品在消费者心目中的地位，关键在于改变原有的加工制作方式和生产工艺，以达到"粗粮细作"的效果。

　　天阳天食品厂生产的玉米面条，由于采用企业自主开发的先进工艺和独特配方，借助国际、国内先进的超微细技术，以当地优质富硒玉米为主料，生产出的玉米面条的品质优于传统的各式面条。其生产严格执行中华人民共和国《食品企业通用卫生规范》和《中华人民共和国食品卫生法》，产品卫生及营养等质量执行国家标准GB2713-81和SB/T10068-92。原料优质，采用世界领先工艺技术，产品完全实现了粗粮细作的功效。

　　产品特点：金黄、清香、爽滑，易熟，耐煮，食用方便快捷。

　　食用方法：既可作主食，也可作副食（用于凉拌、炒烩、火锅、炸制等）。作为主食时，将面条与凉水同时下锅，水开即可食用，或者待水开后再下面，煮制时间以个人喜好而定。

　　保存方法：湿面：冷藏、通风处晾干或用冷水浸泡，每天换水，可保存10天不变质。干面：按家庭平时存放小麦面条的方式保存，保质期可达180天。

　　【解析】策划人在策划书里写这一段的目的，是要向客户表达，对于策划客体"双方的认识是一致的"。这是做好策划的基础。如果策划人与客户之间的研究不是针对同一客体，就会在以后的合作中产生分歧，产生难以协调的矛盾，甚而导致不欢而散。

　　这里书写的文字资料，不仅是客户提供的有限的资料，还有策划人自己掌握的有关市场环境的若干新资料，特别是策划主并不了解或没有掌握的资料。要用这些资料的表述先"征服"策划主，才能在开展的活动中"征服"顾客，使顾客变为消费者。

　　营销环境，从宏观角度看，有企业生存的政治法律环境、社会文化环境、经济技术环境、竞争环境等；从微观角度看，有企业生产的产品、产品的价格、产品销售的渠道、销售产品的促销组合（包括策划促销、公共关系促销、人员推销和营业推广四大手段）等。

凡是策划整合营销，都应考虑策划促销、公共关系促销、人员推销和营业推广这四种手段的单个应用和整合应用的问题，充分发挥这四种手段的功能，为着"服务消费者"的目标协调有序地使用它们。

第二章 市场前景

时逢"西部大开发"的大好时机，开发天然、绿色食品作为一项特色经济成为我省三大支柱产业之一，省政府给予了高度的重视。

面条是我国城乡居民的主食之一，具有良好的市场前景。据有关部门统计，贵阳市每月消费面条达三四百万公斤，年销量三四千万公斤。随着人们生活节奏的加快，对食品的选择面更宽，玉米面条将进入面条消费市场。

据统计，贵州省年人均消费面条5公斤，全省3 600万人口，约需要面条18万吨。据了解，全国生产玉米面条的企业为数不多，天阳天食品企业生产的玉米面条抢先进入省内外市场，领导玉米食品生产，开拓玉米系列食品，将会产生巨大的经济效益。

【解析】这里短短的三小段，不足300字，便为天阳天公司指明了生产玉米面条的销售前景。企业要有发展的目标，才有奋进的动力。

第一小段介绍大环境，第二小段从全国讲到企业所在城市，其面条月消费量、生产销售辐射量，都是诱人的。第三小段用统计数字算账，鼓励客户看清前景，抓紧生产，同时也要抓紧开展整合营销活动。

随着生活水平的提高，人们对食品的营养价值的要求也日益提高，天然食品以"绿色、健康"的优势进入千家万户，摆上了餐桌。玉米面条是用80%的玉米和少量大米、面粉配制而成的天然食品，而玉米又属于粗粮的一种，粗粮细作的概念成为这几年都市饮食圈的时尚热点。

玉米面条符合现代人追求健康、天然的心理，又满足了现代人的时尚需求，再配合行之有效的营销指导，天阳天玉米面条能成为贵州天然食品的知名品牌。

第三章 目标消费者分析

【解析】这一章的资料是策划人当时所在单位——贵阳锐地策划公司策划部其他人员全力以赴，共同调查而获得的。

在策划公司举行的策划创意头脑风暴会议上，各种意见得到充分发挥，每个人的特长也得到充分展示，分配每个人完成他应该按时、保质完成的任务。

要完成一项大的策划任务，仅凭策划执笔人个人的努力是不够的。特别是在限时完成的策划任务面前，几位志同道合的策划人共同努力是十分重要的。

一、消费者特征分析

为了准确分析产品目标消费者的特征，我们进行了关于消费者的市场调查（样本量：100 份，有效问卷：98 份），得出消费者的群体特征，并对其进行细分，见表 11-1、表 11-2。

表 11-1　　　　　　　　　目标消费者的群体特征

年龄	19 岁以下学生群体	19 ~ 40 岁	41 ~ 60 岁
特征	一日三餐较为定时，但食用品种上较无规律，方便食品在他们饮食上占有相当分量	属于都市人群，饮食的显著特点就是一日饮食不能定时、定餐，早餐通常在外面吃，身边有方便快捷的食品，随时补给	一日三餐较为定时，且很有规律，如：早上吃面食，中餐吃米饭，晚餐吃面食，如无意外这种规律很可能就会持续一段时间

表 11-2　　　　　　　　　目标消费群细分

目标消费者	目标消费群细分
产品投放市场前期，目标消费者可定为家庭消费群，即家庭中每一个成员都有消费玉米面条的可能性	以下是对目标消费者各个群体的细分： 1. 40 ~ 60 岁的中老年人 由于生活及医疗条件的改善，人们的寿命也相应延长，据资料显示，贵阳如今已步入了老年社会，老年消费是一个很有潜力的市场。中老年消费群体的饮食习惯较为规律，由于年龄的原因他们青睐绿色健康食品，因此他们应是较为稳定的消费群 2. 家庭主妇 家庭经济较宽裕的家庭主妇，她们对家人的饮食习惯要求比较了解，在饮食方面比较愿意尝试新奇的东西 3. 时尚人群 粗粮是一种当代的饮食时尚，所以会有一群人把玉米面条当作时尚消费品 4. 特殊消费种类（详见市场推广策略），如婚宴、长寿面……

二、市场概况

玉米面条在市场上是一种新型的面条品种，从原料上来说，基本上无竞争对手，天阳天玉米面条正好填补了面条类市场上玉米品种的空白。

锐地策划公司派员对华士联、大昌隆、思君、时代广场、山野等各大超市进行调查，上柜的面条多为外地小包装挂面，且品种较多，有魔芋、菠菜、西红柿、胡萝卜等多种口味的面条，这些面条大多是针对家庭的，针对饮食店的面条品种几乎没有。

三、面条种类的终端建设

在商场、超市、零售店，除了方便面系列（康师傅、统一等），其他品牌的面条基本上没有 POP 策划、展柜等终端建设，只有少数品牌有灯箱进行辅助宣传。

玉米面条大举进入饮食店是拓展市场的一个机会。省内已有多家企业正在或已经开发出同类产品，所以一定要把握上市时机，以免为别人做嫁衣裳。

附：问卷调查

关于食品类的调查问卷

1. 你一日三餐都定时吗？
A. 定时（41%）　　　　　　B. 不定时（59%）（通常是哪一餐不定时____）
2. 你早餐通常吃什么？
A. 面条（15%）　　　　　B. 油炸类（25%）　　　　C. 饭（4%）
D. 包子、馒头类（13%）　　E. 粉类（25%）　　　F. 方便面类（5%）
G. 其他（13%）
3. 你吃早餐大部分是在家中还是在外面？
A. 家中（24%）　　　　　B. 外面（76%）
4. 如果你在家中吃早餐，通常是你自己做早餐吗？
A. 是（49%）　　　B. 否（51%）（如果是一般情况下是花多少时间____）
5. 你喜欢吃面条吗？
A. 喜欢（18%）　　　　B. 较喜欢（9%）　　　C. 一般（58%）
D. 不喜欢（15%）
6. 你听说过玉米面条吗？
A. 是（61%）　　　　B. 否（39%）
7. 从玉米面条的名称上看，你对此类产品感兴趣吗？
A. 感兴趣（19%）　　　B. 较感兴趣（17%）　　　C. 一般（44%）
D. 不感兴趣（19%）
8. 如果对你告知这种玉米面条有两种特点：一是经煮不腻；二是有浓郁玉米香。你对此类产品是否感兴趣？
A. 感兴趣（18%）　　　B. 较感兴趣（28%）　　　C. 一般（41%）
D. 不感兴趣（13%）
9. 你会把玉米面条作为哪一餐？
A. 早餐（39%）　　　　B. 中餐（6%）　　　　C. 晚餐（4%）
D. 夜宵（18%）　　　　E. 小吃（16%）　　　F. 其他（17%）
10. 个人资料：
性别：A. 男（54%）　　　B. 女（46%）
年龄：A. 520～30 岁（80%）B. 31 岁以上（20%）

职业：其中 30% 为学生

月收入：A. 500 元以下   B. 500～1 000 元（45% 左右）   C. 1 000～1 500 元（20% 左右）   D. 1 500 元以上（5% 以下）

关于天阳天儿童食品包装设计、名称、品味效果调查

1. 调查时间：5 月 23 日

2. 调查地点：市北小学

3. 调查对象：根据目标受众选取 104 人

一年级（1 班）6～7 岁（52 人）

五年级（2 班）11～12 岁（52 人）

4. 调查方式：用投票的方式得到关于设计、名称、口味的调查数据

5. 调查目的：直接由目标受众来选择他们心目中最好的设计、名称，从他们对包装的第一印象上获取数据，作为选定包装、名称的有效依据

6. 调查结果：

一年级（1 班）：

画面投票：

动感超人	玉米小超人	玉米 AY（大）	玉米 AY（小）	田田（蓝天）	田田（星空）	小博士	金脆柳
42～52 票	19 票	20 票	27 票	20 票	少于 5 票	13 票	17 票

名字统计：

动感超人	玉米 AY	田田
42～52 票	反应较好	反应较好

口味：

麻辣味	奶油味
35 票以上	25 票以下

五年级（2 班）：

动感超人	玉米小超人	玉米 AY（大）	玉米 AY（小）	田田（蓝天）	田田（星空）	小博士	金脆柳
42～52 票	29 票	38 票	17 票	33 票	17 票	30 票	14 票

名字统计：

动感超人	小博士	田田、玉米 AY
42～52 票	30 票左右	半数以上

口味统计：麻辣味与奶油味相当

7. 调查分析：

从调查数据可发现目标受众对"动感超人"反应非常强烈，其原因就是"动感超人"是日本动画片《蜡笔小新》中一个著名的人物，而此动画片的影响力很大，喜爱者的年龄跨度也很大，从幼儿园至二十几岁的年轻人都喜爱。但必须注意的一点是，虽然数据显示，名称和设计稿样都是"动感超人"居首位，但对设计稿样的认同很大程度上受到了名称的影响，因此对设计稿样投票数据应慎重分析。

"田田"、"玉米 AY"在受众中也有较高的认同度，但选择此名称的大多为小女孩，因此这两个名字的取向受性别的影响较大。

"动感超人"的时效性较强，对将来品牌的延伸可能有不利的影响。

【解析】调查问卷设计出来后，几经修改完善，最后打印，由公司全体员工分别寻找访问对象。调查时对调查对象的性别、年龄、经济收入、职业大体作出分类，以免调查的群体面太窄。

因为时间较紧，针对设计人员初步设计的 8 种包装，策划公司派员到附近的一所小学（得到校长、教师的同意），对两个年级的 104 名学生进行现场调查。

第四章 天阳天玉米面条营销中的盲点

一、诉求对象的误区

玉米面条的诉求对象为两大类：其一是经销商；其二是直接消费者。对于经销商，他们经营的目的是盈利。"怎样才能获利"，这是诉求的重点。因而，一要在诉求中告诉经销商玉米面条丰富的营养价值，对城市居民生活的影响，销售这种产品能够获得的利益，生产商的服务承诺，产品的卫生、质量保证；二要在诉求中告诉经销商运用营销组合策略、手段和方法，在统一、规范的运作中进行销售，认知生产企业的科学管理水平，对生产企业产生信任和尊重。三要在诉求中告诉经销商生产企业准备采取的促销手段及策划内容，与生产企业经营目标保持一致开展经营活动。

【解析】天阳天公司具有较大的生产能力，但销售情况并不好，其原因是用小本经营方式进行现代市场的推销操作。

策划人用平和的语言着重向客户中肯地介绍经销商在现代市场营销中的作用，介绍经销商的运作方法。

本策划书还专门向客户建议印制"经销手册"，使其靠自己的生产工人上市场"买一赠一"推销产品的经营方式，一下子就提升了几个"数量级"，达到一个较高水平的销售平台，进行现代营销的规范管理。

为此，天阳天食品在与确定的经销商签订经销合同后，要发给对方一本"经销手册"。手册的内容如下：

封面 天阳天玉米面条彩色平面策划

内页：

1. 天阳天玉米面条经销商须知

2. 天阳天玉米面条经销商资质

3. 天阳天玉米面条的营养价值

卫生食品执行标准

食用方法（详细介绍，并附彩图）

保存方法

与生产企业联系的方法

4. 进销量记录

5. 货款收交记录

发给经销商的"经销手册"每一季度审核一次，半年收回，换发新册子，以便随时掌握经销商情况。对经销商的支持，就是用策划形式发布信息，使受众了解玉米面条，吸引受众寻找玉米面条的经销商，保证经销商的利益能够实现。

消费者消费玉米面条的目的有如下几个方面：

其一是填饱肚子，满足人们的生活需要。玉米面条能满足人们这种最基本的需要。

其二是把"吃"当成享受，满足人们追求美味的需要。在人有食欲前，会对五花八门的食品进行选择，然后或自己制作，或上餐馆就餐，自己欣赏所选中的食品的"色、香、味"。

其三是把"吃"与时尚结合起来，满足人们求新求奇、追求时尚的需要。在人们的基本生活需要得到满足之时，他们会把目光投向新奇、时尚的物品，对食品也不例外。特别是贵阳市的消费者，找新食品、求新吃法、尝新鲜味、进新餐馆者人数众多。按人均计算，贵阳市民在外就餐者数量居全国各大城市之首，贵阳市的餐馆、小吃摊总数与人口总数之比，远远高于其他城市。因而，让玉米面条进入这些餐馆、小吃摊，应是生产企业和策划代理要特别关注的重要方面。

其四是将食品当礼品的消费者，满足他们礼尚往来、获得社会尊重、自我欣赏的需要。对于这部分消费者，要充分调动他们对玉米面条的注意力，吸引他们将玉米面条的优点"色、香、味"、"营养、健康"、"方便"、"有面子"等转化为满足他们送礼的需要。例如，送给长者（父母、亲属、师长、领导）、过生日的亲友等，金色的玉米面条能给人以金子般的亮丽，一种愉快的享受。有些地方，迎亲要送"四色彩礼"，其中有带喜字的面条四把。为使这一风俗习惯更具中华文化的风采，可以将面条改为送玉米面条。在玉米面条的包装上，印上双"喜"，配合银色的粉丝，象征着"金玉良缘"的美好祝福。

要用表格方式记载消费者意见，留下消费者的姓名、通讯方式、具体意见等详细信息。

【解析】以上为玉米面条的消费者寻找的消费理由，能显现出策划人的聪明才智。广告策划业被国家计划委员会定位为"知识密集、技术密集、人才密集的高新技术产业"，要求策划人充分利用智慧求生存、求发展。

策划人指出了生产企业推销中的"盲点"，为它提出了合理建议，让它看到产品的"灿烂明天"。产品生产企业一般只埋头搞生产，对市场、消费者、竞争对手不甚了解，或将自己的观点移到消费者身上，陷入主观主义的泥坑，难以冷静地以第三方的眼光看自己及自己的产品。策划人应跳出策划客户的视角平台，站在消费者的角度和高度，对产品作出准确判断和认识。换一个角度思考，就能找出打动消费者购买欲望的理由。

二、天阳天食品企业玉米面条销售中存在的问题

从 2000 年至 2001 年 5 月，14 个月来天阳天仅销售玉米面条 5 吨，仅为企业 5 天的产量。面对巨大的市场潜力，这种极其强烈的反差，说明了加大销售力度的重要性。

【解析】生产企业的生存之本在于对市场的认知程度，在于与市场的密切沟通，在于说服消费者接受产品，在于经销商、销售终端有极大的热情推介产品。这一切都需要面对市场，运筹帷幄，把握时机，实施科学的整合营销策略。

目前天阳天开展的"买二送一"的促销方式，不是长久之计，因为它会带来严重的负面影响，会影响销售终端的积极性，破坏企业与销售终端的同盟关系。

虽然企业已在贵阳市选择 130 多个终端，货已到柜，但销售情况极其不妙，再次进货者很少，说明销售不畅。其原因是：第一，因为是代销，经销商没有高昂的销售积极性；第二，企业营销人员不足，不能与销售终端保持热线联系、热情联系、热销联系；第三，企业并无对销售终端销售积极性的鼓励策略，终端忙于销售传统商品，对于这种销售前景不明的新产品没有充足的信心，因而销售积极性不高；第四，由于企业策划投入还未全面展开，相关的公共关系促销也未进行，受众不知道商品信息，终端不愿意多费口舌宣传这种新产品。

综上所述，销售不畅已属情理之中。

【解析】这四条原因真厉害，一针见血地把客户销售中存在的问题捅破了。这四条销售不畅的原因，原本客户还觉得不是问题，他们只是埋怨终端对他的产品缺乏热情："这么好的食品，你为什么不卖力推销？"策划人在第二条原因中指出，企业安排做营销的人员少，因而不能与 130 多个"终端保持热线联系、热情联系、热销联系"这里的"三热"，责任在企业自己，自个儿不热，要让别人热，难啦！

第二编　市场推广策略

第五章　市场认识

【解析】一份策划书有无分量，能否打动客户，写好这部分是关键的问题。

刘备三顾茅庐，请诸葛亮解救他于危难。在隆中对的一番阐述中，诸葛亮将刘备从此以后的路怎样走，作出具体的、准确的回答，同时又从战略的高度给予概

括，让刘备看到未来，又知道怎样一步一步地走向成功。

"策划依据"写完后，策划人要把策划书的重头戏及时转到向客户报告"市场推广策略"上来。

一般初学策划的大学生们，往往在策划书中重复客户介绍的各种情况，花许多笔墨去写客户知道的资料，以及客户对市场、消费者的认识，这些不是客户需要的信息。假如刘备与诸葛亮初次见面时，诸葛亮重复刘备的看法，面对刘备的困境，毫无对策，刘备愿意请出诸葛亮吗？

策划书的重点是对客户未来的运作进行运筹规划，要有前瞻性、预见性，将要做的事进行周密的安排和统筹。

简言之，市场上有购买欲望和购买能力的社会人群就是消费者。生产企业和策划代理公司要在周密、细致的调查的基础上，掌握大量的第一手资料，经过对消费者的市场细分，准确找出本产品的目标消费者。

经过对目标消费者消费行为的分析，我们认为需要解决以下七个问题：

第一，谁构成玉米面条的市场——购买者（occupants）；

第二，他们为什么购买玉米面条——购买目的（objectives）；

第三，他们购买玉米面条中的哪种产品——购买对象（objects）；

第四，谁参与购买——购买组织（organizations）；

第五，如何购买——购买行为（operations）；

第六，在什么时间购买——购买时间（occasions）；

第七，在什么地方购买——购买地点（outlets）。

对这七个问题进行分析，才能找到产品与消费者的市场契合点，挖出消费者购买玉米面条的理由，说出消费者想说的消费需求。

消费者购买玉米面条，可能担任不同的角色：第一，购买建议者；第二，购买影响者；第三，购买决定者；第四，购买行为者；第五，产品使用者。消费者可以同时充当几个角色。

对于玉米面条，购买建议者可以是家庭中的男主人（中、老年），家中未成家的子女；购买行为者主要是家庭主妇——她们时间较宽裕，对家人的饮食习惯要求比较了解，会主动买回家让家人享用。购买决定者为家庭主妇或有当家权力的男主人。购买影响者有家庭成员中的主要人员，还有左邻右舍、亲朋好友——他们以前吃过玉米面条，对策划比较信任，对新产品有求新意识。购买行为者以家庭主妇为主，或退休在家的老人，爱做家务的先生等。玉米面条的使用者应是全体家庭成员，无论他们在家食用，或在饭店、摊位上食用，都是直接消费者。

玉米面条还有间接消费者：第一，购买玉米面条赠送给亲朋好友的人；第二，单位食堂的采购人员；第三，饭店、饮食业的采购人员；第四，销售终端（以现金购买进行经营者）。

消费者在什么时间购买？第一，需要时购买，买来后立即食用；第二，买来后慢慢食用，每周或十天半月买一次；第三，在节假日前购买，以便送人。

消费者在什么地点购买？第一，在零售终端购买；第二，在超市购买；第三，在直销人员处购买；第四，在专卖点购买。

【解析】这里似乎在作理论说教，但策划人认为这是必要的。既然找到了客户销售中存在的问题，就得"对症下药"。客户正是对销售的基本知识缺乏了解，一厢情愿地去做市场，因而不成功。

第六章　厂名、商品名的新设计

一、厂名

本策划既立足于原天阳天食品企业的名称，又根据策划主的意愿，建议将新的企业与原天阳天有区别地设计为：天赐食业有限公司食品分公司。

二、商品名

玉米也称为玉蜀黍、玉茭、玉麦、包谷、包米、棒子、珍珠米等。玉米面条的名称建议如下：

1. 可用俗称或雅称

俗称为"金秋香"；雅称为"金玉黍"。"金"为玉米色，"秋"为收获时期，"香"为味，"玉黍"取自玉米的学名。"金秋香"使玉米面条"色"、"香"的特点充分展现。金玉黍强调"色"和名。

2. 改名为"纯金香丝粉"

"纯金"充分反映玉米金黄的本色，"纯"反映玉米面条是纯天然、纯粮制成的。"香丝"与谐音"相思"相同，能使顾客产生对家乡的思念之情，让人有一种回归大自然的感觉。"香丝粉"与面条拉开了名称上的距离，不会产生将玉米面条与面粉面条相对比的问题，避开了玉米面条与面粉面条比较中的弱势。

"纯金香丝粉"可以对玉米精制的其他食品品种的延伸产生极有利的作用，如"纯金香丝粥"、"纯金香丝酥"、"纯金香丝脆"（油炸制成的短截玉米面条）、"纯金香丝饼"、"纯金香丝糕"、"纯金香丝奶粉"、"纯金香丝咖啡"、"纯金香丝奶茶"、"纯金香丝冰淇淋"、"纯金香丝巧克力"、"纯金香丝雪饼"……

【解析】这份策划书从最根本的"厂名"开始向客户提出更名建议，继而提出重新给玉米面条取名，并解释其意义，为企业产品的延伸、多种玉米食品的问世奠定基础。

第七章　标识设计

一、设计思想
二、设计样式
三、标准色

四、标识的运用

【解析】在给策划主的策划书中这部分比较详细，而本书中略去了这一部分。

第八章 注册商标

建议企业尽快申请注册商标，使产品提升为品牌，进而跃升为名牌。当今时代，只有名牌才有较大的市场份额，名不见经传的商品不会获得较大的市场份额。

建议围绕确定的商品名称注册十个外围商标。

锐地公司可以承担企业申请注册商标的事务，包括从查阅、检索、设计、申请、公告到注册的全过程。

第九章 策划媒体组合及策划推出排期

一、整合营销的重要性

在整合营销中策划是先行官，是传达营销信息的重要手段，是其他营销手段不能代替的。

世界著名策划大师大卫·奥格威说过："现代企业的产品不做策划，就像在茫茫大海中航行的船，会被黑夜吞噬一样，没有人知晓。"他还说："我们做策划，就是要促进销售，否则就不要做策划。"

策划能传播企业和商品的信息，给企业带来销售的机会，给受众送去对他们有益的信息，丰富他们的物质和精神生活。

二、整合营销的四个方面

在做好策划促销的同时，整合营销的人员推销、公共关系促销和营业推广都要做好，要"四个轮子一齐转"才能使整合营销的车子跑起来，跑得稳，跑得快。只用单一的手法和技巧，不可能获得满意的效果。

国内外的企业，要能"长盛不衰"，这四个方面都要顾及，不能偏废，只不过在"产品生命周期"的不同阶段，各有侧重罢了。

三、整合营销使4P变为4C

4C要求企业和策划代理公司做到：

第一，研究消费者的需要和需求，卖消费者确定想购买的产品，而不要卖自己所能制造的产品，企业为满足消费者的需要而生产，策划代理为满足消费者的需要而进行传播活动。

第二，了解消费者为满足需要和需求所需付出的成本，而不单纯地做所谓定价策略。这种倒推法很重要，要向消费者传达玉米面条的营养价值、科技含量、精神附加价值——金黄-黄金、面条-面子、长条-长寿等。

第三，要千方百计让消费者在最方便的地点和最方便的时间里购买到玉米面条。

第四，营销的核心是"沟通"，企业与受众、顾客、消费者在心灵、精神、需求上进行全面沟通，完成产品与货币的交换，实现销售，实现消费。

因此，策划媒体组合就是为"沟通"而设计的综合传播方式。

【解析】介绍4C是十分必要的。道理就是要向客户灌输科学的营销观念，使他们能与策划人站在同一个平台上讨论企业的发展问题。

四、媒体选择

原则是以大众传媒为主，实现人际传播的口碑作用为重点；以玉米面条形象传播为主，实现销售为重点；以在产品生命周期的导入期密集策划、有效策划为主，实现生活情报传播为重点；以报纸媒体的软性策划为先锋，实现电视策划的强有力传播效果为重点。

（一）报纸

（1）《贵阳日报》"健康生活"版"唐人食街"、"本周流行菜点"、"大众餐饮指南"、"会苑话题"栏目。

（2）《贵阳晚报》"健康森林"版"老年健康"、"主妇帮手"栏目，创建"金色食品"、"粗粮细作"、"换换口味"、"精彩吃法"等新栏目。

（3）《贵州都市报》"消费广场"版开辟"美食专家"、"营养体验"、"新的吃法"、"金玉黍香"等新栏目。

（4）《贵州商报》"生活"版开设"美食玉谱"、"火锅新族"、"吃个新香"等新栏目。

（5）在《贵州日报》上刊登企业及产品"征名启示"。在这份启示中介绍企业的发展情况、产品的优势、企业的长远目标，说明来稿一经选用，重金酬谢，以此引起省内外社会组织及各界人士的注意。

选择以上报纸的相关版面和现有栏目，开辟新栏目，做软性策划，组织20篇左右的文章，每篇不超过800字，介绍玉米食品、玉米面条、玉米油炸面条、玉米糕点的营养价值、制作工艺、科学吃法、新鲜花样、精神意义，使报纸版面内容丰富，更具可读性，吸引潜在消费者。

如果在报纸上开展讨论，更能最大限度地发挥传播作用。

（二）电视

选择电视媒体，是出于对人们生活第一要素"吃"的传播，需要有形、色、声俱佳的媒体。

考虑到电视策划制作费、播出费支出较大，应在创意上更新奇、更贴近生活，更能打动受众的心，让他们迅速成为消费者。因此，本策划案首批推出5篇电视策划创意脚本供策划主选择。

【解析】电视媒体是食品类产品首选的媒体，当然，要在客户经济能力能承受的情况下选用。

在食品的诉求中，"情"很重要。玉米面条在报纸上的系列理性诉求策划推出后，要在电视策划中把"情"的文章做足。

策划思想决定创意的思路，策划的内容靠创意来表现，二者相辅相成。策划人在进行电视策划创意时，思路是这样打开的：

（1）"金银"二字古往今来在中国人心中的地位很重要。"金银财宝"、"金玉满堂"、"火树银花"、"金风玉露"①、"玉室金堂"② 等不仅常挂在平民百姓的嘴上，也常出现在名人的诗句中和信札里。

将玉米面条与"黄金"联系，便能让人联想、遐思，寄托对"金"、"银（玉）"的追求。策划语要利用"黄"色是"金"的本色的原意。

（2）过生日吃一碗面条，取面条之"长"寓意"长寿"，也就有了"长寿面"的说法。用"金色"、"金秋"寓意老人，与"夕阳如金"、"秋实似金"等与长寿老人相联系，创意中采用了"相似联想"、"概念联想"、"对比联想"等方法，使玉米面条当之无愧地登上祝寿的餐桌。

（3）面与面子，面与面条，多种义项可以相联系，看似有歧义，会让人产生误解或不理解，实则可以让人相连、相依，产生融合和理解。

"面子"在词典中有四个义项：一是物体的表面；二是体面，如爱面子，给他留点面子；三是情面；四是粉末，如药面子。

在一个语言环境中用多种义项，造成对话中的悬念，安排剧中人的迷惘，让玉米面条的信息被人们记住，让与剧中人年龄相仿的学生传开这种"金色的面子"。

（4）重庆火锅在全国各地都"火"起来了。每天到火锅店进食的人数以千万计，这么大的市场，玉米面条怎能"视而不见"？

玉米面条在煮制过程中，散发出一种自身的清香，新鲜的玉米在吃到嘴里之前，先闻到香味，先刺激嗅觉，再刺激味觉，充分调动玉米面条对感官的刺激，这一点应在创意中占一席之地。

产品本身固有的优势要在创意中充分表现出来。这条创意即是"独特的销售主张"（USP）的运用。

（5）养成吃早餐的习惯很重要，上班族可以自己在家里做早餐，吃饱了再出门上班。玉米面条有"经煮"的特点，不会像面粉面条那样"糊锅"，煮好放在水中泡着，放一天也不会成"面糊"，凉了的玉米面条可直接放进佐料当凉面吃。

金银篇 15 秒

金灿灿的玉米面条，被拦腰的双"喜"字缠绕。

与玉米面条相配的是银色的粉丝。

---

① 宋朝诗人汪莘有"金风玉露玻璃月，并作诗人富贵秋"的佳句。
② 宋朝苏轼诗句"玉室金堂余汉士，桃花流水失秦人"中的"玉室金堂"的出处为《晋书·许迈传》，许迈在写给友人王羲之的信中道："自山阴至临安，多有金堂玉室，仙人芝草，左之放之；徒汉末诸得道者在焉。"

一双让人喜爱的手，把"金""银"放入礼盒中。

迎亲的队伍要出发。

"结婚进行曲"响起，

"金"色玉米面条被新娘的母亲喜滋滋地拿在手中。

推出标题：

"金玉良缘　玉米面条"

长寿篇　15 秒

双手端着巨大的寿碗。

红绸上书写着黄色的"寿"字。

红绸被揭开，

露出一碗黄澄澄、金灿灿的玉米面条。

老寿星被拥到上座。

一双筷子挑出一碗寿面，献给寿星。

多双筷子伸向巨大寿碗。

黄澄澄的玉米面条冒出热气。

推出标题：

"家有寿星　金光灿烂"

面子篇　15 秒

小孩：妈妈，今天请客吃什么？

妈妈：吃大家喜欢的玉米面条。

小孩：为什么吃玉米面条？

妈妈：好孩子，吃玉米面条是有面子啊！

小孩：什么是面子？

妈妈：客人来家里，我们有面子，

　　　请客人吃玉米面条，我们更有面子。

小孩：我还是不懂，什么是面子。

（小孩：10 岁左右，小男孩，天真、好问）

推出标题：

"金色玉米面条　最有面子"

香味篇　15 秒

火锅店。

一盘金灿烂的玉米面条。

几人围坐。

有人在做深呼吸，

试图把什么"味"捕捉进鼻腔中。

邻桌飘过来玉米的清香。

此人发问："好香，是什么？"

侍者笑而不答，

指着盘中的玉米面条。

几个人抢着要将玉米面条放进锅中。

推出标题：

"闻香味，饱口福，玉米面条"

经煮篇　15秒

清晨，男青年起床，洗脸，刷牙。

炉子上坐着煮玉米面条的锅。

突然，电话铃声急促地响起。

他急匆匆地接电话，

忘了炉子上的面条，

表情由兴奋变为突然想起什么事。

他奔向厨房，

将煮面条的锅抬到一边。

玉米面条已经凉了。

从锅中捞出的玉米面条依然黄澄澄，"挺有精神"。

推出标题：

"真金不怕火炼　玉米面条真香"

拍摄以上电视广告要遵循如下原则：

第一，生活化。表现普通人的生活。

第二，凡人化。由普通人演出。

第三，特写化。多用玉米面条的特写，因为它才是主角。

每部电视广告的拍摄费用争取在1.3万元以内。

【解析】策划人考虑到天阳天食品企业因自身财力而影响了策划意识的拓展，企业请名人拍摄电视广告大片的经济能力不济，所以直接向客户表明了拍摄电视广告的三条原则。

用较少的资金生产优秀的电视广告作品也是办得到的。策划人不要把目光盯在客户的代理费上，而应站在客户的立场上，尽量为客户着想，与客户的经营目标保持一至，在创意之中尽显鸿鹄之志，这才能让客户接受策划和创意。

（三）广播

广播广告是报纸软性广告和电视综合信息传播的补充，由于播出费较低，听众面比较确定，所以不应放弃。

首先，选贵阳新闻台，在公交车内播出效果较好，播出时间选为早、中、晚乘客上下班、上学放学时间。

其次，选贵州健康台，可播出报纸上的软性广告。播出时间选在早、中、晚用餐时间。

广播电台的时间购买费可采取现金和实物产品各一半的办法。

天阳天玉米面条广播小品①

男：老婆，我回来啦！今晚咱们吃什么呀？

女：不许动，闭上眼睛，闻一闻，你猜猜。

男：啊！真香，老婆是什么，玉米粥？

女：不对。

男：煮玉米？

女：还不对。

男：可不可以提醒一下，亲爱的？

女：好吧，就让你尝一口。

男：我知道了，是不是现在最流行的天阳天玉米面条？

女：老公，你真聪明，你是怎么知道的？

男：其实我早就听说这个好东西了，它营养价值很高，而且老幼皆宜。只是我一直都没有这个口福，今天我可是要大饱口福了。

【解析】

这份创意用对话形式表现了亲情，运用情感诉求方式传达了新产品的理性诉求。

报纸上的软性文章和广播策划文案，待策划主认定后再行撰稿。所写软性文章和广播稿要交由省或市食品协会、大学营养研究所专家教授审订，或请他们撰稿，或请他们任企业的营养顾问。

（四）挂旗

制作45cm×35cm的长方形挂旗，下面剪成缺口形状，由销售终端悬挂出来。

（五）站立人体模型

制作1.6米高的真人模型，手举"玉米面条"，笑容可掬，甜美、耐看，腰部拴着下厨围裙，围裙上有"金玉黍（秋香）"的明显字样。真人模型的脸型应似"秋香"又有别于"秋香"。

应贵阳市场需要制作50个，放置在超市和销售玉米面条的火锅店门前、大型菜市场的入口处。每个成本500元。

---

① 这篇广播小品的作者是贵州商业高等专科学校的学生吴德桃。策划人在贵州商专兼任教授。为使学生带着实际问题学习策划和创意，特意请来天阳天食品企业生产厂长、销售部经理向商业策划专业和商务策划专业两个班的学生们详细介绍有关玉米面条的理化指标、经营思路，启发学生为产品做促销创意。同学们听了介绍，向二位企业负责人提了许多问题，全面了解玉米面条的有关情况后，开始做策划。84名学生提交各种媒体的创意240份。

（六）海报、传单、说明书

海报张贴在超市、火锅店内，传单在菜市场发送，说明书在火锅店内赠送给食客阅读。

五、媒体排期

媒体排期原则：

第一，在产品导入期，策划密度不能小。

第二，尽量选用效果好、刊费低的媒体。

第三，组合运用媒体时要考虑让各种受众都有机会接触广告，在不同场合接触广告，增加他们对玉米面条的认知度、信任度、亲切度，促使其从"尝一尝"到指名购买。表11-3列出了媒体组合排期表。

表11-3 2001年6—12月媒体组合排期表

月份 媒体	6月	7月	8月	9月	10月	11月	12月
报纸（4种报）	各2篇	各1篇	各2篇	各2篇	各3篇	各3篇	各2篇
电视	7次/周	4次/周	4次/周	6次/周	4次/周	6次/周	6次/周
广播	3次/天	2次/天	2次/天	2次/天	2次/天	4次/天	6次/周
挂旗	长期	长期	长期	长期	长期	长期	换新旗
站立人体模型	长期	长期	长期	长期	长期	长期	换新形象
海报、传单、说明书	√	√	√	√			√
					√	√	√

之所以选择以上媒体，是考虑到其千人成本较低，发挥促销作用较直接。

第十章 人员促销手段的应用

人员促销如同销售战场上的短兵相接，要靠硬功夫，要"刺刀见红"、"立竿见影"。

促销分为两类：其一是公司自己的员工进行社区促销。其二是在社区做促销的同时，委托市场营销、商业策划、商务策划专业的大学生上门发问卷，进行调查，逐门逐户地用口碑宣传产品。凡接受调查，认真填写问卷的，赠送一包125克的玉米面条。记下接受赠品的被调查者的电话，以后通过电话调查其对玉米面的评价。

公司员工对于终端销售要进行指导和帮助，与终端保持良好的供应关系、双赢的关系、相互信任的关系。

大学生可以为开辟新的销售点开展有创意的活动：

第一，进火锅店促销，为每桌食客送玉米面条，介绍玉米面条的特点，请其填写问卷，收集反馈意见。

第二，提着用透明手袋装的玉米面条在菜场、居民区行走，有意引起别人注意，向询问者介绍，推荐询问者购买。

第三，周末到贵州大学、贵州民族学院、贵州财经学院、贵州师范学院、贵阳医学院、贵州省委党校、贵州工业大学的学生宿舍区进行推销，给予优惠价让学生心动。在每所大学选择 3~4 家代销点，在促销活动结束以后，方便学生购买。

第四，暑假组织大学生勤工俭学小组到工矿区以及有购买力和购买欲望的人群居住区设点销售，如红湖机械厂、有机厂、火电厂、中天花园、宅吉小区、栖霞小区、九架炉小区等。

【解析】让大学生参加人员促销活动，是基于以下几种考虑：

第一，让他们参加经营活动，是教学环节的要求，是人才培养模式的改革，学校支持。可以按经营活动的需要调整课程安排，以便使学生能有时间做促销活动。

第二，学生自身也愿意参加这些活动，他们除了学习书本知识以外，强烈要求开展实践活动，在实干中提高能力，在实践中增长处理具体问题的才干和积累经验。

第三，教师组织学生参加促销活动，可以在实干中了解学生，帮助学生完成理论与实践的结合。学生对于实践教学活动布置的任务，不会用懒怠的态度去完成。

第四，企业可以节约人员促销的费用，学生也有相应的收入，对两方面都有好处的合作，应该抓住机会不要放弃。

第五，组织学生参加这种活动，企业可以简化招聘工作。要面向社会一次招聘四五十人开展促销活动不太容易。

第十一章　公共关系促销

公共关系促销是一篇大文章，并不是所有的策划主都对公共关系促销有正确的认识。锐地策划公司相信天阳天企业有强烈的公关意识，因此积极为玉米面条的推广设计卓有成效的公共关系促销活动。

一、新闻发布会

这是费省效宏的传播活动。

企业找准一个契机，由锐地公司协助其做筹备工作——新闻发布稿、资料、礼品、餐饮、会场的准备，一下子就可以让至少 15 家新闻单位注意到玉米深度开发的新科技产品——玉米面条，也为在报纸上刊登软性广告奠定基础。

锐地策划公司建议：新闻发布会的时间安排，以 6 月 18 日为宜。选择贵州饭店二楼会议厅为新闻发布会地点。

新闻发布会的内容：企业及产品简介，玉米食品的发展前景，现代人对玉米食品的需求，企业远景规划及近期目标。

新闻发布会的程序：主持人宣布会议开始，企业负责人发布新闻，专家介绍产品，记者提问，企业总工程师或营养专家回答提问，赠送礼品（玉米面条），会后自助餐。

新闻发布会的工作要点：（1）登记到会的领导、专家、记者的详细通讯方式；（2）撰写一份有分量的企业负责人的发言稿和专家的讲话稿；（3）安排重点记者的提问，并做好回答的充分准备；（4）礼品用精致的礼品盒包装。

新闻发布会现场要有煮玉米面条的香味不断飘出，以引起到会者的兴趣。

二、产品推介会

产品推介会的参会人员与新闻发布会的不同。邀请参会的人员为各大中超市及火锅店、饭店的经理、购货人员。在会上向他们介绍新产品，请他们品尝，与他们商定价格、服务方式，并签订合同。先找 2～3 家有大量订货意向的单位，由他们发言，吸引其他参会单位跟进。

锐地策划公司建议产品推介会在成都春交会之前举行，选择蜀都宾馆为会议地点，邀请东北、华北、华东、华南地区的著名客商参加会议。

推介会要点：（1）事先与参加会议的重点客商草拟初步协议，在会议上将协议变为正式合同，使推介会成为商品销售促进会；（2）事先与西南地区、四川省、成都市的新闻媒体联系，请他们届时对产品推介会进行报道，扩大推介会的影响；（3）邀请贵阳市的重点客户到成都参加会议，促使他们认识全国市场，增强他们销售玉米面条及玉米系列食品的信心。

三、事件促销

如警察、武警们执行任务，不能按时吃饭，企业为其送去玉米面条，说明玉米面条经饱、有营养，表现对人民子弟兵的热爱。

四、赠品品尝

为贵州省和贵阳市的报社、电视台、广播电台，中央新华社、人民日报、妇女报驻贵州记者站的记者、编辑送去 2～6 箱玉米面条，请他们品尝，发出调查问卷，委托他们中的负责同志收回。

先在记者、编辑中产生良好影响特别重要，他们会支持电视广告和软性广告的播发。他们中有的人品尝后需要购买者，可以给予优惠。

向《贵州日报》、贵州电视台、贵州人民广播电台、《贵阳晚报》、贵阳电视台、贵阳广播电台的策划部的工作人员赠送玉米面条，供他们及家人品尝，让他们了解玉米面条的特点，成为玉米面条的义务策划员。

五、组建会员制销售体系

与老年协会、老年大学、老干部活动中心、老年人商品销售中心合作，组建老年消费者会员制销售体系。

凡购买两包玉米面条以上的老年消费者（60 岁以上），发给会员登记表，请其填写姓名、住址、联系方式、消费习惯、对玉米面条的建议和意见。登记表中有历次购买的记录，累计购买 5 公斤以上者，赠送印有天阳天企业名称的雨伞一把，累计购买 10 公斤以上者，赠送健身鞋一双，累计购买 20 公斤以上者，赠送外出旅游乘车卡一张。组织这批人到贵阳近郊新旅游景点游玩，负责接送及购买门票。

对会员组织不定期的健康知识讲座，介绍防治心血管、泌尿系统等疾病的有关知识。

对会员比较集中的晨练现场，提供播放音乐的录音机、电池，为会员免费制作晨练节目的 VCD 光盘。在光盘的片头、片尾植入企业名称，介绍玉米面条及玉米食品对防治疾病、促进身体健康的作用。

【解析】策划人要完成整合营销的策划任务，不但要懂得策划人员促销、营业推广等活动，还要谙熟公共关系，会运用公共关系活动为树立企业形象、传播企业及产品信息服务。

在做营业推广时，要做好销售终端的工作，首先要与终端建立良好的关系，这也需要开展公共关系方面的活动与之配合。

第十二章　营业推广

一、关于铺货问题

在新产品导入期，不宜四处开花，一般代销的方式比较多，终端对销售玉米面条并无多大热情。

应选择 50~80 家有实力，形象、信誉好的终端作为第一批销售点。配合广告媒体刊播、设置、悬挂，使其有信心销售玉米面条，也让他们卖力地向消费者推荐。

采取应有的激励政策，给予物质或现金奖励，让利给终端，使其有利可图。在导入期，企业可能赚不到利润，甚至要垫钱（因广告投入等，实际投入资金要大于销售收入）做生意。

二、分工到人

企业每位销售人员要与 10 家左右终端保持良好的频繁接触。

第一，知道终端老板、老板娘及其子女的生日，届时送去鲜花或蛋糕。

第二，与老板谈生意经，帮老板出主意，想办法帮助老板把其他商品卖出去。

第三，向老板提供生意场上他不太知道的信息，为该店订一份晚报或都市报、商报。

第四，在条件成熟的时候，请终端老板或其副手到企业出钱举办的"营销讲座"或"销售培训班"听课。

三、抽奖活动

为了促销，建议在玉米面条包装袋中设置奖券。设置办法有以下几种：

第一，每袋玉米面条中装入不同的卡通人物卡片，全部收齐者可以兑奖。

第二，每袋玉米面条中装入数字卡，销售到相当数量后在公证人员监督下摇奖，中奖人凭中奖号码到指定地点领奖。

第三，每袋玉米面条中装入文字卡，收齐策划语中的句子后就可获奖，如"金玉良缘　玉米面条"、"家有寿星　金光灿烂"为四张文字卡组成。"金色玉米面条，最有面子"为五张文字卡组成。

第四，每袋玉米面条中装入拼图中的某一块，全部收齐拼出完整图形——玉米的商标、标识，就可获奖。

四、开设面馆

开设两三家用玉米面条做主产品的面馆，由企业和策划公司选定的人员负责经营。打出"天阳天玉米面条面馆"的招牌，配合站立人体模型、店堂挂旗、传单广告和人员宣传，使玉米面条的信誉日益深入人心。

同时，劝说若干家面馆接受玉米面条，让他们的消费者也品尝玉米面条。对于这些面馆应给予特别的优惠。

第十三章　产品定位

本章可放入第一编，也可放在第二编，既是策划的依据，也可作为策划的产物。

【解析】之所以提出产品定位问题，是因为天阳天企业对自己的产品并没有一种市场的准确把握，真可谓"只埋头拉车，不抬头看路"。企业对自己的产品怎样满足消费者的需要，并没有明确的定位。销售产品是靠"碰运气"，而缺乏科学的分析与预测。因而，策划人在这里要再次强调产品定位。

根据4C理论，企业要生产消费者需要的产品。随着生活水平的提高，人们对过去用于充饥的食品产生了奇特的兴趣，如包谷饭在高档餐厅受欢迎就是佐证。

玉米面条是使消费者的需求得以满足的产物。从一般面条到方便面，再到方便卷粉，方便米饭，人们的口味在变化，在追求多样性。

玉米面条集营养，科学制作，色、香、味俱全于一身，应该有其重要的市场地位。

由此，策划小组建议将玉米面条定位为：

营养、科学、黄金般的食品。

价位定在中高位，满足对生活有特殊体验的中高收入者的需要。

玉米面条的市场，暂时以中心城市为主，逐步向地州市所在地城市推进。

第十四章　策略实施程序

一、理性诉求（6—7月）

新产品刚刚上市时，对于消费者来说，对这种产品并不了解，首先要用理性诉求让消费者全面了解本产品，对产品产生信任感。

利用报纸的软性文章进行系列介绍；利用广播进行广泛宣传。召开新闻发布会，使新闻界认识玉米面条，对玉米面条产生浓厚的兴趣，使他们支持玉米面条软性文章的发表，成为玉米面条的首批消费者。

抓住时机调整好与销售终端的关系，提高他们的销售热情。组织20名训练有素的营销人员（可从大学生中挑选），让他们和销售终端保持热线联系，让他们将玉米面条推广到企业选出的贵阳市20家火锅店。

在《贵州日报》上刊登"征名启事"。

二、情感诉求（8—9月）

在进行理性诉求之后，进入情感诉求，让消费者从情感上对产品产生好感，从而不断进行反复购买，为国庆、元旦、春节的销售旺季做好准备。

在电视台播出"金银篇"、"长寿篇"、"面子篇"、"香味篇"、"经煮篇"等广告。

在各销售终端设置站立人体模型，在店堂悬挂促销挂旗。

根据各种调查得到的反馈意见，组织相关人员开展讨论，做好玉米面条及玉米食品新一轮的营销工作。

三、理性情感诉求（10月以后）

平面广告为理性诉求，电视广告为情感诉求，将理性诉求与情感诉求结合起来进行宣传。理性诉求主要是在报纸上做软性广告以及做广播广告，在理性策划达到一定的宣传效果以后再配合电视广告的情感诉求，从两方面对产品进行宣传。

四、差别策略

城市与乡村的策略应有所不同。城市应该以潮流、时尚、健康、怀旧、新奇来进行诉求，而乡村应该以纯朴、自然、实在来进行诉求。

五、品味诉求

现代人的生活水平大大提高了，生活品位也在慢慢改变。品位是一个人身份、社会地位、欣赏水平的体现。玉米面条可以抓住这一点进行品位诉求，使消费者在送礼时首选玉米面条。金黄与黄金、面条与面子、长条与长寿、结婚的"四色彩礼"（其中一色就是面条）都是玉米面条的卖点。玉米面条的金黄色比普通面条看上去更高级一些，再配上粉丝，就是"金、银"全送到了，让人觉得喜庆、吉祥。

【解析】这份策划案的优点是具体、全面地为玉米面进入市场做了统筹规划的工作。连包装诉求也极富创意。针对不同的消费对象采用不同的包装、不同的策划诉求语言，要专门去挠消费者内心最敏感的部位，让他们心悦诚服地接受天阳天玉米面条。

六、包装诉求

长寿面——寿星、梅花鹿、颂寿词：

  福如东海长流水，寿比南山不老松。

  玉米长寿面，祝您健康长寿每一天。

生日面——喜庆，祝词：

  年年有今日，岁岁有今朝。

  玉米面条，给你一个金色的岁月。

  玉米面条，记录你人生的每一个"金"彩时刻。

结婚面——红双喜，祝词：

  永结同心，金玉良缘，爱情之河"面面"不断。

  将缠"面"的爱情进行到底。

  身无彩凤双飞翼，心有灵犀一点通。

  难以抗拒你的容颜——"金"面条。

赠品面——组合包装：金黄玉米面、银的粉丝面。祝词：

  酒逢知己千杯少，知己共享"金"面条。

  但愿人长久，千里共婵娟。

  海上生明月，天涯共此时。

  独在异乡为异客，每逢佳节倍思亲。

  思念是长长的牵挂，乡愁是细细的面条。

乔迁之喜面——（城市市场）祝词：

    万丈高楼平地起，玉米面条贺迁喜。

修房建屋面——（农村市场）祝词：

    "金"彩的新生活，从今天开始。

包装分量上可做成100克装、200克装、250克装、400克装、500克装、1 000克装。

礼品盒装：内装5包，每包250克，放置烹煮玉米面条的佐料、贺卡、印刷精美的产品说明书。

七、新产品开发策略

（1）将玉米面条做成可供旅行者用开水泡食的方便式新产品。

（2）将玉米做成高档点心，可供讲究营养的父母为子女购买，子女为年事已高的父母购买，亲朋好友间互赠礼品而购买。

（3）玉米做成点心后，有多种口味供消费者选择，甜点对于小孩子来说比较合适，但成人（特别是女性消费者）比较喜欢清淡一点的或带咸味、麻辣味。

（4）将玉米面条做成干脆面，只要打开包装袋便可立即食用。

（5）在玉米面条进入市场得到消费者的认可后，进一步推出玉米系列产品，如玉米馒头、玉米饺子、玉米汤圆、玉米雪饼、玉米八宝粥、玉米奶茶、玉米巧克力、玉米咖啡、玉米冰淇淋等。

第十五章　整合营销效果预测

【解析】营销活动，三分策划，七分操作。预测整合营销策划的操作效果十分重要。

一、传播效果预测

天阳天食品企业和锐地策划公司完全相信实施这份整合营销策划一定会达到预期的传播效果。

（1）大众传媒的应用能通过 AIDMA 法则（引起注意（attention）、产生兴趣（interest）、培养欲望（desire）、记忆（memory）、促成行动（action））对受众产生传播效果。

（2）通过销售终端设置的 POP 广告，能较为直接地将玉米面条的销售信息传达到目标消费者人群中，引起他们的议论，刺激他们的购买欲望。

（3）在火锅店开展促销活动，能迅速使消费者口口相传，产生极好的口碑，为他们今后指名购买打下良好的基础。

（4）在《贵州日报》上刊登"征名启事"能引起读者的注意，促使其积极参与，扩大产品的影响面，提高企业的知名度。

开展以上活动，能使天阳天玉米面条在 2001 年六七月间的知晓率达到贵阳市民中的 20% 以上。

二、社会效果

（1）通过新闻发布会等公关活动，能让政府、新闻单位、社会组织、消费人群都来关心玉米面条及玉米食品的存在、发展，为他们接受这种新食品打下坚实的社会基础。

（2）玉米面条及玉米食品的生产、销售，能增加玉米种植者的收入，增加社会人员的就业机会，增加国家的税收等，是有益于社会的经营活动。

（3）玉米面条及玉米食品的生产、销售，能给消费者提供一种新的品类，扩大他们的消费选择，增加社会商品的总量和总类，这是一种对社会作贡献的活动。

（4）玉米这种富有营养、保健、益智、延缓衰老等功效的食品，能直接改善消费者的营养结构，促进身体健康，防治老年人心血管、泌尿系统疾病，是一种促进社会物质和精神文明建设的食品。

三、经济效益

整合营销是一种投入产出活动，策划主投资之以"木瓜"，消费者会报之以"琼琚"。

（1）策划费及各种促销费用大体如下：

报纸软性广告，每篇约200元，20篇，共计4 000元。

《贵州日报》"征名启事"，八分之一版，10 000元。

广播广告预计400分钟，每分钟150元，共计60 000元。

电视广告制作费1.3万元×5＝6.5万元。

电视广告播出预计1 000秒，每15秒800元，共计53 000元。

站立人体模型，50个×300元＝15 000元。

挂旗10 000面，每面2元，共计20 000元。

海报10 000张，每张4元，共计40 000元。

新闻发布会，共需30 000元。

产品推介会，共需30 000元。

火锅店赠送玉米面条品尝共需200公斤。

调查、促销、销售人员20人，工作两个月，费用共需12 000元。

调查、策划、设计、执行费用共35 000元。

以上共计374 000元。

（2）执行半年的整合营销策划后，能使玉米面条知名度提高到20%，使玉米面条的销售量提高8%。从2001年10月份以后，使销售量实现月销售5吨以上，在维持一定量的广告传播的同时，使月销售量逐月以8%的速度递增。

（3）当系列玉米食品源源不断地进入市场之后，这半年的整合营销成果将会继续起作用，推动企业玉米系列食品的销售，产生1+1>2的经济效益。

（4）由于玉米面条属于产品生命周期的导入期，策划及营销手段使用较为密集，支出要大于销售收入。但是，因为它的先导作用、铺垫作用，其深远影响将是巨大的。

（5）天阳天食品企业要抢占先机，领导玉米食品新潮流，必须从战略上重视整合营销的投入，从战术上用好每一笔开支，使每一分钱都发挥它应有的作用，这样，企业才能在整合营销中获得最好的经济效益。

【解析】一份成功的整合营销策划案，倾注了策划人的心血，要调动策划人多年的理论知识、经验储备和对现实生活的理解，要从具体的产品、企业、市场、消费者、竞争对手的情况出发，运筹帷幄，提出有理论根据，又从实际出发的，具有超前意识，能跨越客户企业现实，又能为企业接受的办法、主意，包括具体的策划运作内容和形式，人员促销的活动组织，公共关系运作的实施意见，营业推广中与终端建立良好关系的具体做法，以及费省效宏的可行性意见和建议。

策划公司同天阳天食品企业一样，看好玉米面条及玉米系列食品的优势，希望共同开发这一黄金食品，在经营黄金食品中，产生金子般的效益。

附录：

《贵州日报》2001 年 2 月 2 日头版头条刊登了记者马晓俊、吴一文、杨磊合写的通讯。这是一篇很有价值的背景资料，策划人是在以上策划案已经完成后，才读到这篇通讯的。

让"黄金食品"变成金——我省玉米加工业的调查与思考

1 月 10 日，记者在遵义开发区内的中外合资遵义康康绿色食品有限公司的生产车间看到，一粒粒金黄色的玉米经过脱皮、清理、粉碎、和面、熟化、成形、烘干、切割和包装等加工环节，化成了一把把金灿灿的玉米干面条。由赤天化集团控股的这家公司，之所以掷巨资于玉米深加工，不仅在于赤天化长期的"涉农情节"，更在于这是一项有着巨大经济效益、社会效益和深远前途的事业。

一

数千年前，美洲的印第安人培育出了一种叫玉米的粮食，随着新航路的开辟，这种有"黄金食品"之称的粮食渐渐走遍世界，成为当今全球三大粮食作物之一，占世界粮食总产量的 25% 左右。

我国是世界第二大玉米生产国，玉米产量约占谷物产量的 20%。长期以来，由于受观念、技术等限制，我国玉米加工业基本上处于产品结构单一、质量较差、原料利用率低的状态。贵州素称八山一水一分田，玉米居旱粮种植面积和产量之首，是南方第二大玉米种植省，因此，大力推进玉米的深加工，扩大和延伸玉米的综合利用领域，开发更多适应市场需求的产品，对促进我省农业结构调整，尤其是增加农民收入具有十分重要的现实意义。

原料是加工的基础。近 10 年来，我省加大杂交玉米新品种推广力度，配套实施育苗移栽、地膜覆盖、适度密植、配方施肥、间套绿肥等综合技术，玉米产量稳步提高。据省农业厅农推站副站长、高级农艺师朱怡介绍，我省常年玉米种植面积稳定在 1 100 万亩左右，约占粮食面积的 25%，1999 年，玉米总产量 330 多万吨，约占粮食总产量的 26%。

为改变前些年我省玉米生产单纯追求产量的情况，近几年有关部门加强了特种玉米的推广，促使玉米生产向优质与数量并举方向发展。赖氨酸含量高的优质蛋白玉米种植面积已达 15 万亩；产量高、抗性强、品质优的高油玉米在 20 个县（市）的试验示范取得初步成功，种植面积 1.5 万亩，平均亩产 400 至 500 公斤；香甜可口的甜、糯玉米种植面积也有 11 万多亩。初步计划，到 2005 年，高油玉米，优质蛋白玉米，甜、糯玉米种植面积要占玉米面积的 45% 左右，即 450 万亩左右。

为了提高玉米单产，发展优质专用玉米，实现粮食区域平衡，去年 12 月，国家计委批准立项了总投资 9 000 万元的"贵州省黔西南州优质玉米生产基地"项目，在兴仁、兴义、安龙、贞丰、望谟建立 70 万亩高蛋白、高油、硬粒玉米基地，到 2003 年建成后，年产优质专用玉米 45.8 万吨，优质专用玉米种 5 万吨。

另外，我省玉米的种植研究也在全国处于领先水平。据省农科院旱粮所所长陈泽辉博士介绍，我省自育的一批杂交玉米良种通过了国家、省级审定，去年审定的遵糯一号和筑糯二号除本省外，还远销四川、上海、浙江等地。特别是黔 2609 优质蛋白玉米表现出籽粒高，赖氨酸含量比普通玉米高 80% 的特点，而且解决了高赖氨酸玉米长期存在的穗腐问题，获得了诺贝尔奖得主希诺格博士的充分肯定。

二

当印第安人培育出玉米的时候，他们不会想到玉米在今日的广阔用途。

生产原淀粉是玉米的重要用途之一。至 20 世纪 90 年代，国际上 80% 的原淀粉产自玉米，通过改变其物理和化学性质生产的变性淀粉创出巨大的经济利益。法国的罗盖特公司年产淀粉及变性淀粉 120 万吨，销售收入 13 亿美元。美国用于纸和纸品工业的变性淀粉就占这种淀粉总产量的 60%。

资料显示，玉米还是多种发酵制品的原料，尤其以酒精发酵业最为典型。酒精燃料不含一氧化碳、二氧化碳等有害物质，利于环境保护，早在 1996 年，美国 27% 的玉米就用于生产酒精。由于燃料酒精的发展，美国每年减少价值 5 亿美元的汽油进口。奥地利生产的 50% 的酒精是由玉米发酵的。

另外，从玉米胚中提取的玉米油具有降低胆固醇、防止动脉硬化、降压减肥等作用；玉米皮渣可提取玉米纤维，用于生产胶粘剂和乳化剂；玉米芯可加工成木炭代用品——植物碳；玉米花粉可制造美容用品……

虽然国际上玉米深加工已取得巨大发展，但我国在这方面却远远落后。如 1991 年美国 24 家工厂的玉米淀粉产量是 1 510 万吨，而我国 642 个工厂的产量却只有 135 万吨，而且能耗高，环境污染严重，生产成本比国外高 15% 至 20%。而我省的玉米深加工，除了用于烤酒外，其他方面几乎为零。因此，大力发展我省玉米深加工产业已刻不容缓。

三

我省的玉米消费，有 60% 至 70% 直接作饲料喂猪，在黔西北、六盘水等地有部分食用，还有一部分在农村被烤成玉米酒饮用，而大企业烤酒所用玉米大多成批从北方调进。

资料显示，目前世界人均占有玉米量为 98 公斤，美国达 711 公斤，像日本这样玉米产量很低的国家也通过进口达到 130 公斤，而我国只有 92 公斤，我省比全国水平还少 1 公斤。总量"过剩"与人均不足的矛盾的根源在于加工水平的滞后。

针对我省玉米加工和消费方面的现况，贵州大学农学系主任钱晓刚教授认为，我省应该有发展"大玉米"的战略，现代玉米农业和现代玉米工业两手抓。农业方面主要是提高产量、质量，挖掘生产能力；工业方面重点做好加工增值，提高附加值。他认为："农业结构调整的瓶颈是市场，牵动市场的中间环节是企业，如果企业没有市场和没有市场运作能力，农民增收就是句空话。"他建议，发展我省玉米工业可分三步走：首先稳定玉米原料生产基地，为企业定向育种，定向栽培，为加工业上档次奠定基础；其次，分类建立淀粉、油脂等方面的粗加工厂；最后，依托粗加工产品生产高附加值产品。

省农业厅研究员张太平认为，玉米深加工必须注意综合利用，要尽快形成规模化和产业化才能获得更多的经济效益。原省农科院院长廖昌礼研究员说，今后应该做到品种专用化，用途多样化，食用优质化。

企业是农产品与市场间的桥梁和纽带。为探索我省玉米深加工之路，一些企业正在进行种种努力，康康公司当然是其中的典型代表。

采访中，公司副总经理李果不无自豪地说："别小看这一把面条，它的科技含量不低呢！"

据调查，目前我国约有200家企业涉及玉米食品加工，但绝大多数规模较小，产品单一，大部分产品玉米含量不足60%，精制玉米产品尚属空白，生产工艺技术也相对落后。

面对这种形势，康康公司专门从西南农业大学引进了一名硕士担任总工程师，以其拥有的玉米加工专利技术为依托，同时引进了省内唯一、全国一流的设备，使产品的科技含量大大提高。还建立了大专生占30%的职工队伍，实现了设备先进，工艺先进，配方独有。

据介绍，他们采用的超微技术和现代生物技术，实现玉米分子重排，解决了玉米不利于消化吸收和不利于加工成形的难题，使玉米面条中的玉米原料含量达80%以上，远远高于现在市场上的各类玉米面条，同时又做到了口感细滑，自然清香，不酽汤，真正实现了"粗粮细吃"。

据市场调查，仅贵阳市每年就需小麦面条40万吨左右，若我省城市人口每年只消费5公斤玉米精制产品，也需18.5万吨，玉米面条就算只有10%的市场份额，也要1.8万多吨，全国的市场则更大。康康公司的这一预测已得到实践的证实，生产线刚投产，贵阳市某单位就要求在春节前供货20多吨。

据李果介绍，目前公司总投资近2 000万元，年产3 000吨玉米家常面和2 000吨玉米方便面，可消化玉米6 000吨。今后还准备增加新的生产线，陆续推出玉米营养粉、玉米速冻食品、玉米饮料、玉米微波食品等系列产品。同时建立与之相配套的生产基地，农民将因此而提高收入。

对于康康公司这一高屋建瓴的做法，廖昌礼研究员给予了充分肯定。他说："如果多有几家这样的粮食深加工企业，农产品不怕没有出路，农民增收问题可以得到有效解决。"

前不久召开的中央农村工作会议指出：农民收入增长缓慢既是新阶段面临的突出矛盾，又是事关全局的重大问题。而面向市场，依靠科技，着力搞好农产品的深加工，无疑是一条促进农民增收的有效途径。像赤天化集团这样的国有大型企业、上市公司以其雄厚的经济实力作后盾，加盟农产品的深加工，正是人们所盼望的。

艺典居雕饰艺术中心营销策划[*]

【背景介绍】

在这物质丰富的年代，人们愈发追求高质量的生活品质，雕饰艺术更是受到越来越多企业、家庭、新人群的重视。在还没有高度流行之际，艺典居雕饰艺术中心针对这一现状，委托策划人出谋划策，是一种具有预见性的明智之举。

这是一篇完整、细致、可行的策划案，由背景、市场、营销、宣传四大方面构成。认真分析这篇策划案，可谓错落有致，重点突出，视角一直针对着"是什么，为什么，怎么做"进行，让人抓不出缺点。

背景篇

贵阳艺典居雕饰艺术中心，经历多年的成长、发展、壮大，成为贵州省内历史最久、规模最大、技艺最强、作品最多的雕饰艺术设计制作中心。

伴随着发展的需要，艺典居要尽快融入市场经济的主流，为人们不断增长的物质和精神文化的需要做出更大贡献。因此，艺典居需要营销。

改革开放 30 多年来，随着人们物质和精神文化方面的追求不断提高，城市、小区、企事业单位、家庭等对雕饰都提出了需求。

再现历史事件的奇迹及人物的风采、运用中外文化交融的成果、凝固现实的美好瞬间、寄托空灵的愿望、创意思维的外在表现，都需要用雕饰作品作为载体。

新技术、新材料的运用，使"旧时王谢堂前燕，飞入寻常百姓家"，艺典居能为城市设计制作标志性大型雕塑，为企事业单位设计制作楼前广场大型雕塑，为小区楼盘设计制作根据小区需要、具有小区特色的园林、景观雕塑、会所壁画浮雕，为宾馆酒店设计制作停车场、室内大堂、餐厅、会议厅的小型雕饰艺术品，为家具生产厂配套提供仿木、仿琥珀玉的家具组合镶嵌配件，为家庭装饰设计制作业主需要的各种（古今中外的人物、动物植物的形状、自然奇观的景象、家居用品）雕

* 该案例由王多明、陈世学执笔，邹习军、张杨执行，苏小慧解读，选自王多明．新策划写作及解读 [M]．北京：中国广播电视出版社，2012．

饰和浮雕。

【解析】用简短的话可以把市场现状描述清晰。这么写的好处是向广告主表达"咱们的认识是一致的"，增加广告主对我们的信任，同时也是让策划人掌握相关资料，更好地做出合理的策划。

市场分析是一份策划书的重点，了解市场动态，才能对症下药。策划人应该跳出广告客户的视觉平台，站在消费者的角度和高度，对产品做出准确判断和认识。

策划人从省级市场、地县乡镇市场、企业市场、房地产开发商市场、家具制作商市场、家庭市场、旅游小商品市场和新人群市场等 7 个方面，分析市场动态，还对企业可以获得的赢利点大小进行排列，信任度高，准确且具有可行性。

市场篇

经过周密的市场调查、市场细分，对确定的目标市场和目标消费群辛勤耕耘，玻璃钢雕饰艺术品的市场前景应该是极其巨大的。

城市使生活更美好，城市的美离不开雕塑艺术品。贵阳南明河边的兰花，金阳新区的八匹马、金狮，乌当区的金牛奋蹄，遵义红花岗上的红军群像、丁字口的军民塑像，凯里大十字的巨大牛角，赤水市红军四渡赤水的城雕，息烽集中营革命先烈群像，桐梓市的李白塑像，正安县正在制作的五牛奔程……数不胜数的城市雕塑，固化城市的历史，代表城市的独特形象，体现人们对美好生活的向往。

一、省级市场

贵州省本身就是一个极具开发潜力的巨大市场。贵州有近 4 000 万人口，人们的物质生活不断改善，对精神生活的追求更高。人们对文化艺术品的需求越来越大。每个城镇、旅游景区都需要五彩缤纷的，表现地区特色、民族特色，寄托人们精神追求的，各种规格的户外雕塑艺术品。

党、政、军、工、青、妇、社会团体、企事业单位也对具有革命历史意义，具功能性、观赏性、装饰性、实用性的室内外（革命活动纪念地、办公楼内外、广场、车站、公园、社区、小区）雕塑作品有一定的需求，在条件成熟和有客观需求时，这些雕塑艺术品的设计、制作会交给专业的企业承担。

二、地县乡镇市场

贵州有 9 个地区级城市，89 个县、区、市级城市，几百个乡镇级城镇，都对艺术雕塑有强烈的需求。凯里市中心有表现民族特色的巨大牛角；遵义丁字口有纪念历史事件的雕塑；仁怀、赤水、习水有纪念红军四渡赤水的雕塑；有缅怀革命先烈的息烽集中营广场、遵义红花岗广场的雕塑；表现城市形象的装饰性雕塑有贵阳的有南明河边的兰花、乌当区的金牛、正安县的五牛奋蹄、贵阳市大十字广场、安顺南马广场的图腾柱；旅游景区设立的巨型雕塑有赤水十丈洞丹霞石老人、黄果树大瀑布的徐霞客、壁画浮雕；点缀城市、景点和企事业单位的小型雕塑有贵阳火车站前的人物雕塑、大十字珠宝店旁的手与戒指、银行和证券公司门前的狮子、贵阳卷烟厂大门两侧的浮雕；寄托人们的向往、表现精神追求的室外雕塑有修文高尔夫俱乐部广场的九龙戏珠、贵阳市南路瓮福大厦门前的磷矿石雕塑……

三、企业市场

将企业的精神外在化，表现企业核心竞争力，展示企业愿景，寄托美好向往，最直观的做法是用雕塑将企业的经营理念视觉化地展示出来。

凡有实力和有艺术品位追求的企业单位，对雕塑艺术品都有需求。修文扎佐高尔夫俱乐部中心广场的九龙喷水，贵阳市妇幼保健院大楼前的快乐母婴，贵阳永乐路凯旋门前的青铜骑士，千禧苑旁的几只大蚂蚁，瓮福大厦楼前的巨大磷矿石及不锈钢浮雕，安顺西秀宾馆院内的希腊群像，赤水十丈洞景区入口处的丹霞岩石老人……都是经济与文化相结合的作品、产品。

酒店、饭店、宾馆、商场的一角，置放关羽、财神、弥勒、观音雕像的，随处可见。

四、房地产开发商市场、家具制作商市场

房地产开发商经营的每个小区都有一个极致的名称。凡有影响力的楼盘小区，入口处、小区内的景点，都会设置雕塑艺术品，如在水一方、南山高地、贝地绿加诺、山水黔城、智慧龙城……

当今的沙发、餐桌椅、床、书柜等家具，基本上倾向于或复古或时尚的风格，向中式或欧式几条线发展。"龙椅"进入寻常百姓家，"希腊女神维纳斯"被安置在客厅，欧洲古堡的徽记和刀剑被贴在别墅或复式楼的墙上，这些已成为很常见到的室内装饰。

私家花园中安置的各种雕塑更是五彩缤纷、各具特色。

五、家庭市场

物质生活有了保障，人们会追求更高的精神享受和艺术品位。过去的石膏像、艺术陶瓷制品、玻璃花瓶等正在逐渐退出市场，取而代之的是木雕、石雕、玻璃钢艺术品。很多新装修的住房内都会有几件能代表主人生活品位、艺术追求、精神寄托的雕塑艺术品，如象征祈福的三"羊"开泰，表现心意的诚信大鼎，玩味无穷的五子登科，表现善男信女信仰的尊神雕像，代表主人生肖属相的吉祥物雕塑……

六、旅游小商品市场

随着旅游业的发展，每个城市都有小商品市场。它们的规模或大或小，开设在商业闹市区、休闲广场旁，或集中于花鸟市场，专门的特色商品、土特产品商场，在旅游景区的特设商店、入口处、停车场、休闲区等也随处可见。

七、新人群市场

80 后、90 后人群，在改革开放的成果中成长，他们对艺术品的消费需求较大，装扮生活、装点自身或送给亲人朋友。城市中的琳琅满目的饰品店，可以动手体验的陶艺坊，为石膏雕塑品着色等场所，都极富生机和活力。

面对以上七大市场，以企业获得盈利点由大到小排列，大体是二、三、一、四、六、五、七。

营销篇

【解析】这部分的分析是策划的核心，即营销的策略、方针和方法。这部分是广告策划最需要的，策划人要下工夫把这部分写好，才能使策划案顺利通过。

要运用 SWOT 分析，清晰地列出要点。企业经营者时刻都存在危机感，要加大篇幅对潜在威胁进行分析。只有不可行的因素减少了，项目才能高效运行。

营销环境，从宏观角度看，有企业生存的政治法律环境、社会文化环境、经济技术环境、竞争环境等；从微观角度看，有企业生产的产品、产品的价格、产品销售的渠道、产品的促销组合（包括广告促销、公共关系促销、人员推销和营业推广四大手段）等。

一、指导思想

为满足社会组织及各种人群不断增长的物质和精神文化的需要，将各色各样的雕塑艺术作品，奉献给有购买能力的消费对象。

消费对象分为两大类：其一是各级各种社会组织；其二是各种人群。在物质生活不断改善的同时，一些消费者对精神享受的追求反映为对雕塑类文化产品的需要。社会组织和人群的经济支付能力，是实现商品交换的重要方面，既然是销售雕塑作品，一定要考察购买者的支付能力和诚信度。

二、SWOT 分析

面对市场，任何产品任何企业都存在优势（strength）、劣势（weakness）、机会（opportunity）、威胁（threat）四方面的问题。SWOT 分析是企业在市场经营中经常使用的功能强大的分析工具。

针对玻璃钢雕塑艺术品市场，我们要使用这一工具来扫描、分析整个行业和市场的情况，获取决策依据。其中，S、W 是内部因素，O、T 是外部因素。对艺典居雕塑艺术中心做策划定位时，不妨采用这一工具对其进行一番从里到外的"体检"，了解其产品的优点和缺点，并且仔细地评估出艺典居雕塑艺术中心的优势和机会以及劣势和威胁。

面对市场应用 SWOT 分析法，具体应遵循以下四个步骤：

【解析】策划人在此处只列出进行 SWOT 分析要做的事，待艺典居雕塑艺术中心认可本策划提纲后，先进行翔实的市场调查，再进行具体分析。

1. 评估艺典居雕塑艺术中心及产品的优势和劣势

每个企业都有自己独特的社会功能，作为社会的细胞，有其存在的价值。在当今分工非常细化的市场中，每个企业都有可能在某一或某些领域游刃有余，但绝不可能样样产品都能生产。

艺典居雕塑艺术中心进行自我评估，可以用表格列出企业能做的事情和企业的优势所在。同样，通过列表，可以找出企业做不了的事情和企业在创作、设计、生产方面的劣势。在列出这些内容之后，要将那些艺典居雕塑艺术中心认为对自己很重要的强项和弱项标示出来。

找出艺典居雕塑艺术中心的短处与发现自我的长处同等重要，从而基于自己的长处和短处作出两种选择：一是努力提高艺典居雕塑艺术中心的技能去弥补短处；二是放弃某些不擅长的和不能满足客户要求的领域。

2. 找出艺典居雕塑艺术中心的机会和威胁

环境中的机会，从来都是艺典居雕塑艺术中心发展战略的策划前导。不同的行业（包括这些行业里不同的企业）都会面临不同的外部机会和威胁，这些机会和威胁会影响企业的可持续发展，所以，找出这些外界因素的正负作用，对艺典居雕塑艺术中心非常重要。

机会和威胁是相对的、可转换的，艺典居雕塑艺术中心存在着显现的和潜在的机会及威胁。我们运用策划的思维模式与思维习惯，常常能够发现那些被忽略的机会，以及被掩盖的威胁。

3. 提纲式地列出艺典居雕塑艺术中心的目标和手段

对艺典居雕塑艺术中心进行严谨的 SWOT 分析评估，列出企业最想实现的四至五个目标，以及实现这些目标所依托的策略手段。例如，开拓省级市场、地市县市场、企业市场、家居产品及家庭市场。艺典居雕塑艺术中心要竭尽所能发挥出极大的优势，使之与各层次客户的需求相匹配，才能够最大限度地借助环境中的机会。

4. 提纲式地列出步骤分解和行动计划

分解是策划的基本动作。有分解才有可行性，这一步主要是对战略步骤进行分解和制订行动的计划。

策划人要为艺典居雕塑艺术中心拟出一份实现企业营销目标的行动计划，并且详细地说明为了实现每一个目标，要做的每一件事，何时完成这些事。策划人拟订的详尽的行动计划有助于艺典居雕塑艺术中心做决策，就像公司事先制订的战略计划成为员工们的行动指南一样。

既然策划始于战略，那必然要符合经营战略的基本原则：

第一，策划是总方针和指南，是由此及彼、通向未来的前进路线，是认识市场、寻找市场、创造市场的总体运筹规划；

第二，不要让目前的困难挡住未来前进的道路，要逐步实现策划，迈出坚实的步伐，从最容易取得成功的地方做起，确保首战必胜；

第三，有所为，有所不为，有选择、有舍弃地去实现近期目标和长远目标。

三、营销队伍

（一）选拔

具有高素质的、专业的、忠诚度高的营销队伍，至关重要。市场靠营销队伍去细分、发现、开拓；商品的艺术价值靠营销队伍去理解、宣传、说服；与消费者洽谈艺术商品的价格时，靠营销队伍去估价、测算、报价。对营销队伍的一线人员和二线人员每季度进行分批轮换，一年内便可使全体人员既具备在第一线开拓市场的能力，又有坐镇指挥、协调，处理问题的实际才干。

这类人员可在市场营销、商务策划、广告传播学、艺术设计等专业的大学生中选拔，也可从其他企业正在市场运作中崭露头角的精英群选聘。

（二）培训

"玉不琢，不成器"，优秀的营销团队是培养出来的。

培训内容：美学基础，传播知识、市场营销、广告运作、媒体组合及排期、沟通礼仪、接受挫折、团队协作、策划创意、企业管理。

（三）运作

（1）针对参加艺典居销售团队的在校大学生，以免费听课学习的方式，组织他们在周末时间集中听课、讨论、做作业、操作，迅速把他们培养成既有艺术品美学知识，又懂艺术作品经营的专门人才。

（2）面向社会招聘艺典居雕塑作品的职业营销人员。在实际运作中严格选择，任用，提薪，加任务，扎扎实实培养懂艺术、善经营、忠诚度高的营销队伍领军人才。

（3）招聘有经验的营销人员，引导他们尽快熟悉艺典居雕塑作品的销售，在实际操作中，每人帮带一两位在校大学生，使大学生们尽快熟悉营销的运作。大学生的基本素养、对艺术品的理解和表述，又能对有其他经验德营销人员给予知识补充。

（四）提高

（1）艺典居内部组织讲课，由主设计师张健先生讲授雕塑艺术品的美学意义、观赏价值、商品价格。冯小林先生讲授艺典居雕塑作品的营销方向和策略，从内部提升做起。

（2）请周边省区市的雕塑大师到贵阳授课，帮助艺典居从事生产和营销的人员快速成长。

（3）选派有发展潜力的员工到省外参观学习，有突出贡献的员工到国外参观、考察、学习。

四、营销策略

在全省艺术类大专院校中，每年开展两次"我为家乡塑一像"的设计比赛。

争取每个县都有七八个学生参加，获奖作品的使用权归艺典居所有。设置奖项足以吸引学生积极参加，艺典居雕塑艺术品的独特的销还可以从获奖学生中吸收新员工。

（一）USP 策略

艺典居雕塑艺术品的独特的销售主张，包含三种含义：

其一，只有艺典居才能根据客户当时当地的需要，生产出为客户量身定制的无可替代的艺术作品。

其二，客户的需要，艺典居最能准确理解，能为客户提供最佳设计方案，生产出客户最需要的雕塑艺术品。

其三，艺典居雕塑艺术品销售人员最了解市场需求，针对客户的需要，为客户提出可行的方案。

（二）普遍撒网，重点钓鱼

针对全省市场，采用普遍宣传、重点营销的策略。

通过多媒体组合，运用互联网络、单页传单、VCD 光盘、广播、报纸、电视，人员上门推广、会议推广、展览推广，客户的大型雕塑落成典礼，市政设施大型雕塑招标等方式，做锲入式宣传，扩大产品影响，接触可能获得的商品销售机会。

组织有能力的专业营销人员逐户拜访有潜在需求的客户，以锲而不舍的精神，激发他们，使潜在需求变为现实需要。

（三）借助他山之石，攻我之玉

从新闻媒体中获得信息，凡大型企业奠基、大型社区售楼开盘、市县镇规划研讨会、各地举办全国或地区性××文化节，都有我们可以获得的商品销售机会。

（四）公关开路，实业进入

艺典居中心要以企业公民身份进入社会大集体之中，凡有机会都要争做社会公益事业。如为王若飞百岁诞辰免费做雕塑，立于安顺若飞广场，立于贵阳达德学校门前，基座上雕驻"贵阳艺典居雕塑中心·设计 制作 敬献"。

在市场调查中获知某地、某企业或事业单位对雕塑艺术品有需求，在竞标过程中，寻求为其做公益活动的机会，设计可设置于办公室、大厅的小型雕塑送给这类客户，使他们对艺典居更加了解、信任。

（五）政府项目，全力以赴

贵阳市人民广场、金阳行政中心等目前还缺少表现贵阳人精神的人物和象征物的雕塑。艺典居雕塑艺术中心可以主动申报，设计草图、制作小样，通过报纸等媒体讨论，既能扩大艺典居的影响，为获得更多政府类项目的客户打下基础，又能提高市民的艺术修养，一举几得，应当全力以赴。

五、营销实施

1. 分级管理，划分不同需求
2. 人尽其才，充分占领市场

3. 艺术生产，更显艺术魅力

4. 营销艺术，建造人才摇篮

六、营销预期效果

本策划若能全面实施，可以使艺典居雕塑艺术中心的年营业额达到上亿元，而且每年可递增百分之十五。

在实施过程中，会碰到各种各样的困难，要有充分的思想、组织、物质准备。

艺典居雕塑艺术中心的决策人要充分理解、研讨、认同本策划，具体落实本策划的策略，才能实现本策划的传播效果、社会效果，经济效益。

宣传篇

【解析】宣传方面，还要根据现时流行的通信工具进行合理有效的宣传，适当增加高频媒介的宣传幅度，但不能忽略人们日常接触少的媒介，例如报纸。宣传要触及方方面面。

主题：艺典居雕饰，使我们生活更美

形式：贵阳艺典居雕饰艺术中心的现状及未来

一、媒体

（一）大众传媒

1. 报纸

2. 广播

3. 电视

4. 网络

（二）分众传媒

折页传单、艺典居画册、房交展览、家具市场展览、广场展览、旅游小商品市场及景区展览、为房屋装饰公司设计师提供小型雕塑品对美化家庭的实际意义的宣传册。

（三）人际传播、群体传播、组织传播

参观访问，作品注解、话题讨论，雕饰作品进入校园展览。

排期：根据艺典居雕塑艺术中心或中国策划研究院贵州分院第六办公室对本策划的理解、认同和实施意见，排出广告宣传媒体的具体发布日期。

二、持续发展

（一）培养人才队伍

在本策划实际运作中，逐渐形成一支专业的、高素质的，既有很高的艺术品位，又具有很强的雕饰艺术品营销能力的人才队伍。

在营销运作中培养专业队伍，促使其实现营销业绩；通过营销队伍的形成和壮

大，实现营销人员自身的服务价值和经营价值。

（二）成立专门的雕饰艺术品营销公司、景观艺术设计公司、雕塑艺术品经营公司

（1）成立专门的雕饰艺术品营销公司，以经营艺典居雕塑艺术中心的作品为主，兼顾其他门类的艺术品，如奇石、宝石类雕饰艺术品的销售。

（2）在雕饰艺术品营销公司中成立景观艺术设计公司，专门为旅游景区、城镇广场、住宅小区、企事业单位创意设计大型户外雕塑。

（3）两三年后，艺典居雕塑艺术中心取得优异的成绩，形成广泛的影响，这时是成立贵州最大的雕塑艺术品经营公司的最佳时机。公司应以承接从省、市到县的户外大型雕塑的创意设计、制作、安装、宣传等一系列项目的具体操作为己任。

镶嵌在贵州高原边陲的绿宝石

——罗甸奇石营销策划案*

中国策划研究院贵州分院策划人语

策划是一种创造性的智力活动，它一方面是针对未来的构想、谋划、计划、决策和实施方案；另一方面是运用各种工具及手段改变现状的实施过程。所以，策划是程序，也是过程，在本质上是策划人运用脑力的理性行为。

我们把策划做成"事前设计"

美国学者威廉·纽曼（William H. Newman）在《组织与管理技术》一书中指出：一般来说，策划即是在做事前决定做何事，计划并经过设计后的行动路线。"事前设计"强调策划首先要明确做什么，然后周密地进行计划，行动不能盲目，精心设计行动步骤，防止漫无边际。

我们把策划做成"思维活动"

日本策划大师星野匡在《策划力》一书中写道：从虚构出发，然后创造事实，加上正当理由，而且要光明正大地去做，这就是策划。

"思维活动"强调策划要大胆构想，敢于突破传统，敢于创造，有信心和正当理由，然后放手去做，不担心别人的嘲笑。这种策划思想对一向循规蹈矩的人来说，特别有启发意义。不敢"胡思乱想"，结果思想越来越守旧，创造能力大打折扣。

我们把策划做成"决策思维"

不少人认为：商务策划是经济组织为了谋求自我生存的最佳环境和市场竞争的必要优势而进行的创新型或精密型的决策思维方式。

我们更强调把策划做成"决策过程"

本策划者认为：策划是更加获益的经营创新决策方式，是整合社会的有效资源，实现最小投入最大产出，把虚构变成现实的过程。

　＊　该案例由王多明、邹习军、金炳伟、韦娜策划执笔，谢韵恒解读，选自王多明．新策划写作及解读［M］．北京：中国广播电视出版社，2012.

"决策过程"强调策划是一种创新决策方式，揭示策划的特性和功能，其本质是以无博有、以小博大。这种策划思想较好地反映了策划的科学性和艺术性的结合。

进行策划的基本要素

我们知道，策划是对未来将要发生的事情所做的当前决策，所以，策划永远是为了将来。策划因竞争而起，为赢得竞争而做。从本质上看，它是人类运用脑力的理性行为，是一种创造性的思维活动。

从构成事物必要的因素这个角度来看，策划的基本要素有以下五个方面，也就是说一个完整的策划一般包括以下全部内容：

第一，策划的主体：策划人或决策者。任何策划都是为利而谋，商务策划更是如此。所以谁在策划、为谁策划是必须明确的问题，承担策划的人不是为自己策划就是受别人委托而策划。

第二，策划的客体：策划过程中的客观环境和主要竞争者。任何策划都必须考虑环境因素，受到客观环境的制约。

第三，策划的资源和条件：策划人或决策者的优势和条件。

第四，策划的思维方法：策划人的创新方法和手段。

第五，策划的对象和目标：策划的具体对象和想要达到的目的。

按系统论的观点，以上五种要素缺一不可，但在某些情况下也并非如此，如"点子"策划，往往只需一个好的创意即可成功。

【解析】前面用了较大的篇幅阐述策划的过程、策划的基本要素和策划的重要性等内容。这种写法有利也有弊。"利"在于详细地介绍策划对于改善一个产品甚至是一个企业起着相当大的作用，让读者特别是对策划并不熟知的人更加了解策划的重要性并对此策划书潜移默化地产生一种信赖感。"弊"在于过多地阐述与目的无关的内容也有可能让读者产生抗拒的心理，没有耐心继续往下读。本策划书在这个度上把握得比较好，条理清晰，论据充分。

一、前面的话

大自然在亿万年的造化中，使各种石料变成了奇形怪状的造型。这些造型奇特的石头，不仅传递大自然变化的各种信息，更以它们形成的意境和神韵，让人们从奇石的传神中妙悟出某种境界，实现人的审美享受，让人产生愉悦感。

罗甸奇石，资源丰富，品种繁多。目前已发现的石种有 72 种，已上市的奇石总量占贵州全省总量的 50% 以上。这里有以质取胜的红水河石，以形取胜的金墨玉石，玲珑剔透的太湖石，五彩斑斓的矿物晶簇，洁白晶莹的钟乳石和玛瑙石。罗甸因石成名，素有"奇石之乡"的美誉。用足美称，富民兴县，正是本策划的目的。

罗甸境内有一种称为"贵州墨石"的观赏奇石，产于河流中，质地坚硬、光滑、细腻，极具观赏价值。10 多年来，罗甸奇石的知名度越来越高，一块石头，其售价低则几十元、几百元，高则几十万元甚至上百万元。1999 年在昆明世界园艺博览会上，罗甸奇石"母与子"（见图 13-1）荣获银奖。2002 年在贵州首届奇石博览会上，所设的 10 个金奖中，罗甸奇石获得了 6 个。如今，采掘奇石外销已成为罗甸县内一个新兴产业，当地有很多靠奇石致富的人。每年的枯水季节，"石农"们在河滩上到处寻找有卖点的石头。有人花高价买潜水工具以便打捞江河深水中的奇石，有人出巨资修筑公路以利搬运。罗甸奇石正在逐步走出山野，走进都市的楼堂馆所，展示它神奇独特的风采。

图 13-1　奇石"母与子"获银奖

罗甸，这块美丽的土地得到了大自然的垂青和恩典，使这块 3 009.6 平方公里的土地成为一个名副其实的"聚宝盆"。目前已发现四大类 30 多种宝藏。金属矿石主要有金、银、铜、铁、锡、锰、锂、锑、镁、铝、锌等。非金属矿有硅、水晶、猫眼、玉、冰洲石、蓝石棉、辉绿岩等。其中水晶储量 80 多万吨，冰洲石储量 4 万吨，石英猫眼石的储量更为可观，故而罗甸又有"水晶之乡"的美称。北京故宫博物院至今还珍藏着产自罗甸的水晶王。因此，罗甸被视为"地质学家的天堂"、"矿物学家的辞海"。

【解析】前面四段都在介绍罗甸奇石历年来的丰功伟绩，以及罗甸地势的优越。在写策划书之前，写作者需要收集很多资料来阐述自己的论点。这一点此策划书做得很好，让读者充分了解到罗甸奇石是多么著名，然后再引出下面罗甸奇石经营现状的不足，形成强烈的对比。

二、罗甸奇石经营现状

2010 年 6 月，中国策划研究院贵州分院一行 6 人，在罗甸县委常委、副县长、统战部部长罗金逸，统战部常务副部长韦应章等有关人员的陪同下，实地参观考察了"奇石一条街"和惠丰旅游商品开发有限责任公司经销商店等。总的印象是：档次低，秩序乱，没有形成大规模的经营氛围，与"石城"形象大不相符，与现代经营理念相距太远。

上好的奇石摆放在街边人行道上，有人在路边清洗奇石，沿街门面多无招牌，有招牌的也极为简陋，店里奇石无序堆放（见图 13-2）。如此经营理念和现实，难以给人以艺术享受，难以激发需要者的购买欲望，难以让好奇石卖出好价钱。

图 13-2　奇石店铺景象

在"奇石一条街"的商店里，成品、半成品、毛石荒料都放在一起，商品没有定价、没有介绍、没有包装，整条街像没人管理的奇石堆放地。经营宝石的商店，接待人员的专业知识较少，难以用热情的服务和丰富的知识打动顾客的心。

【解析】这三段都直接地说出了罗甸奇石经营中的问题，作者概括为：档次低，秩序乱，没有形成大规模的经营氛围，与"石城"形象大不相符，与现代经营理念相距太远。让读者明白其不足在哪里，为什么不足。这也是为什么要进行策划的目的。策划改变竞争命运！

三、改变罗甸奇石经营的总体思路

政府主导，协会能动；规范市场，提高品位；利用资源，关键在人。

要使"石城"名副其实，政府应起到主导市场的作用，调动奇石协会的主观能动性，用制度规范奇石市场，从人与奇石商品两个方面提高素质和品质。

【解析】这两段总体概括了应该如何解决上面提及的问题，以及应当采取的行动。

四、奇石买家

策划奇石的生产与销售，首先要弄清楚谁是罗甸奇石的购买者。

奇石以其天然、古朴、质地、形状而拥有无价的身躯。面对中国及世界市场，是一种极具开发潜力的优质产品。

北京故宫博物院的御花园、颐和园、景山公园、劳动人民文化宫等，苏州的愚园、拙政园等，深圳的人民公园，上海的浦东公园、徐家汇公园、黄埔公园、豫园……都设置了极具观赏性的奇石。

城镇新开发建设的住宅小区，绿化地里总有奇石的一席之地。

改革开放的成果，明显地表现在人们物质生活的不断改善，对精神生活的不断追求。搬进新居的家庭，在博物架上、书桌旁放一两件奇石，不是附庸风雅，而是生活质量的体现。在今后的三五年中，人们对文化艺术品的购买、欣赏、推崇，将为企业带来可观的、相对稳定的销售额。昔日的皇家园林、达官显贵私家花园里的奇石艺术品，现如今正展现于每个城镇、旅游景区，置放于寻常百姓家。

1. 全国大型的楼堂馆所

这些地方需要奇石点缀其富丽堂皇的厅堂，将奇石置放于大堂，以显华贵；置放于楼台亭榭一侧，增加环境的优雅、静谧感；置放于绿草地，彰显企业精神或使企业理念、企业追求具象化。

2. 全国省级和市县区镇市场

以天然奇石或人工雕塑作为城市景点，已蔚然成风。只要罗甸宣传到位，一定会引来全国各地的政府采购者。全国地区级城市，县、区、市级城市，乡镇级城镇，都对奇石艺术品有强烈的需求。城市休闲广场、旅游景区、风景名胜地，奇石不仅点缀城市的美，调节人们的心情，营造人与自然和谐的氛围，功不可没。

3. 企事业市场

一些社会团体、企事业单位等，都在办公楼内外、广场、车站、公园、社区、小区设置具有观赏性、装饰性、象征性的奇石艺术品。将企业精神外在化，表现企业核心竞争力，展示企业愿景，寄托美好向往，最直观的做法是选用有象征意义的奇石，将企业的经营理念视觉化地展示出来。酒店、饭店、宾馆、旅社、商场，置放奇石供人们观赏，已成常态。

4. 房地产开发商市场

房地产开发商经营的每个小区都有一个极致的名称，凡有影响力的楼盘小区，入口处、小区的景点内都会设置奇石艺术品。

5. 家庭市场

新装饰的住房中，客厅与餐厅间古色古香的隔断博物架上、书橱里……奇石已进入寻常百姓家。在私家花园中安置各种奇石，更显房主的生活情趣和审美品位。

【解析】这里用很大的篇幅研究"奇石买家"，是为了明确：奇石潜在的客户有哪些；有哪些奇石买家的市场我们还没有开发。这些都是策划主关注的问题。

五、具体策略

改变罗甸奇石市场的策略有三部分：提高"石农"的鉴赏能力，为市场提供更多商品奇石；规范"石店"的经营管理，打造全国一流的奇石市场；靓化"宝石"的出售身价，以优质产品和服务获大利。

（一）提高"石农"的鉴赏能力

措施和策略：

（1）制作普及奇石鉴赏知识的科普 VCD 光盘，印发普及奇石鉴赏知识的小册子。以有偿方式收取成本价出售给"石农"。在赶集的街口设置奇石咨询台，请专业人士向"石农"介绍奇石鉴赏的知识。

（2）派出专人到"石农"聚集的乡镇、村中小学，利用农闲和节假日的空余教室，向"石农"传授奇石知识。开展"奇石知识竞赛和有奖问答"，吸引"石农"的参与。

（3）利用县广播电视网，安排奇石专题节目。报道奇石采集的新闻，以问答形式播放奇石鉴赏的知识性短片和故事，介绍罗甸已卖出的高价奇石的特点。

（4）对采集到高价值奇石的"石农"，乡镇给予一定奖励。请他们介绍经验，县文广部门组织采访，报道他们的新闻。

（5）在"石农"聚集的乡镇，组建乡镇"石农"协会，利用集体的力量办好大家关心的事。由协会中懂行的人帮助采集到毛石荒料的"石农"进行估价，以便能卖出好价钱。

（二）规范"石店"的经营管理

1. 逐店检查营业执照

对销售奇石的店主和营业员进行奇石等级和核价的考核、定级。根据各奇石商店的营业执照，对从业人员先考核后培训，整体提高他们的专业知识水平和介绍商品、与顾客沟通的能力，帮助他们更好地实现销售。

2. 开设奇石培训班

在县职业中学开设奇石培训中心，聘请省内外奇石专家讲授主要课程，利用业余时间授课，经过学习、考试，对达到等级的学员发给相应的证书。

3. 培养出本县的奇石鉴定专家

采取送人走出去培养，请师傅进来带徒弟的方法，在最短的时间内培养自己的奇石鉴定专家。

4. 培养本县的地质专业大学生

从本县的高中生中定点培养地质专业的高考生，对于家庭经济困难的，县里拨出专款，为其缴纳学费，每月给予生活补贴。定点培养的大学生实习和毕业都回县里学习和工作。

5. 对奇石一条街进行全面整治

（1）罗甸县政府出资，在奇石一条街两头建两座石牌坊。面向全国征集石牌坊的设计稿（这本身就是广告宣传），以罗甸县特有的"绿玉"为石雕、浮雕、镂空雕，介绍奇石的特色；牌坊两面各有两副对联，两座牌坊共8副对联。对联采取在全县或全省有偿征集的方式评选确定，由当代著名书法家书写，雕刻家精雕细刻。

（2）对每家奇石店的门头，既要提出相对一致的要求，又要允许每家店有不同的特色。每家店在装饰门头和店堂前，向奇石协会报送装饰效果图，经审查批准后再进行施工。

（3）奇石应分门别类陈放。精品奇石、普通奇石、待清洗的奇石、刚收进的奇石要分开放置，不能不分良莠堆在一起。

（4）各店待出售的奇石，都应明码标价，有经过物价局审核的物价标签。县奇石协会配合工商、物价部门，做不定期的督促检查。

（5）每店要配备一两名合格的奇石营业员（奇石解说员），能向顾客详细介绍奇石的相关价值，能与顾客做良好的沟通。通过内行营业员（奇石解说员）的指引、点拨，使顾客在审美享受中产生购买冲动。

（6）对价值较高的奇石，要从多个角度拍摄照片，做成印有"罗甸奇石"字样和统一标识的专家鉴定卡；每块精美的罗甸奇石均有编号和商品条形码；放映介绍罗甸奇石形成的科普光盘、鉴别奇石的标准和参数，如鉴别太湖石的"丑、瘦、漏、透"四字标准。

（7）在高档奇石店设置 VIP 室，让大客户与店主有商谈买卖的优雅空间。

（8）对售出的奇石要进行包装。外包装上印有"罗甸奇石"字样和统一标识。

6. 建造全县奇石销售网络

除了着力打造好"奇石一条街"外，在县、乡镇各旅游用品商店，各旅游景点的旅游纪念品商店，销售小形奇石，统一设置罗甸奇石的标识和形小意深的专营奇石的商店。

7. 通过网络，向网民发布罗甸奇石的信息，引起相关单位和人员的关注

（三）靓化"宝石"的出售身价

中国的奇石在贵州，贵州的奇石在罗甸。罗甸奇石的藏量、产出及品位在贵州都占有举足轻重的地位，应该具有引领奇石行业的气魄，应该在全省奇石行列拥有最多的话语权。

1. 进入省奇石协会领导层

罗甸奇石协会主要成员，应该进入贵州省奇石协会，成为主持工作的会长或副会长单位的代表。

2. 精心策划，主办奇石文化节

在罗甸每年举办一届奇石文化节，在省里两年举办一届奇石文化节，宣传奇石文化，展示奇石魅力，评选奇石精品，促进奇石销售。（需进行专项策划）

3. 在全国大城市组织罗甸奇石巡回展

在 2011 年秋，组织 150~200 件精美奇石（大型奇石可用按比例缩小的方式）到北京、上海、广州、深圳等地展出销售。（需进行专项策划）

4. 主动参展、参赛

由县奇石协会推荐罗甸奇石精品参加国内外奇石展、奇石赛，争取每次均能获得较高级别的奖项和名次。

5. 向更大的市场宣传罗甸奇石

通过多种媒体向国内外市场宣传罗甸奇石，例如电视、报纸、广播、VCD、DVD、画册、单页传单、互联网、手机短信、户外大型广告、LED 电子显示屏、公务员名片、公务车、从罗甸开出的客车、开往广西广东的游船和货运船等。（需

进行专项策划）

6. 加大培养专业人才的力度

在贵州广播电视大学罗甸工作站新开设地质矿产、珠宝奇石加工、艺术品营销等专业，培养高等人才，在罗甸职业中学开办与奇石相关的地质、加工、营销等专业，培养更多的操作应用型的中级人才。

7. 发扬光大罗甸奇石的民间文化

收集、整理、编写关于罗甸奇石的民间传说、故事、逸闻、趣事；当条件成熟时，拍摄以宣传罗甸奇石为目的的植入式电视剧。（需进行专项策划）

六、后记

"三分策划，七分执行"，科学的策划、先进的理念，要成为行动的指南，关键在于坚强的领导，准确理解策划要旨的执行团队，必要的资金支持，既有创造性发挥又脚踏实地地操作，这样才能使策划的蓝图一步步变为现实。

胜利属于罗甸奇石！

【解析】这部分通过列出提高"石农"的鉴赏能力、规范"石店"的经营管理、靓化"宝石"的出售身价这三个清晰明了的小标题，突出要采取的行动。然后详细地列出作者对罗甸奇石各个问题的建议，实实在在地解决问题。

最后一句"胜利属于罗甸奇石！"完美地结束了此策划书，更是作者对自己策划内容的满意与满足。

这份策划书条理清晰。第一，阐述目前该产业存在的不足与空白点。第二，说出现有的优势。第三，划分顾客群。第四，论证这个市场有多大，这个市场的未来如何。第五，以实在的方法详细地解决目前的问题，已达到目标。

这份策划书的题目是"镶嵌在贵州高原边陲的绿宝石"，没有正面说出罗甸这个地方，而是用绿宝石来比喻罗甸，显得更有诗意和更吸引人。

与其他策划书不同的是，此策划书缺少费用统计的内容。预算能够细化企业发展规划和年度经营目标，它是对企业整体经营活动一系列量化的计划安排，有利于对目标实现情况进行监控和测评。

第 Ⅲ 篇　习作者案例

广东省首届大学生"行业-专业-就业人才需求分析"大赛活动执行策划书

Metaphts 环形插座营销方案

思想大解放　媒体大投入——锐澳鸡尾酒营销策划案

广东省首届大学生"行业-专业-就业人才需求分析"大赛活动执行策划书*

活动执行人员介绍

学校：广东培正学院

年级：大学二年级

专业：广告学

指导老师：王多明教授

小组成员：霍本坚（组长）　薛小语（秘书）　谢韵恒　张伟业　苏小慧　陈智颖　陈嘉屹

一、活动基本情况

（一）大赛宗旨

党的十八大指出，要"推动实现更高质量的就业，做好以高校毕业生为重点的青年就业工作，加强职业技能培训，提升劳动者就业创业能力，增强就业稳定性"。举办广东省首届大学生"行业-专业-就业人才需求分析"大赛，目的在于培养高校学生的职业发展意识和社会调查研究能力，不断提升毕业生就业竞争力，逐步建立就业工作对人才培养的反馈机制，从而促进高校的教育教学改革。

（二）大赛组织机构

主办单位：广东省教育厅

承办单位：广东省高等学校毕业生就业指导中心

协办单位：中山大学

---

　　* 该案例由广东培正学院人文系 Highlight（高调）小组策划，苏小慧执笔，谢韵恒解读，荣获"广东省教育厅首届大学生行业-专业-就业人才需求分析大赛"广东培正学院赛区二等奖。

广东省高等学校毕业生就业促进会

广东省蓝天大学生就业市场经营有限公司

大赛组委会：设在广东省高等学校毕业生就业指导中心，成员由省教育厅有关领导及高校相关学科专家组成

（三）参赛对象

广东省普通高等学校全日制在校学生。

（四）参赛作品的分析对象

第一，本科学生根据《普通高等学校本科专业目录》（2012）（附件），按照专业及编码对应《国民经济行业分类》（GB/T 4754-2011）（附件）的行业及编码内容进行分析。

第二，高职高专学生根据《教育部关于印发〈普通高等学校高职高专教育指导性专业目录（试行）〉的通知》（教高〔2004〕3号文）（附件），按照专业及编码对应《国民经济行业分类》（GB/T 4754-2011）（附件）的行业及编码内容进行分析。

第三，鼓励有能力、有条件的院校对战略性新兴产业进行分析，该产业是指建立在重大前沿科技突破基础上，代表未来科技和产业发展新方向，体现当今世界知识经济、循环经济、低碳经济发展潮流，目前尚处于成长初期、未来发展潜力巨大，对经济社会具有全局带动和重大引领作用的产业。《战略性新兴产业分类(2012)》（附件）。

第四，参赛团队可选择行业大类作为分析对象，也可选择行业中类或小类作为分析对象。

（五）大赛时间安排

2013年10月至2014年5月，具体安排见表14-1。

表 14-1   大赛时间安排

时间	赛程
2014年3月	完成初赛（高校选拔赛）
2014年4月	复赛：由组委会组织专家进行评审
2014年5月	总决赛：公开答辩暨颁奖典礼

（六）大赛赛制及参赛形式

本次大赛分为初赛（高校选拔赛）、复赛（省赛）、总决赛（省赛）三级赛制。

学生以团队形式参赛，参赛者以4~6人自行组队。原则上每个学校以专业开设数量为组队的基本数量（每个专业必须有一个队伍参赛，参赛者不限本专业）

参加本校组织的选拔赛。每校推荐 10 支队伍参加省复赛，省复赛评选出三等奖 40 名，优秀奖 100 名，并选出 10 支队伍进入省总决赛。

（七）大赛流程及注意事项

1. 大赛培训

为帮助各高校组织学生参赛，组委会将安排专家对各高校负责大赛的老师进行培训。培训事项详见《广东省首届大学生"行业–专业–就业人才需求分析"大赛培训会须知》。

2. 初赛（高校选拔赛）

各高校根据大赛章程的相关要求在 2014 年 3 月完成初赛，并将初赛结果报组委会。进入复赛的各支队伍须在 2014 年 3 月 5 日前向组委会提交相应材料。

3. 复赛（省赛）

组委会在 2014 年 4 月 25 日前组织有关专家进行评审。

复赛将产生优秀奖 100 名，三等奖 40 名，入围总决赛的队伍 10 支。

4. 总决赛（省赛）

总决赛阶段（10 个项目）的评选采用 100 分制评分，其中：作品展示及回答评委提问 50 分、情境分析 20 分、PK 提问 15 分、PK 答辩 15 分。

时间：2014 年 5 月中旬

地点：中山大学

参赛队伍：10 支队伍成员着正装进行公开答辩（有观众）。决赛出场顺序抽签决定，具体情况另行通知。决赛须使用 PPT。

比赛流程：

第一环节：作品展示。每支队伍分别进行作品展示（每队 5 分钟），展示完后回答评委提问（每队 3 分钟）。评委进行第一轮评分。

第二环节：情景分析。参赛队伍现场抽取情景分析题目，1 分钟准备时间，3 分钟作答时间。评委进行第二轮评分。

第三环节：PK 问答。每队派出一名成员，抽取一道由其他队伍提前准备的题目，1 分钟准备时间，3 分钟作答时间。评委进行第三轮评分，进行总分核算，评出特等奖 1 名，一等奖 3 名，二等奖 6 名。

（八）奖项设置（表 14-2）

表 14-2   奖项设置

奖项	名额	奖品
特等奖	1	30 000 元+获奖证书
一等奖	3	20 000 元+获奖证书
二等奖	6	5 000 元+获奖证书

续表

奖项	名额	奖品
三等奖	40	1 000 元+获奖证书
优秀奖	100	证书+精美纪念品
鼓励奖		除获优秀奖以上奖项外进入省复赛的其他队伍
现场最佳表现奖	1	由评委根据团队的表现投票产生
优秀组织奖	10	奖牌；组织出色，为参赛学生提供有力支持的院校
优秀指导老师	10	奖金+证书；获得特等奖、一等奖、二等奖团队的指导老师，奖金对应为 10 000 元、5 000 元、3 000 元

（九）评审与评审专家库的建立

组委会将组织评审专家对参加省复赛的作品进行评审。评审专家由各高校推荐产生，每学校至少推荐 5 名专家，专家须具备以下条件：

（1）政治立场坚定，有较好的职业素养和职业操守；

（2）具有副高以上职称；

（3）有较高的专业造诣，有较强的科研能力；

（4）积极参与学生的专业教育和就业创业教育工作；

（5）对专业的产生背景、发展现状以及发展趋势有较深的研究。

评审专家由各校推荐，并填写汇总表于 2013 年 12 月 25 日前报组委会（电子版发至 wuxm@ gdedu. gov. cn）。组委会根据复赛作品情况，抽取相应专家进行评审。

（十）大赛作品收集

各高校于 2014 年 3 月 5 日前将参加省复赛的 10 支队伍的参赛材料上交广东省高校毕业生就业指导中心。

具体上交材料包括：

（1）参赛作品的电子版 2 份，一份 Word 格式文档，一份 PDF 格式文档；

（2）参赛作品评审表电子版 1 份（详见附件 2）。

（电子版作品制作成光盘送呈，或通过 QQ 群报送）

地址：广州市农林下路 72 号省高校毕业生就业指导中心 336 室（510080）

联系人：×××

联系电话：020-37628979 13316157928

就业中心工作 QQ 群：100379232

【解析】学生参加这种规模的比赛，一定要从总体上把握竞赛的宗旨、组织机构、参赛的内容、时间、赛制、流程、作品收集。因而，策划书中几乎全文转抄了省教育厅的文件。

认清了目标，才能有的放矢地努力，争取获得好成绩。

以下是这份策划书的内容。其中的许多文字，已写入《广告专业-行业-就业人才需求分析项目报告》中。

二、活动开展的目的与意义

（一）实际意义

1. 读书的目的全在于应用

我们正在大学广告专业学习，今天的学习是为毕业就业做准备。通过"广告专业-行业-就业人才需求分析"的调查研究，我们能够准确认识广告行业的人才需求，以此为目标，找准定位，有针对性地学习和训练，使毕业和就业零距离对接。

2. 实现个人理想，报答父母养育之恩

在进入大学前，在专业选择上，我们怀揣个人梦想——成为优秀广告人，征求父母及长辈们的意见，毕业后要用广告知识和经验为家族的事业、产业服务，用创新、创意的整合传播经营理念和方法，实现个人的事业梦。

3. 在实践中体会，使学习更有用

在读大学期间，参加"广告行业-专业-就业人才需求分析"的研究，是一次难得的机会。通过对各类广告公司人才需求的调查分析和归纳，改进广告专业课程的设置，促进广告专业理论与实操的结合，具有较强针对性，能为学校进行教学改革提供切实的依据。我们是这种改革的受益者。

（二）理论意义

1. 理论来自实践，理论接受实践的检验

我们学习广告专业课程时，知识信息来源主要是书本知识和教师的讲授。学校环境偏僻，与市场、与广告都有较大的距离。研究"广告行业-专业-就业人才需求分析"的项目，无疑给我们提供了走出书斋、进入广告市场的极好机会，让我们从广告人身上去解读广告理论。

2. 在实践中扩大知识领域，取得超过预期的效果

我们在"广告行业-专业-就业人才需求分析"的调查研究中，拜访接触了许多有成就的广告人，不仅了解了广告行业对人才知识和能力方面的要求，还从他们那里学习了做人、做事的原则要求和待人接物的细节规矩。与高端广告人才的接触，扩大了我们的视野，提高了我们的理想境界，为继续求学获得了动力与方法。

3. 站在高处，看今后要走的路，心明眼亮，步子会更坚定

过去，我们是被动地听课、看书、做作业，参加课堂讨论，因缺乏实际知识，对案例分析也只是泛泛而谈。参加这次"广告行业-专业-就业人才需求分析"的调查研究，让我们站在广告行业对人才需求的高度，认识我们开设的专业课程与实

际需要的结合度，使我们看清了将来要走的路程，使我们的学习目标更清楚，使我们将要参加的广告实践更有意义。

（三）社会价值

第一，广告业是国民经济的重要产业之一。国家工商行政管理总局为贯彻落实国家"十二五"规划纲要以及促进服务业和文化产业发展的有关规定，为提高广告业专业化、集约化、国际化水平，推动广告业健康和全面、协调、可持续发展，组织编制了《广告产业发展"十二五"规划》（以下简称《规划》）。《规划》明确了广告业的产业地位，指出广告业是我国现代服务业和文化产业的重要组成部分。研究"广告行业-专业-就业人才需求分析"的问题，既是认识行业的战略问题，也是研究实施《规划》的策略问题。

第二，广告的传播涉及国家、地区、部门各个层次的各种媒体，影响着13亿多中国人和数以亿计的外国受众，这个行业的健康发展，不仅是经济发展的比对物，更是国家形象、国民心态、文化意识的体现，其广告人才素质的提高，是国家的"硬"实力和"软"实力的体现。因此，研究"广告行业-专业-就业人才需求分析"具有重要的社会意义。

第三，由于我国广告行业的快速发展，国家实施的政策法规有待完善，广告监管制度缺失，许多不真实的、违法的广告仍在媒体中与受众"天天见"，引起受众的不满。"解铃还需系铃人"，提高广告人的素质是从源头上治理广告市场的根本办法。

【解析】这段"目的与意义"已经写入正式的项目报告。这既是对小组成员的鼓励，也给成员指明了努力的方向。

三、环境特征

（一）小组优势

我们7位小组成员在读高中时就特别热爱广告，现在梦想成真进入大学学习广告专业，又遇上了愿把毕生精力献给广告教学的教师。在前两个学期，教师就对学生进行了"学习志向"、"学习动向"调查，目的正是为行业需要进行专业培养，提高就业能力。现在又遇上省教育厅的"行业-专业-就业人才需求分析"大赛的大好机会。这个几个方面使我们Highlight团队有了完成项目研究的特别优势。

指导老师王多明教授在广告界享有盛名，社交圈广，不仅能带领小组成员走访广告公司，还能在调查期间及时纠正小组成员的错误，教导我们做人处事的道理，他是我们这次项目分析大赛的"灵魂导师"。

（二）小组弱势

小组内的7名成员还是在读大学二年级广告专业的学生，对广告行业的运作不够了解，仅凭一年的广告专业学习，不足以提出系统有效的方案来分析广告行业。并且，甚少步入社会的组员，对于走进广告公司开展调查还缺乏自信和勇气，需要一位知识、经验丰富的老师指导项目的执行。

（三）机会

第一，广东培正学院的广告学专业近一两年才开设。"初出茅庐，经验不足"，但学校重视对创新型人才的培养，对这次针对广告行业的项目分析大赛给予了经费上的支持与项目执行的建议。

第二，通过此次项目调查分析，能让组员提前进入广告公司，了解其内部运作，与公司资深员工就"行业-专业-就业"进行深入的探讨，对今后的学习和就业有极大的帮助。

（四）挑战

第一，这次"行业-专业-就业人才需求分析"大赛受到学校的重视，仅广告专业，就有将近30人参加，其他专业据闻已有近百人组织42支队参加比赛，但优秀指导老师屈指可数。

第二，广东培正学院地处郊区，与其他高校、广州市区的广告公司距离较远，能了解到的参赛信息较少。

（五）对策

1. 充分发挥网络的作用

小组设计了两种网上调查的问卷，一种有6部分、46个问题的问卷，直接发给选定的广告公司，请公司董事长、总经理、总监填写后通过电子邮件发回；另一种是有4部分、26个问题的问卷，与广东省广告协会联合发出调查，由广东省广告协会发给所属成员，被调查者填写后用电子邮件发回广东省广告协会，再由广告协会转给小组。

2. 充分运用指导教师的资源

已在大学广告专业任教29年的指导教师，培养的学生在全国各地开设了多家广告公司。请这些公司的负责人填写问卷，将广东省的情况放在全国范围内进行比较研究。指导教师是中国广告协会学术委员，对广州的广告行业、著名公司的负责人有所了解，可以带领小组到这些广告公司进行拜访式调查。

3. 充分利用前期调查的成果

指导教师在2013年3月和9月两次对广告专业的学生发出了"学习志向"、"学习动向"问卷调查，在2013年12月对毕业班学生发出了"就业意向"问卷调查。这些调查结果正是此次要完成的项目分析报告中必须回答的内容。

四、活动开展

表 14-3 列出了小组参加大赛的工作计划。

表 14-3　　　　　　　　　　　工作计划

序号	内容	时间	负责人	地点	备注
1	研读文件，领会精神	2013 年 11 月 10 日			
2	认清形势，鼓舞士气	2013 年 11 月 13 日	王多明老师	4130	传达动员
3	组织动员，建立队伍	11 月 16 日	霍本坚	广告教研室	积极报名
4	网上搜索，查询资料	11 月 20 日—	全体成员	各寝室	
5	接受培训，明确任务	11 月 29 日	王颖老师	学校就业办	
6	拟制问卷，确定对象	12 月 2—10 日	全体成员	广告教研室	
7	利用邮箱，发送问卷	12 月 10 日—	分工负责	各寝室	
8	电话约定，试行调查	12 月 27 日	霍本坚	白云国际广告	12.27 机场
9	示范访问，实地调查	2014 年 1 月 8—11 日	全体成员	广州市内	
10	明确任务，划分区域	1 月 12—15 日	全体成员	成员所在地区	
11	分别调查，收集资料	1 月 15 日—2 月 14 日	全体成员	各地广告单位	
12	汇总问卷，甄选网询	2 月 9—14 日	霍本坚	网上沟通	
13	分析研究，草拟报告	2 月 11—14 日	部分成员	提前回校	
14	讨论项目，完成初稿	2 月 14 日	全体成员	学校	
15	修改完善，交出文稿	2 月 20 日	霍本坚	学校	完成报告
16	等候消息，备战省赛	2 月 20 日	全体成员		

（一）第一阶段——收集资料

1. 内容分配

查找资料，将分为行业、专业、就业三部分进行查找。指导老师对我们采集的资料进行挑选与补充。图 14-1 列出了小组对三部分资料搜集工作的分工。

2. 设计问卷

注意问卷的格式，内容必须涵盖多方面：公司信息、个人信息，对广告"行业-专业-就业"各方面的涉及（内容需要有针对性）。每人根据自己的想法设计一份问卷，最后由指导老师筛选与总汇，制定出最佳问卷。

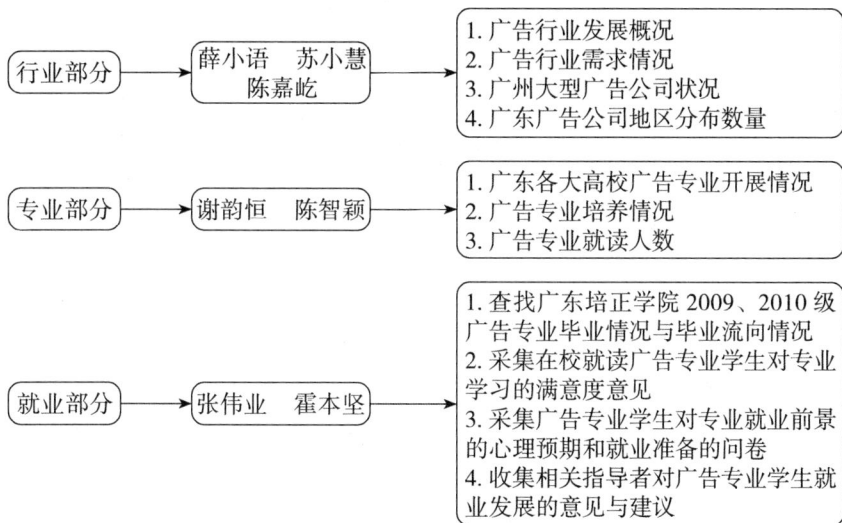

图 14-1　资料搜集工作的分工

3. 依据老师提供的市内 7 家广告公司的调查名单，每人负责向公司负责人发送问卷并回收

（二）第二阶段——实地考察

【解析】开展实地拜访调查，要做好诸多准备。第一，事先电话联系，约定拜访的时间。第二，接受被拒绝的可能，需要另寻一家。第三，选定一位组员负责首席提问，事先拟制要提的问题，其他队员做好提问的补充，并做好记录。第四，在完成调查任务以后，首席提问要写出调查报告。

在广州市区进行走访调查，必须提前解决住宿问题，并准备好生活费及生活必需品。

2013 年 12 月 27 日起至 2014 年 1 月 15 日走访广东省广告协会及广州数家广告公司。预计有广州白云国际广告公司、广州君石大麦广告公司、广东省广告股份有限公司、广东平成广告公司、广州天进品牌管理公司、广东黑马广告公司等。每个人均可担任一次首席提问，向公司负责人提问并派发问卷。问题要围绕广告"行业-专业-就业"的情况，其他成员进行相应的补充，并记录重要内容。访谈后，首席提问人需将问题进行整理并写研究报告。

每走访一家公司要进行小结，找出不足之处和值得肯定的做法，为接下来的走访做准备。

开走访总结会，各成员分享自己的走访心得，互相交流，由组长进行总结，指导我们接下来在走访中要注意的事项。

2014 年 1 月 15 日至 2 月 15 日，各成员在自己居住的城市走访广告公司，目的在于派发问卷，并了解当地公司情况。

2014 年 1 月 15 日至 2 月 15 日，在王多明老师的指导下，由霍本坚、苏小慧撰写项目分析报告，并用电子邮件的方式传送报告编写进程。

（三） 第三阶段——整理

【解析】在寒假期间，外地的同学分别带上调查问卷，尽可能多的走访当地广告公司或者将问卷交给广告公司协助填写，以此扩大调查面，获得更多的信息。

由谢韵恒收集整理各地收集回来的问卷，并统计数据。

开成员大会，分享假期在各地走访的细节，由指导老师指导接下来的工作。

撰写项目分析报告，并继续添加新内容。

最后整理。

图 14-2 列出了撰写项目分析报告的过程。

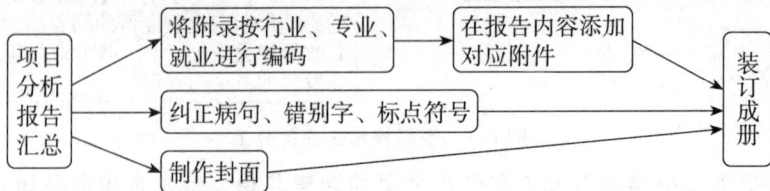

图 14-2 项目分析报告撰写过程

五、活动经费

经费尽量符合实际花费，保留话费收据，以便报销处理。

六、活动安全

在外访谈时，要充分考虑安全隐患，把人身安全放在首位，非走访期间应结伴回住宿点。

【解析】此策划案名为参加首届大学生"行业-专业-就业人才需求分析"大赛的 Highlight 小组的执行策划书，但是文章中几乎有一半的篇幅在讲述这个大赛开展的原因、怎么开展等内容，而写这份策划案的真正目的是就这个活动，是如何去更好地完成此项任务，这种侧重点的失误会让读者认为这是为"专业-行业-就业人才需求分析大赛"做的策划案。

站在学生的角度，分析参与这项比赛的各种意义，从实际意义、理论意义到社会价值看得很全面，这很难得。

能根据学校环境因素、学科背景以及学生能力对小组进行优势、劣势、机会、威胁的各种分析，有条有据，十分合理。

从工作计划、人员分配、实地考察的执行到最后的汇总修订，整个流程非常流畅、详细，安排也很得当。

Metaphts 环形插座营销方案[*]

一、引 言

我国经济快速发展，市场经济的繁荣使居民人均收入不断提高的同时，也促进了我国消费总量的增加和人们消费心理的改变。在中西方经济体制相互借鉴，商品交易渐渐交融，消费文化冲击融合的影响下，我国消费者的消费方式及消费观念发生了明显的改变：由讲求实用、追求便宜的朴素主义向注重时尚、崇尚个性的消费主义转变，新一代年轻人成为市场消费主力，刺激经济新增长点的产生，以年轻人为目标消费者的产品大量生产。

在近年房地产行业急剧升温的大趋势下，各省各大城市新进楼盘大幅扩张，各地炒房团迅速云集，进一步推动了房地产业及建筑业的发展高潮，为家居插座的发展提供了广阔的空间，潜在市场极为可观。

【解析】环形插座并未在中国推广，所以在进入中国市场之前，要对中国插座的市场环境有一个较宏观的把握，为环形插座进驻中国市场做好预先的准备，减少资源浪费。

我们针对环形插座的优点制定了切实可行的营销策略。

团队分工如下：王泽苑负责引言与营销策略部分，廖淑娟负责行业及营销环境分析部分，蔡铄负责数据分析及市场定位部分，梁珈铨负责策划预算部分并协助王泽苑整理资料。

【解析】小组成员分工负责策划书的各个部分，有利于提高策划书的写作效率，小组成员集中精力也能使策划书的每个方面都考虑周全。要注意策划书各部分的衔接，实现 1+1>2 的效果。在策划书结稿时，小组成员要一起讨论，力求每一部分搭配合适并进行必要的增加或删减。

（一）为什么要策划

"凡事预则立，不预则废。"策划是运用所有有效资源，对要解决的问题进行

———————————
* 本案例由华南理工大学王泽苑、蔡铄、廖淑娟、梁珈铨策划执笔，张伟业解读，荣获华南理工大学社团 "2014 年 KOM 营销大赛"第一名。

全面研究后，提出的科学的解决方案。

我们小组接受了为 Metaphts 嵌入式电器插线板（暂定名）做销售策划的工作，面对光荣而艰巨的任务，为"竭尽全力，稳操胜券"，我们十分看重策划的作用，相信"策划改变竞争命运"。

【解析】时时需策划，事事要策划。策划得好才能保证活动顺利进行。策划书出炉前最好能够请一些业内的专业人士预先"品尝"。正所谓"当局者迷，旁观者清"，策划书中不合理的内容容易被策划者自己忽略，但是请专业人士审阅，改进内容，可以使整个策划书更显专业，还能给广告主留下好印象。

（二）策划的要求

做策划要根据策划主即广告主的要求进行。首先，策划主交给我们的产品是确定的合法物件，其使用价值有益于社会。其次，策划主要为策划人提供产品的各种有效资讯，包括生产许可证、商品质量认证书、生产商营业许可证、税务登记证、法人证。最后，策划主要向策划人具体交代企业目标、营销目标、市场定位、价格定位、销售渠道等。

由于以上资料尚不具备，我们小组以超前统筹规划的态度，"倾尽全力，力争全胜"，为自己策划的对象定名为"Metaphts 嵌入式电器插线板"。

（三）策划的程序

第一，市场调查是策划的基础。市场调查包括：调查产品的材质、性能，如 Metaphts 嵌入式电器插线板的电压、电流，最大负荷功率是多少瓦等；调查谁是产品的经销者，谁是产品的购买者，谁是产品的消费者；调查当今市场上有多少种同类的电器插线板，它们的质量、价位、营销方式如何等。

第二，研究分析是策划的核心。有了充足的调查资料，用市场细分理论准确找出目标消费者；用 USP 理论找出独特的销售主张；用商品生命周期理论和品牌营销理论，为 Metaphts 嵌入式电器插线板的成长发展做战略安排；用整合传播理论充分宣传 Metaphts 嵌入式电器插线板；从销售促进的组合理论中寻找营销的策略；用创意理论为整合营销做外在展示……

第三，经过策划人思维机器的运作：排列、组合，分析、归纳，列入、剔除，进行去粗取精、去伪成真、由此及彼、由表及里的制作，形成策划的初步构思。

第四，在集思广益后，分工协作，写出策划书或提案。

第五，交给策划主或策划任务的下达者——华南理工大学职业发展协会，由评审专家评议审定。如需要具体施行，还要拟写各项目具体的执行计划。

第六，在各项目具体计划的执行中，督促策划的实施，随时掌握方向，使 Metaphts 嵌入式电器插线板的营销实现预期效果。

【解析】将策划书中可能遇到的各种问题进行整理，并逐一解决，让策划书更显完整，还可增强读者的信赖感，让他们知道策划小组为策划做了很多实实在在的工作。

二、假设前提

整合传播营销需要以产品为基础。我们要对 Metaphts 嵌入式电器插线板进行整合传播营销，但我们对产品的许多参数并不了解，基于消费者最重视插座的安全保障，本小组就 Metaphts 公司设计的创意产品环形插座使用的安全性和可实现性，向机械制造行业的专家进行咨询，总结了一些对产品的设计建议：

第一，在 Metaphts 嵌入式电器插线板的中央，以按钮方式设计开关，这种创新和四相插座一样，是本产品的特点。设计时不仅要考虑内部空间，防止出现漏电短路现象，还要考虑中国的地理环境差异，如南方地区天气潮湿，需要更多技术支持。就中国而言，环形插座的使用仅限二孔插头，缺乏三孔设计。如果 Metaphts 嵌入式电器插线板确定以中国为销售市场，而且技术允许的话，可以对两相插座进行改进，调整增加三孔设计。

第二，中国市场上嵌入式的插线板绝大多数是两孔和三孔各一组，负荷为10A。装置内弹簧稳定性有待验证，容易松动。要考虑增加插孔，铜片的质量要与用户的需求匹配。

第三，Metaphts 嵌入式电器插线板在安装前，需要将墙体挖出大小、深浅合适的洞，将嵌入式电器插线板固定在墙上，里面是一种通用电源线转接盒。尺寸应该符合平常家庭使用的需要，方便拆卸、更换。

第四，Metaphts 嵌入式电器插线板上的插孔是万向型的（见图 15-1），而其他产品均为两相或三相插孔，设计时要考虑嵌入式电器插线板的体积大小，既要能四相项同时使用，也不至于因"个头大"使安装者增加太多工作量，而被他们拒绝使用。

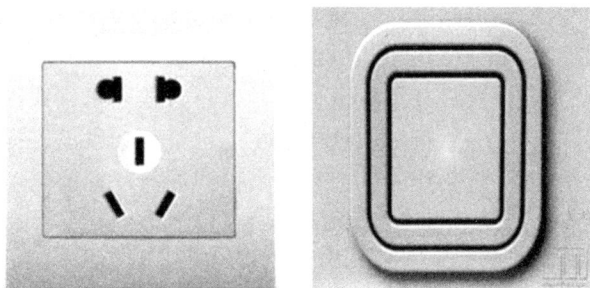

图 15-1　传统插座与 Metaphts 环形插座

为保障广大消费者的知情权、人身安全以及对本小组作为营销者的信用考虑，本策划是在确保产品的安全性能保障的前提下所做的设计。

【解析】这部分对产品的"身世背景"实话实说，直接指出策划对象的不足之处，让策划主清醒地了解本产品进入新市场的难处。用"假设前提"作为小标题，与策划主沟通，才不会产生误导。

三、环境分析

(一) PEST 分析

目前，中国开关插座行业在宏观经济发展势头良好和房地产行业稳步增长的双重带动下，呈现出勃勃生机，总体市场规模持续扩大，新品牌层出不穷，产品系列不断完善。种种迹象表明：经过 10 年的发展，中国开关插座行业已经完成了从拉线开关到墙壁翘板开关的市场培育，一个年销售额超过 200 亿元人民币的市场已成雏形。下面是基于 PEST 模型的分析。

1. 政治 (political)

自 2010 年 6 月 1 日起，国家将强制执行插座转换器的新标准。新国标明确规定，将正式淘汰万用孔插座，只允许生产符合新国标组合孔型的插座产品。此次新国标的实施，不仅将在插座行业掀起一场前所未有的大整合，更将推动中国插座行业走上产业升级的全新发展阶段。我国 GB2099.1-1996 (《家用和类似用途插头插座第一部分：通用要求》) 和 GB1002-1996 (《家用和类似用途单相插头插座型式、基本参数和尺寸》) 这两个家用插头插座国家标准，从 1996 年实施至今，已使我国家用插头插座产品从外观到质量水平都有根本性的改进和提高，已彻底改变原来"傻、大、黑、粗"的产品形象。自 2010 年 6 月 1 日起，新国标的实行将进一步提高我国家用插头插座产品质量和安全水平。

按照新国标生产的插座产品，插头与插座的接触面积更大，接触更紧密，能有效防止发热，同时，防触电性能更好，这都将大大提升插座产品的安全性能，使大批劣质插座退出历史舞台。对于广大消费者而言，插座行业新国标的出台，无疑为其提供了更加安全可靠的用电保障。

一款让消费者信赖的产品背后，除了要有先进的科学技术、良好的品牌声誉，更要有高度的企业社会责任感。但是目前的插座市场，并非所有的产品都符合安全标准，这对消费者来说，是极其不负责任的。改革开放以来，我国的插座标准化工作取得了令人瞩目的成绩，对于推动技术进步、规范市场秩序、提高插座产品竞争力和促进国际贸易发挥了重要作用。但是，目前我国插座标准总体水平低，制定速度慢，高技术标准缺乏，安全标准体系不健全，资源节约标准滞后等，已经无法适应我国经济社会协调发展的要求。面对严峻的国际国内形势，加快我国插座标准化事业的发展已经成为一项十分紧迫的任务。

2. 经济 (economic)

国内金融环境形势复杂，宏观经济可持续发展所面临的风险挑战比较严峻，通货膨胀压力剧增。与此同时，出口增速下降，节能减排的压力增加，以及房地产泡沫等多重因素的影响，宏观环境出现诸多不确定因素。

汇率变动、人民币升值等让中国开关插座产品定位相对较难，削弱了我国开关插座的价格优势。

据国家统计局数据，我国 2012 年 GNP 总量为 516 810.05 亿元。非官方数据显示，我国人均 GNP 在 2010 年时大致为 4 260 美元。由图 15-2 可以看出，我国物价指数呈增长趋势，但是居民的消费水平平稳增长。

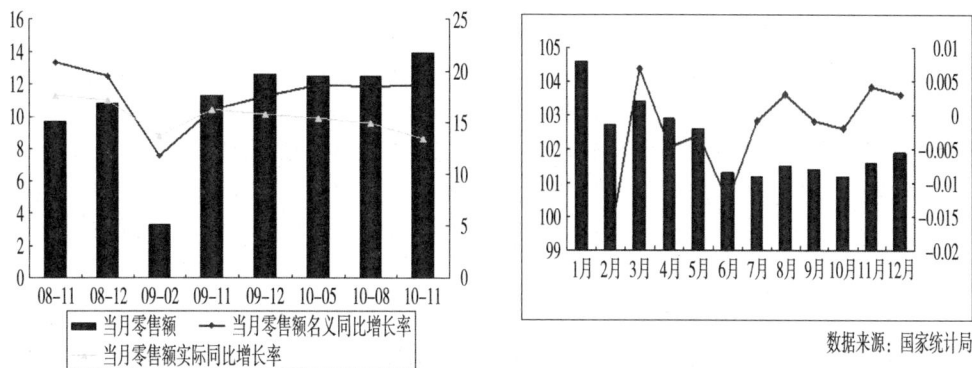

（a）2008—2010 年居民消费增长情况　　　　（b）2012 年居民消费增长情况

图 15-2　我国居民消费增长情况

资料来源　国家统计局。

3. 社会文化（social and cultural）

电工产品在中国每年的市场容量 90% 以上是房地产市场的发展带来的，介于耐用消费品和工业品之间。一般来讲，消费者对这类产品的平均消费不超过 3 次，重复购买频率低，日常关注度低，消费者行为介于感性与理性之间。消费者对品牌的忠诚度较低，影响其购买电工产品的因素主要有产品、质量、外观、形象、广告、服务、价格等。直接消费者一般是私人消费者，他们购买产品的主要目的是装修住宅或商业设施，他们的购买决策过程受到品牌厂家广告宣传，电工、亲戚朋友推荐，商店陈列、推荐，产品影响力、价格，自己的消费体验等因素影响。间接消费者主要包括建筑工地施工乙方水电项目部经理，装修公司水电项目部经理、电工。他们的购买决策过程受到设计院、工程甲方、品牌、厂家广告宣传、产品功能、价格、商店陈列、商店推荐、利润、自己的消费体验等因素影响。

现阶段购买商品房的主要消费者是 20 世纪 50 年代至 70 年代中叶出生的人。70 年代出生的青年消费者对生活充满激情与憧憬，购物较冲动，个性较张扬，对欧美生活方式很向往，攀比心理较强。目前他们的购房比率占总比例的 30% 左右。而 50 年代和 60 年代出生的中年消费者很理性，注重安全、实用及周围环境的协调性，对价格较为敏感，是中档开关插座的主要消费群体。目前他们购房比率占总比例的 40% 左右。商店、餐馆、酒店、宾馆、办公楼、公共场所、精装修公寓等，是品牌开关插座的选购者，选择开关插座的档次主要是根据建筑物的定位。农村市场是中低档开关插座、明装开关插座的主要消费市场。

从居民消费行为上看，有两大特点：一是居民消费规模扩大，但占 GDP 的比重趋于下降；二是居民消费中，农村消费比重趋于下降，城镇消费比重不断上升。受传统观念的影响，中国的消费者更倾向于储蓄，而不是投资与消费。但随着经济的发展，居民的理财观念慢慢发生变化，我国的消费规模在慢慢扩大。国家统计数据显示，2012 年，我国社会消费品总额达 210 307.0 亿元，与 2011 年相比增加了 26 388.4 亿元。

4. **技术**（technological）

随着中国消费者生活水平和审美品位的不断提升，色彩搭配和个性化元素的应用在家居设计和装饰中越发得到注重。消费者的个性和审美需求不仅通过房间整体布置得以体现，也对包括插座板在内的产品的细节提出了更高的要求。

科技在不断进步，越来越多体现人文关怀的插座面市：有能自动弹出插头的插座，增加安全性；有专为盲人设计的插座，方便盲人使用；有可缠绕电源线的插座等。

总的来说，目前中国插座产品基本划分为三个阶层：第一，以功能型产品为目标，档次高，但市场占有率低，究其原因是售价问题；第二，中档产品，市场占有率明显高于第一类；第三，低档次甚至是劣质产品，市场占有率高达 70% 左右。中国未来也是插头插座的生产大国。欧美企业生产的插座与日本企业的设计有很大的不同，现在也逐渐吸引中国消费者的眼球。除了产品的品牌、质量、售后服务以外，我们不难发现欧美插座的设计普遍比中国本土插座的设计更为简约时尚。我们有理由相信，插座简约化、创意化是一种不可避免的趋势。

【解析】全面的分析，有助于更好地决策。这部分的分析面面俱到，为产品的营销展示了一个充满生机的中国市场。要理智、清醒地面对自己的策划对象，定位准确才能妥当地做好策划。

（二）基于 4P 模型的营销环境分析

1. 产品（product）

Metaphts 环型插座具有简单、实用的设计，双层的环形铜片设计可以同时插多个插头，中间的方形大按钮也可以同时控制插在上面的所有插头的开关，可以最大化利用插孔，解决电源线易缠绕和充电不方便的问题。同时插座的设计非常美观，对于追求简约时尚以及情调的学生、白领等是不二的选择。与此同时，这种环形插座也非常适合一些餐馆、酒店、咖啡厅等需要体现创意的场所。

2. 价格（price）

插座的主要材料为塑料外壳以及内芯铜片，相比传统的插座，我们需要更多的铜片，故产品的价格初步定为比市面上普遍出售的插座贵 10～15 元。同时，我们的插座面向中端市场，目标消费者为学生、白领等。产品定位与普通插座不同，价格中等偏上。

【解析】在这份策划书中，策划人用第一人称进行分析，能拉近与策划主的距离，像是"自己人"在相互对话。

3. 渠道（place）

我们可以向房屋开发建设公司和装修公司，家装工程电路、电器的设计师，负责铺设室内电线和安装嵌入式电器插线板的电工，认为经销环形插座有利可图的小家电经营户等介绍我们的环形插座，向他们讲解环形插座的好处，并向下发展下一级经销商，或者是在建材、家居市场设点宣传，向直接消费者推广我们的产品。

4. 促销（promotion）

我们将会采用暂时让利、现场营销制造人气等手段，为环形插座打开市场。让电工产品经销商、房地产开发商、装修公司以及消费者等了解、接受我们的产品，再采取进一步的营销手段促销我们的产品。详细的营销方案见下文。

四、市场定位

市场定位是指，企业根据竞争者现有产品在市场上所处的位置，针对消费者或用户对该产品某种特征或属性的重视程度，强有力地塑造出本企业产品与众不同的、给人印象鲜明的个性或形象，并把这种形象生动地传递给顾客，从而使该产品在市场上确定适当的位置。简而言之，就是在客户心目中树立独特的形象。

市场定位并不是对一件产品本身做些什么，而是在潜在消费者的心目中做些什么。市场定位的实质是使本企业与其他企业严格区分开来，使顾客明显感觉和认识到这种差别，从而在顾客心目中占有特殊的位置。

1. 产品定位

我们的产品突破了插座市场现有的固定款式，以创意为卖点。环形插座解决了现有插座插口数目不够用的问题，外形具有现代感，简约美观，符合现代人特别是年轻人追求标新立异的心理特点。

我们的产品是由日本公司设计生产的（待定）。

2. 竞争定位

现在国内市场的插座品牌主要有以下几种：飞利浦、公牛、汉顿、富兰克林、英特曼、子弹头、西门子等。图 15-3 至图 15-7 对部分插座的外形进行了对比。

图 15-3 飞利浦插座　　　图 15-4 公牛插座　　　图 15-5 汉顿插座

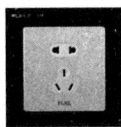

图 15-6 富兰克林插座　　图 15-7 Metaphts 环形插座

经过对比，我们发现，现在市场上的大量插座都是款式单一、风格单调的插座，尽管富兰克林插座主打高档奢侈插座，但是仍然跳不出缺乏创意与设计、没有

现代感的窠臼。对于创意插座这个新方向，市场存在空白，只要我们推出有新意的商品，就能尽快占据创意插座的市场份额。

【解析】配上竞争品牌的实图，进行一对一的对比，产生强烈的冲击，凸显产品本身的优点，让人信服。Metaphts 环形插座，设计风格简单时尚，突破性使用环形结构，让小小插座提供了尽可能多的安插位置，满足大部分消费者"插孔越多越好"的心理。

由于插座属于日常生活中的电工产品，消费者侧重于实用性而品牌效应比较低，即使企业占据了大部分市场份额，可能仍然很难产生品牌效应，没有一定的价格控制能力，对外来的竞争者也没有市场壁垒的优势。所以，在插座这个市场上，容易产生迎头效应，即后来者在声势上赶超原有的市场占领者的现象。这对于我们来说是一个契机。

同时，我们的插座是有特点的新产品，具有创新性，在外观上很容易跟其他产品区分开来。我们的产品在市场上一经销售，很快就可以产生品牌效应，消费者能够迅速辨识出我们的产品，还有利于我们迅速建立品牌优势。

3. 问卷调查与分析

对于消费者，我们采用了问卷调查的形式，共得到有效数据 123 份，同时利用专业的 SPSS 统计软件进行数据分析，具体情况如下：

本次问卷调查面向社会大众，涉及各个年龄段，保证了数据的普遍性及可信度。年龄分布如图 15-8 所示。

选项	小计	比例
A. 10~20 岁	53	43.09%
B. 20~30 岁	18	14.63%
C. 30~40 岁	11	8.94%
D. 40~50 岁	36	29.27%
E. 50 岁以上	5	4.07%
本题有效填写人次	123	

图 15-8 问卷调查对象的年龄分布

根据我们搜集的资料，如图 15-9 所示，使用普通插座的人占 95.12%，大多数人并不真正了解插座的类型。这也印证了上文对插座市场消费者关注度低有利于我们进入市场的分析。

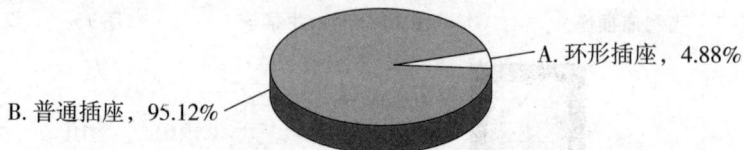

A.环形插座，4.88%
B.普通插座，95.12%

图 15-9 普通插座使用情况

同时，在对插座插口数量的调查中，有 91.87% 的人要求有三个以上的插口数目，其中有 41.46% 的人要求插口数目越多越好（如图 15-10 所示）。我们的环形插座的卖点之一就是可用插口数目多，这说明我们的产品是符合广大潜在消费者的需求的，具有巨大的市场竞争力。

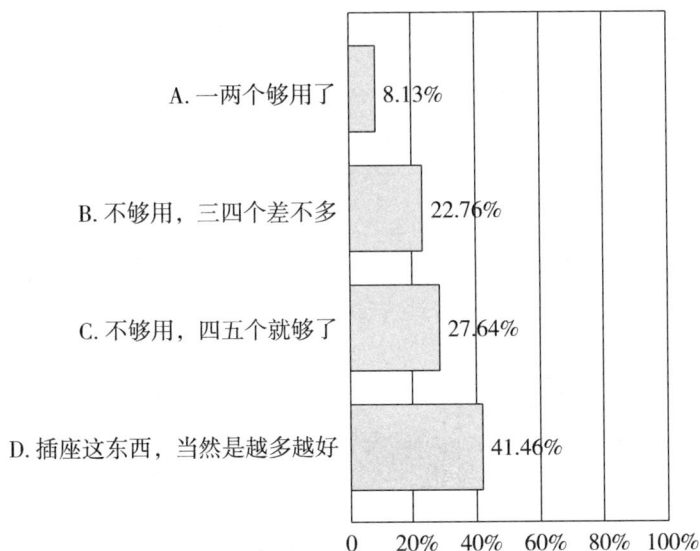

图 15-10　对插座插口数量的调查

　　在对现有普通插座的使用调查中，我们发现，被调查者对市面上现有的插座都有一定程度的不满，有 16.26% 的人认为插座设置很不合理，有 60.98% 的人认为插座设置不方便，如图 15-11 所示。在问及现有插座需不需要改进时，只有 7.32% 的人认为不需要改进，如图 15-12 所示。因此，在使用人群认为现有插座有问题需要改进的时候，我们的新式插座就有了发展的空间。

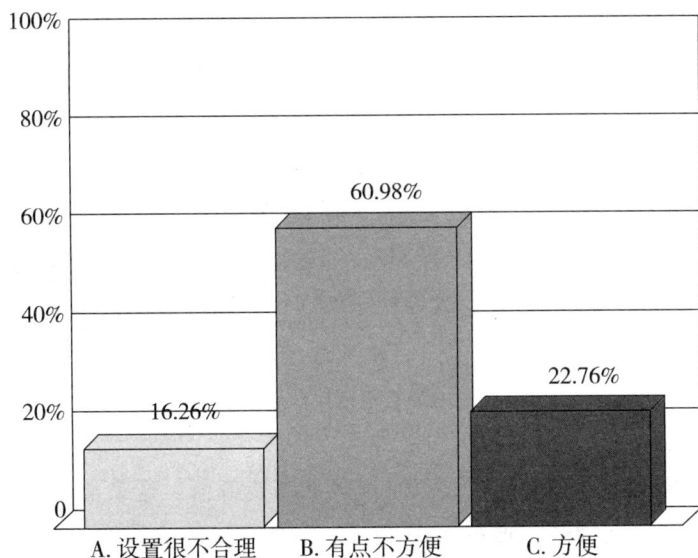

图 15-11　对现有插座的使用调查

　　在对是否会使用环形插座的调查中，只有 1.63% 的人不会更换原来的插座（见图 15-13），这说明我们的环形插座具有巨大的市场前景。

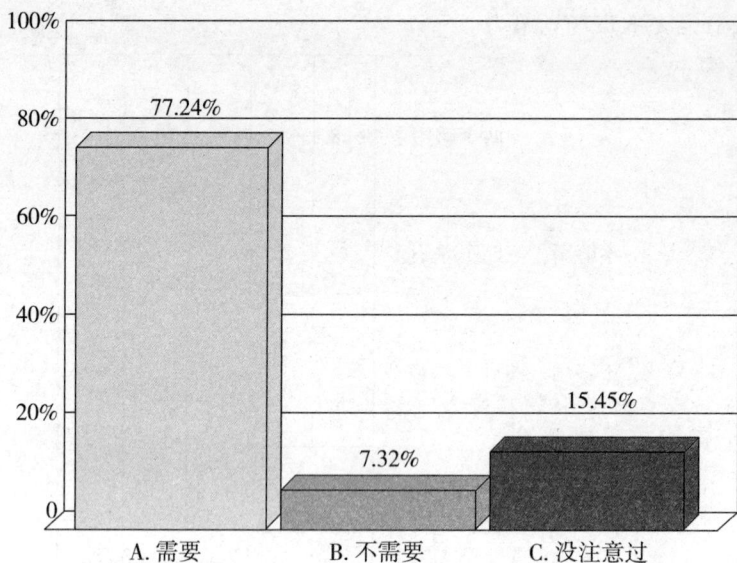

图 15-12　对现有插座是否需要改进的调查

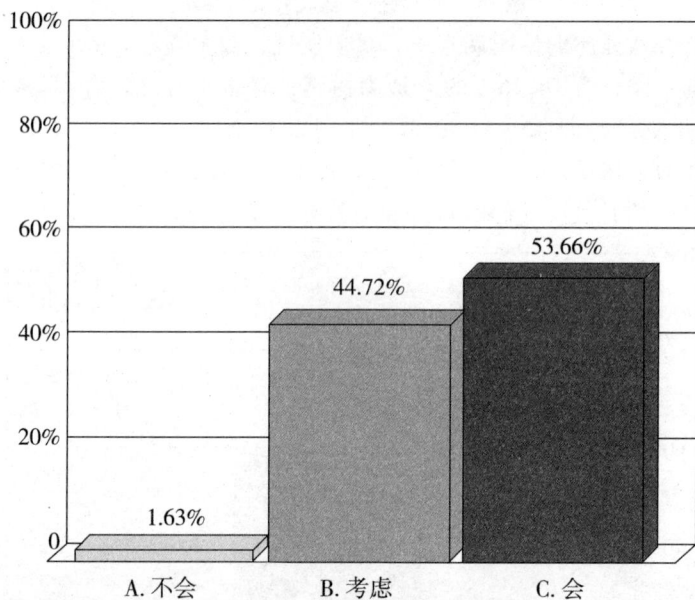

图 15-13　对是否会使用环形插座的调查

4. 消费者定位

我们的环形插座具有独特性，面向年轻的消费群体。这个消费群体追求个性，喜欢造型简约时尚的器物，追求完美生活，具有一定的消费能力，舍得给自己花钱。这正符合我们产品的特点。

更重要的是，我们卖的是插座而不是插排。与插排不同，插座的安装要求一定的电工技术，需要在初次装修住房时进行安装，一般人都是在原有插座损坏和搬家装修时会选择购买。所以，我们的产品面对的直接目标群体并不是最终消费者，而是家装公司、五金店或者水电修理工等，消费者的需要靠他们来实现。我们要利用市场调研的结果说服商家，把我们的产品卖给这些商家，请他们帮助我们推广。

【解析】在策划案中进行数据说明的时候，最好加上图表。读者对图形的记忆比对单纯的数据的记忆更加深刻。这样不仅能够让数据分析更加直观、立体，也增加了可读性。

五、营销策略

（一）推广目标

告知顾客插座新产品——环形插座，立足市场，实现营业额不断增长。

（二）人员销售

环形插座是一件销售周期短的产品，需要销售人员的加入。

（1）公司内部销售人员：为上门或打电话来咨询的顾客提供帮助。如灯具灯饰卖场的营业员要熟悉嵌入式电器插线板的特色、使用方法、安全用电常识，他们应该是推广这种新商品的专家。

（2）公司外部销售人员：打电话给顾客或者登门拜访。对于销售小小插线板的终端来说，一年 356 天都是旺季，而对于房地产开发商和装修公司来说，就要讲究进入策略了。推销 Metaphts 嵌入式电器插线板的高级业务员要与房地产开发商、装修公司等的管理人员打交道，建立诚信关系，熟悉一些楼盘的负责人，掌握楼盘的建设进度，了解楼盘内部物件采购程序，争取进入其招标流程，参与竞标。

（三）促销组合

一个新产品加入市场，需要采用正确的促销方式使消费者认识它、接受它。只有先打入市场，用优惠吸引消费者购买这种新产品，才能逐渐建立口碑，发挥隐形广告的作用。在保住成本的基础上，已进驻商店的环形插座可以考虑多种促销方式。

1. 商品卖给谁

策划小组经过市场细分，认为购买 Metaphts 嵌入式电器插线板有四类目标消费者：

（1）房地产开发商和装修公司。他们以批量采购方式购进墙体嵌入式电器插线板。他们采购的原则是获取利润最大化。

（2）家装工程电路、电器的设计师，负责铺设室内电线和安装嵌入式电器插线板的电工。他们是直接将插线板安装上墙的设计者和操作者，对买什么牌子的产品往往有非常有效的建议权。

（3）认为经销嵌入式电器插线板有利可图的小家电经营户，就是将 Metaphts 嵌入式电器插线板直接销售给消费者的终端店铺。

（4）直接用户。到终端店铺买 Metaphts 嵌入式电器插线板的消费者，这类消费者的数量不会太多。

2. 促销时向买主说什么

这是促销的主题，是写作文案的中心，是创意的基础。

（1）诉说 Metaphts 嵌入式电器插线板的特色：①同时插四种低耗电的电器；②中央有按钮式开关；③由日本有影响的电气公司生产；④交给华南理工大学的学生社团参与营销策划，将收到非同一般的整合传播营销效果。

（2）诉说 Metaphts 嵌入式电器插线板与传统的两相插座的异同点。

（3）向社会大众诉说安全用电的常识，参加公益活动，树立 Metaphts 嵌入式电器插线板生产企业的良好形象。

（4）用纯粹的公益服务（上市第一年整）在媒体的新闻报道中形成属于 Metaphts 嵌入式电器插线板的良好形象，让受众和媒体评说。

3. 促销策略

促销策略是本策划的核心。说得好听不如做得好看，对 Metaphts 嵌入式电器插线板的促销有以下策略：

（1）USP 策略。因为 Metaphts 嵌入式电器插线板与传统的插线板有明显的不同之处，这正是向经营者、购买者、使用者进行促销的独特的销售主张。

（2）商品定位策略。策划小组建议将 Metaphts 嵌入式电器插线板定位为中高端商品。针对这一定位：

①商品的价位要略高于目前的同类商品 10～15 元。

②包装的设计要符合此款插线板简约时尚、材质较好的特点。单件产品的外包装上要印有商品说明书，介绍这种新型插线板的功能、用途，安全用电常识，节电办法等。

③选择具有一定档次、中等规模以上的店铺作为销售终端。可以在普通小五金店或灯具店进行广告宣传，只在店内摆放广告供店主介绍，造成"奇货可居"的形势。

4. 全方位广告策略

对于新产品的上市，告知性广告是十分重要的。以进入广东省广州市为例，要选择大、中、小不同规模的媒体，平面媒体和电子媒体等不同形式，采取大众传播、人际传播等不同方式，既有广告信息的单向传播，也要获得信宿的真实反馈。它有利于实现企业的目的——介绍产品的优势功能，建立顾客群。考虑到中小企业资金有限，需集中面对目标市场受众，可综合采用平面媒体、户外媒体及广播媒体等形式。

（1）报纸。产品初入市场时，需要以图文结合的方式向潜在客户发布信息。报纸，尤其是地方性报纸对于此类面向当地居民的中小企业来说是很好的媒体。在报纸上刊登广告，费用也比较公道合理。可根据资金投入的多少，来衡量将广告刊载在有多大发行量的报纸上。如：在《广州日报》刊登 1/2 版广告两次，选择"民生版"的上半版和左半版。

（2）杂志。杂志的读者群比较固定，因此它的选择性很强。针对即将装修房子的消费者，选择在特定杂志上刊登广告，有利于准确对准可能会购买环形插座的特定人群。如：《家装家居》就是为喜爱独特家装风格的读者创办的。

（3）直邮和传单。对于环形插座这类家装嵌入型商品的需求，家装公司、五金类批发零售商和正在装修房子的消费者占了绝大部分。给这类客户直邮资料和传单，十分有针对性。如：选用 80 克双面铜版纸设计印刷 A4 幅面说明式广告 20万张。

（4）户外广告。户外广告牌和交通工具广告具有很高的阅览频率。人口流动性大的地铁站或公交站的候车处，是放置户外广告牌的有利场所。如：在广州的大型灯具市场附近的公交车站购买 20 个广告位。

（5）贸易展销会。贸易展销会是租用摊位来展示新产品的好手段。面向大众的行业展销会，通常只会吸引对某类产品真正感兴趣的人。环形插座这个产品可以作为创意产品参与电气行业展销会，向有购买意图的顾客提供产品手册或其他文字资料，扩大知名度。如：①用拍摄微电影的方式，将嵌入式插线板的特色、使用方法、安全用电常识，拍成有故事情节（有戏）的视频短片（3 ~ 5 分钟），在规模较大的灯具市场滚动播出。②连续三年参加一年两届的"广交会"，逐渐打开以广东为基地的广阔市场。③参加深圳新产品交易会，借助这种高平台，演出自己的节目。

（6）公共关系和宣传。处理好公共关系，目的就是要给公众留下良好的印象，树立起正面的企业形象。介于本公司中小企业的定位，在取得各相关单位同意的情况下，以公司赞助的名义在人流众多的商场、居民小区附近开展用电安全相关知识的普及和有奖问答活动，是经济实惠的宣传方式。如：配合灯具灯饰卖场的促销活动，在现场设置多个 X 展架；参加居民小区的文化节活动，在小区设置多个 X展架。

（7）在线营销。在传统市场，小企业面临来自大企业的激烈竞争。在互联网上开展业务成为进入市场的新兴企业的经营战略的主要部分。对小企业来说，在线购物中心和商业服务供应商可以提供集基础设施和营销服务为一体的综合服务，在帮助小企业最大限度降低交易成本的同时，还可以用最少的时间招揽顾客。通过在线营销，本公司环形插座的销售范围就不限于本地区，而是能吸引各地的潜在消费者。如：在装修、电器、生活类网站购买广告位进行宣传；入住电子商城或购物网站，为消费者提供网购便利。

5. 促销的创意表现

（1）平面广告。与策划相匹配的海报突出 Metaphts 嵌入式电器插线板极简风格与安全可靠的特点，即使是爱抓老鼠的猫咪也能毫不犹豫地拍上插板！

（2）广播广告。广播广告的文案与报纸广告相同，在播放时突出嵌入式电器插线板的商品名称。

如果改为对话式，文案如下：

老王：老张，看你一脸不痛快，啥事？

老张：你说烦不烦人？

老王：什么事啊？

老张：（欲言又止）是……

老王：是什么？

老张：家里的插线板打手，差点儿让台灯烧起来了，我不会弄。

老王：你没看见《广州日报》上登的"'低碳生活，安全用电'，免费上门解决因为嵌入式插线板给您带来的烦恼，让您的家用电安全"吗？赶快打电话，下午为你解决困难，今晚上你就放心用插板了。

（3）视频广告。以时尚简约的风格为主题，用手绘的创意形式来绘制一个居家人士使用 Metaphts 嵌入式电器插线板的一天用电生活，目的是强调一点：Metaphts 嵌入式电器插线板充足的插座空间，让您每天用电没有烦恼。

（4）资助社区群众文化体育活动及社会公益活动。具体方案：

①前期安排。

第一，确定活动主题、时间（周末的白天）、地点（社区空地或商场门口）。

第二，做好事前宣传工作。

第三，做好公司品牌宣传手册、海报、用电安全宣传手册（其中出现的示范产品就用 Metaphts 嵌入式电器插线板）。

第四，布置会场，做好后勤。

第五，安排执行当天活动的负责人员（主持人、服务员、印象技术人员、后勤人员等）。

②活动开展。

时间	内容
11：00	安排各人员就位及媒体安排
11：30	活动剪彩
11：40	活动进行中
13：00	嘉宾为优胜者颁发奖品，主持人谢幕
13：20	活动结束

③活动具体步骤。

第一，模拟游戏环节：工作人员穿戴特殊服装，用滑稽幽默的肢体语言现场模拟插座板运作过程，吸引人群观看。

第二，有奖问答环节：主持人进行日常用电安全提问，请现场观众回答，答对者有奖。

第三，现场小朋友与公司吉祥物合影留念。

④活动奖励。

第一，公司电路工人免费上门维修/检修券。

第二，Metaphts 嵌入式电器插线板买三送一券。

第三，Metaphts 嵌入式电器插线板现场免费赠送+公司电工上门免费更换。

6. 效果预测

策划的效果分为传播效果、社会效果、销售回报三种。

（1）传播效果。凡传播都会产生效果。这是《传播学》基础理论中的"枪弹论"或"注射论"告诉我们的。只要是传播，总会有信息被信宿接收到，不过，信息的传播质量、传播接收者的数量就大有区别了。

如果本策划得到全面、有力的实施，一定会收到比较好的传播效果。预计在 3 个月内，能使 50 万以上人次认知 Metaphts 嵌入式电器插线板这种新产品。

（2）社会效果。Metaphts 嵌入式电器插线板的宣传促销，抓住"低碳生活，安全用电"的主题，通过参与小区的文化传播活动及社会公益活动进行宣传推广，一定会产生良好的社会知名度及美誉度。

（3）销售回报。只要实施了本策划，销售回报是不言而喻的。要特别提醒的是，培养和发挥高级推销人员的实力，多与房地产开发商和装修公司建立合作，达成多笔集团购买的交易，年销售收入过千万元的目标是可以实现的。

【解析】这份策划书用了较多篇幅来介绍市场环境，虽然能够让策划主对市场有一定的了解，但在介绍消费对象方面还可以增加力度，使实际的操作和利益更能吸引受众-顾客-消费者。因此，环境分析方面的内容可以进行适当的删减，减少部分重叠的内容，使重点更加突出。该策划书在具体操作方面给出了多种策略，将会赢得策划主的青睐。

六、策划预算

表 15-1 列出了 Metaphts 嵌入式电器插线板的营销预算。

表 15-1　　　　　　　Metaphts 嵌入式电器插线板的营销预算

营销项目			预计费用（元）
制定策划	市场调研	制作、发放纸质问卷及分析	350
		购买普通插线板进行比较	200
实施策划	工作培训	聘请讲师	800
		纸质资料的印制　　　　　产品分析	80
		高级业务员培训	5 000
	公关费用	房地产开发商　　　　业务沟通人员接待	200 000
		媒体　　　　　　　　新闻发布记者接待	100 000
		社会公共关系　　　　展架、人工促销	1 000

续表

营销项目			预计费用（元）
网站运营	开发及维修人员		5 000
	电子设备购买及维护		5 000
广告费用	纸质媒体	报纸杂志	300 000
	电子媒体	门户网站	100 000
	户外广告	广告牌、交通广告	100 000
	贸易展销会	摊位展示、视频制作	30 000
	派送传单	印制传单及人工费	1 000
	电台广播		20 000
宣传活动	公益捐款		10 000
	福利送礼	养老院、孤儿院	1 000
	用电安全宣讲会	资料印制	500
	社区文化节		3 000
共计			882 930

思想大解放　媒体大投入

——锐澳鸡尾酒营销策划案[*]

俗话说：一分耕耘，一分收获。

在中国，要成品牌，只有上央视。

烧开水，98 度欠点，加把柴更火！

【解析】开篇三句话，可看出策划人的想法。"在中国，要成品牌，只有上央视"，这句话有意思，广告要上央视，必须花费大量的广告费，但能扩大市场影响力。借助中央电视台传播广告，产品能迅速打造知名度、占领市场，进而塑造品牌、整合资源、做大做强、产生合力，形成有利于企业产品的传播优势，实现甚至连企业自身也难以预料的增长。锐澳鸡尾酒市场认知度低，要快速提高影响力，就需要借助强势的媒体，如上央视做广告。

一、对锐澳鸡尾酒的认识

【解析】虽然广告主比我们更懂锐澳，但是，做策划，我们除了要和广告主保持高度一致，还要与消费者站在一起。

鸡尾酒 cocktail 一词源于法语单词 coquetel，是由各种烈酒和果汁混合而成，含有适当的酒精成分，是一种能让人感到爽洁愉快的浪漫饮品。那种似醉微熏的美妙感觉像极了恋爱的滋味。

锐澳（RIO）鸡尾酒的选材是地道优质的酒基，如法国的干邑白兰地、俄罗斯的上等伏特加、波多黎各和古巴的清爽朗姆以及世界各地的优质水果。喝酒不但不伤身，而且还对身体有益，这是多少人梦寐以求的事啊！这绝妙的配合本身就是一种创新，有一股巨大的吸引力。在这点上，RIO 鸡尾酒完全展现出了它与其他酒类的不同之处。无疑，这对 RIO 鸡尾酒在中国的健康发展增加了一个重重的砝码。

RIO 企业根据消费者对口味的不同偏好，成功推出了 6 种口味的瓶装产品以及

---

* 该案例由广东培正学院胡艺聪策划，苏小慧解读，为"2014 全国大学生艺术节"广东培正学院的参赛作品。

3 种口味的罐装产品。其中，既有清新淡雅的口感，也有醇厚悠长的回味。多种口味，总有一种能使消费者倾心。

1. 水蜜桃+白兰地（水蜜桃味白兰地鸡尾酒，瓶装）

水蜜桃分子的甜蜜俘虏了白兰地的芳心，甜蜜的组合配成细腻的粉红色，岂不浪漫？

2. 蓝玫瑰+威士忌（蓝玫瑰味威士忌鸡尾酒，瓶装）

蓝玫瑰虽不那么浪漫，却显出妩媚优雅，加之威士忌的浓烈，矛盾的组合总有猜不透的神秘……

3. 香橙+伏特加（香橙味伏特加鸡尾酒，瓶装）

香橙，总会给人阳光般的温暖，与伏特加泡在一起，则达到了 1+1>2 的效果，无限的活力令人沉恋……

4. 青柠+朗姆（青柠味朗姆鸡尾酒，瓶装）

青柠的丝丝幽酸能除去人们满身的疲惫，而朗姆的悠扬淡雅能让人更添舒适感，这绝妙的组合令人不得不爱。

5. 宾治+伏特加（混合水果味（宾治）伏特加鸡尾酒，瓶装）

宾治就像一个大熔炉，能把一切融为一体。多种果汁的混合，在宾治的包容下尽显特别温馨。

6. 西菠柳+伏特加（西菠柳味伏特加鸡尾酒，瓶装）

不用说，这是最热情的组合。用重口味来挑逗你的味蕾，爽冽的酒精带来非一般的刺激！

7. 白桃+白兰地（白桃味白兰地鸡尾酒，罐装）

白桃甜得纯洁，其清香源于白兰地，是那般醇纯……

8. 西柚+伏特加（西柚味伏特加鸡尾酒，罐装）

西柚如蜜糖般甜蜜，伏特加拌入醉意的放肆，浓情醉意，何以拒绝？

9. 青柠+朗姆（青柠味朗姆鸡尾酒，罐装）

幽酸与爽朗的邂逅，沁人心脾的放松，此时不享受，更待何时？

RIO 鸡尾酒充分诠释了后现代混合风格与不羁之风，它是属于年轻人的，是活力、时尚、热情、阳光、快乐与自在的象征。RIO 充满激情，等待人们享受。

【解析】策划书是写给广告客户的。毋庸置疑，客户对产品的认识深入透彻，不需要再用接近 900 字的篇幅描述锐澳鸡尾酒的资料。建议用 500 字以内的篇幅描述对产品市场的认识，并直接点明潜在威胁，这样可以吸引客户眼球。

二、锐澳鸡尾酒在中国的销售现状

【解析】RIO 鸡尾酒企业自成立以来就致力于市场的建立与开拓。在 2007 年，产品已覆盖全国市场。经过多年打拼，已铸就了优秀品牌的基础。

目前，RIO 鸡尾酒作为国内唯一一家专业生产鸡尾酒的企业，现已成为中国预调鸡尾酒的领军企业。伴随着市场的逐渐成熟，RIO 鸡尾酒将创造一个个奇迹。

中国是一个有 13 亿多人口，正在富裕起来的大国，不言而喻，中国是世界上最大的市场。因此，RIO 在中国的发展空间是极大的。如果能牢牢把握这个市场，使 RIO 鸡尾酒成为一个家喻户晓的品牌，成为深受大众尤其是年轻人喜爱的品牌，无疑是 RIO 企业一种巨大的成功。

【解析】RIO 鸡尾酒相对其他酒类有一个很突出的优势，那就是，RIO 鸡尾酒将饮酒的快乐与健康的理念融为一体。

对销售现状的分析，必须包括好坏两个方面，这是每种产品都存在的状况。

建议：第一，在现状中增加对销售状况中劣势的分析，这样才能在接下来的营销、传播方法中对症下药。第二，设计关于饮料类市场的调查问卷，进行调查分析，得出调查结果，制作图表反映数据。用数据说话，能使策划书更加有说服力。

三、锐澳鸡尾酒面临的挑战

【解析】任何好品牌，都不能独享市场的青睐。迎接挑战的同时也要挑战别的品牌。要做招风的大树，敢于当领头羊。

中国加入世贸组织后，面临着巨大机遇的同时也面临着巨大的挑战。同样，RIO 鸡尾酒也面临着诸多挑战。

一是企业自身的问题，如管理层、产品质量等，策划人认为每天都在接受挑战。

二是竞争对手。无论是哪一种商品，都会面临同类产品的挑战。随着科技的发展和人们生活水平的提高以及物质需求的增加，商品的跟进者很快就能生产出同质化的商品，所以，任何商品都不可能长期垄断市场。如何使自己立于不败之地，是每个企业都要注重的问题。

RIO 鸡尾酒面临其他品牌的果酒（各类葡萄酒）和啤酒的挑战，而啤酒是一群极为强大的对手，怎样使 RIO 鸡尾酒发挥其优势，在市场中不仅占有一席之地，还要有属于自己的市场份额，也是一个不得不思考的企业战略发展问题。

三是消费者。企业把商品生产出来的最终目的，就是获取利润。如果商品不被消费者认可，没人购买，那么无论商品质量多好、多么优秀，都是废品。因此，如何让消费者购买商品、认可品牌是重中之重。所以，在面对机遇和挑战的同时，要懂得找到最好的解决方案，把握重点，扬长避短，才能事半功倍。

【解析】饮料市场范围广，产品种类繁多。要想冲破重围，立于不败之地，就必须直面挑战与困难。正所谓"当局者迷，旁观者清"，策划人其实也是消费者，从这个角度对企业内部、竞争对手、消费者进行分析，能引起客户注意，认识产品在市场上存在的问题。

四、准确的市场定位

【解析】定位，RIO 鸡尾酒发展战略从这儿开始。定位，RIO 鸡尾酒营销策略从这儿出发。定位，RIO 鸡尾酒媒体宣传要与之匹配。

市场定位是企业及产品确定在目标市场上所处的位置，是由美国营销学家艾·里斯和杰克·特劳特在 1972 年提出的。其含义是指企业根据竞争者现有产品在市场上所处的位置，针对顾客对该类产品塑造与众不同的给人印象鲜明的形象，并将这种形象生动地传给顾客，从而使该类产品在市场上确定适当的位置。

好的定位能形成竞争优势。品牌定位是品牌战略的基础和核心，是创建品牌的基础和保障。准确的品牌定位，对建立强势品牌起决定性的作用。

许多品牌都是从正面去定位的，而这份策划书却是逆向给 RIO 鸡尾酒定位，即策划人认为 RIO 鸡尾酒目前还不是一个在中国市场上称得上品牌的商品。

【解析】了解并激发暂时还没有接受 RIO 鸡尾酒的人群的需求，开发潜在市场，刺激未来消费者的舌尖，RIO 鸡尾酒的发展战略就会更加清新。

逆向定位，能直接找到解决难题的方法。

显然，RIO 鸡尾酒的消费者主体是年轻人，但并非所有年轻人都会消费 RIO 鸡尾酒，甚至相当部分的年轻人不会购买，更何况有许多年轻人从来没有听说过 RIO 鸡尾酒。要先分析出年轻人不喝 RIO 鸡尾酒的原因，抓住主要矛盾和矛盾的主要方面……针对这部分人群的心理障碍和经济利益做营销，将这些潜在受众变为消费者，从根本上提升 RIO 鸡尾酒的销量。

对于目前还没有喝过 RIO 鸡尾酒的人，在广告传播、公关活动、营业推广、人员促销中，要有针对性地解决他们不认识 RIO 鸡尾酒的问题，使潜在受众变成 RIO 鸡尾酒的忠实粉丝。这就是 RIO 鸡尾酒的营销定位。

艾·里斯和杰克·特劳特认为："定位是你对未来潜在顾客心灵所下的工夫，也就是把产品定位在你未来顾客的心中。"产品定位不是要在产品上做多大改变，而是要在产品的名称、价格、包装和服务上下大工夫，为自己树立一个明确的、良好的、受尊重的形象。这既是保持产品在消费者心中的形象，更是让产品在潜在消费者心中得到一个有利的位置。由此可见，定位也是一个由外到内的过程。针对顾客的心理采取行动，从而取得事半功倍的效果，这就是定位的重要性。

通过以上分析，策划人认为已经覆盖中国市场的 RIO 鸡尾酒，在广告宣传和公关促销方面要解放思想，媒体要选择有最大影响力的，潜在消费者要找准未来的社会精英——大学生进行营销活动。

【解析】这里的后半段内容似乎是在进行理论说教，但策划人认为这是有必要的。市面上的饮料种类繁多，但 RIO 鸡尾酒主打有个性的年轻消费群体。独特的市场定位会给产品带来不一样的效果。

五、媒体选择

【解析】没有蜂儿或风儿，花蕾不能授粉，哪有丰收的果实？

随着科技的不断进步，媒体也得到了空前的发展。媒体是指传播信息的媒介，是指人借助用来传递信息与获取信息的工具、渠道、载体、中介或技术手段。传统的媒体有四大类，分别是报纸、杂志、广播、电视。如今这几类媒体已不能满足人们的需要了，新兴的媒体如手机、互联网等越来越受欢迎。因此，选择合适的媒体将对品牌的推广和创立良好的形象起关键作用。

RIO 鸡尾酒的主要消费者是年轻人，这与 RIO 鸡尾酒一直诠释的活力、时尚、热情、阳光、快乐和自在是一致的。所以，在选择媒体时要牢牢抓住年轻人这个点，在年轻人经常接触的媒体上下工夫。

1. 电视媒体

在中央电视台一、三、四频道，湖南卫视、浙江卫视等收视率高的受年轻人喜爱的电视台及频道投放广告，参与特受年轻人追捧的综艺节目，在公众面前亮相。

2. 报纸媒体

在《南方都市报》、《三湘都市报》、《楚天都市报》、《华西都市报》、《钱江晚报》、《新民晚报》、《三秦晚报》、《北京晚报》、《海河晚报》、《沈阳晚报》、《哈尔滨晚报》 等以普通市民为主要读者的报媒的娱乐和体育版上投放广告，使年轻受众更多地认识 RIO 鸡尾酒。

在具体实施中，如果资金充足，可以同时刊载，造成势不可挡之势；也可用扫地之式，由南至北、由东向西、由北京向全国、由点到线再到面地铺开。

3. 杂志媒体

在一些时尚、服装、运动或文学类杂志上投放广告。因为这几类杂志是年轻人打发时间的好读物，所刊广告具有持久性，反复阅读率较高。

4. 网络媒体

如今移动互联网已成为年轻人时时捧在手上放不下的媒体。互联网已经用它那迅雷不及掩耳之势征服了全球，特别是现在的年轻人已经离不开互联网了。因此，RIO 鸡尾酒要在互联网投放广告，成为 "低头族" 的 "相识、相知、相爱" 的 "恋人"。这是打响品牌的重要一步。

5. 广播媒体

在全国二三线城市，购买早、中、晚，以及人们上下班时段，播放 RIO 鸡尾酒的广告。广播媒体是多媒体组合中的一支方面军，千万不要小看传统媒体在新时期的重要作用。

6. 单页或折页传单

根据促销时令的需要，不断地印制风格统一、主题鲜明的单页或折页传单。

【解析】电视媒体是食品类产品首选的媒体，但要在客户经济能力可以承受的情况下选择。策划人提出的 6 条媒体选择，着重吸引有个性、创意十足的年轻消费者，这与产品定位十分吻合。准确定位，方能对症下药，能让客户接受策划和创意。

六、传播策划

在销售促进即促销组合中，广告促销起着 "鸣锣开道" 的作用，用传播的信息与受众相识相知，说服受众-顾客-消费者接受广告的宣传，或改变以前的观念。

在现代社会，不做广告，等于在伸手不见五指的黑夜给人送去"秋波"；广告失去主题，会浪费80%的广告费；广告创意欠佳，会浪费65%的广告费。

尽管 RIO 鸡尾酒已覆盖全国的市场，但 RIO 鸡尾酒并没有像王老吉、红牛等饮料那样成为家喻户晓的品牌，甚至 RIO 鸡尾酒的主要消费者——年轻人中也有相当一部分人还不知道 RIO 鸡尾酒这个牌子。可以说，RIO 鸡尾酒还算不上是一个名牌。因此，要把 RIO 鸡尾酒打造成名牌，就要扩大市场，扩大知名度，就要在保持原有消费者的前提下，开发潜在消费者的市场，力求把潜在消费群变成忠实消费群，只有这样，RIO 鸡尾酒才能源源不断地获得更大的利润。

【解析】以上情况表明，策划人认为 RIO 鸡尾酒传播还有不到位的问题。

如何使现有消费者与潜在消费者变为忠实消费者呢？也就是，对消费者说什么、怎么说，怎样才能促进销售的问题。毕竟商品生产出来的目的都是销售。这就需要策划了。正如大卫·奥格威说过："我们做广告，就是要促进销售，否则，就不要做广告。"广告传播到位，促进了销售，也就等于获得了利润。

对于 RIO 鸡尾酒及其同类产品，策划人有待于更深入地了解。因此在策划书中，要准确地把握以下三点：

一是 RIO 鸡尾酒的特点，如酒精度低，口味多样，健康。尤其在健康这个特点上可以大肆宣传。RIO 鸡尾酒是一种以果汁为主要原料的酒，本身酒精度不高，水果对身体也有益。普通饮料以健康为主要卖点的少之又少，而 RIO 鸡尾酒恰恰有这个特点。因此，在健康这个闪光点上，RIO 鸡尾酒可谓独领风骚。

二是 RIO 鸡尾酒努力成为活力、时尚、热情、阳光、快乐、自在的象征，其主要消费者是年轻人。着重抓住年轻人"需要什么"，"喜欢什么"，也就是"什么语言"年轻人最喜欢、最能吸引他们，如："点燃激情的聚会，你也能千杯不醉"、"3.8 度的 RIO 给你 38 度的热情"、"我的眼里只有 RIO，我的心里只有 RIO"、"Let's RIO"、"要喝，就喝 RIO"、"来，噢一下"。对于这些广告语，我们可以列出许多条，可以由策划主、受众来选择，从而确定最能吸引受众、最能说服受众去购买该商品的广告语。

三是要把握"发射"时机。广告是放在弦上的箭，要射中受众的注意，这时我们就能使受众在无形中接受 RIO 鸡尾酒的 USP，进而让消费者像铀原子分裂一样呈爆炸性增长，因为人与人之间会交流，交流就会"传染"，策划人所策划出的产品的 USP——RIO 是活力、时尚、热情、阳光、快乐和自在的象征——也就功到自然成了。

【解析】策划人一针见血地捅破了问题：RIO 鸡尾酒的传播不到位。新型产品面市，必须加大力度进行推广，否则就会被其他新产品给淹没。建议招聘具有活力的销售专员，在销售前对他们进行相关培训，讲授相关知识，使 RIO 这个有活力的产品有效地深入消费者的心。

策划书的前半部分基本上是策划人对 RIO 产品认识的概括，主要是想告诉广告主，策划人的服务诚意，对市场的了解和把握。策划书的后半部分是策划人要阐述的主要问题，即营销的策略、文案的写作等。这才是广告主需要的，策划人要下工夫把这部分写好，才能使策划书成功实施。

七、营销策划

【解析】无论什么产品，被生产出来的目的都是为了销售，获得利润，RIO 鸡尾酒也不例外。要想更好地销售，就需要策划。

（一）营销观念

要确立 RIO 鸡尾酒的"领导"地位。正如不想当将军的士兵不是好士兵一样，RIO 也要做此类产品的"领军人物"。第一代表着权威，代表着实力，代表着质量。就像人们记得最高峰是珠穆朗玛峰而不知道第二高峰是乔戈里峰一样，人们记住的永远是第一而不会是第二、第三，人们关注的也永远是第一，而不会是第二、第三。因此，确立领导地位异常重要。

（二）营销市场

商品要销售，必须有市场。这里的市场不是物的交换场所，而是人们的消费观念及实施消费的地方，如专卖店、超市、饭店、KTV 包房、网店等。RIO 鸡尾酒同样需要一个营销市场。市场分为现有市场和潜在市场。

RIO 鸡尾酒的现有市场主要在一些超市，还有就是网上商店。对于这两种市场，大家都比较熟悉。

RIO 鸡尾酒的潜在市场是广大的在校大学生。大学附近的超市已经在销售 RIO 鸡尾酒，但是，KTV 和大排档还没有销售，这种空隙应该尽快去占领。根据目前的形势，RIO 鸡尾酒已经很难在现有的市场上赶上或超越可口可乐、百事可乐等品牌。因此，RIO 企业只能另辟蹊径，寻找更合适的市场，KTV 和大排档无疑是一种不错的选择。

KTV 是现时年轻人最喜爱的娱乐活动场所之一。不言而喻，若能拿下这个市场，RIO 的销售就会大有成效。

大排档也是年轻人尤其是男性聚会的"习惯"场所。三两知己，出去吃夜宵，小聚一下，情感会与 RIO 鸡尾酒一起进入心田，喝下去的是 RIO 鸡尾酒，来一句"来，噢一下"，加深的是朋友情、兄弟谊。RIO 鸡尾酒作为一种度数不高的健康酒，对助兴有着很大的推力。老朋友、老同学在 KTV 或大排档举着多彩的 RIO，是多么令人期待的事啊！

RIO 鸡尾酒没能进入 KTV 和大排档这两个潜力巨大的市场，除了 RIO 在中国的出现比较晚以外，还有一个更重要的原因是 RIO 有一个极为强大的对手——啤酒。

啤酒于 20 世纪传入中国，经过一个多世纪的发展，已成为娱乐终端市场的消费主流。尤其是在大排档和小餐馆已经成为主要配餐的饮品，在 KTV 就是最受欢迎的必不可少的饮料。在一些喜庆的场合如婚礼、聚会和过节，啤酒也是必备品。饮用啤酒仿佛成为人们的一种观念。因此，RIO 面对的这个挑战是异常困难的。找准定位，选用优势媒体，采取正能量的广告宣传、公关促销，RIO 的前景是极其光明的。只要改变人们的"观念"，首先将 RIO 注入 KTV 和大排档市场，让人们从心理上接受 RIO，逐步提升 RIO 的品位，选择高端消费场所和机会，渐次在人们心目中树立享受高品位 RIO 的观念，那么 RIO 的春天就会到来。这一切，需要通过广告大张旗鼓地宣传。

（三）营销广告

1. 平面广告

在各个大型超市和大排档、KTV 等地方张贴畅饮 RIO 的海报广告。

2. 车身广告

车身广告作为一种流动广告，活动范围广，容易引起人们的注意。因此，设计能抓住受众目光的车身广告很容易取得好效果。

3. 网络广告

如今很受欢迎的广告形式——微电影、微视频、微博、微信。若能将 RIO 的广告做成一批微电影和类似青春偶像剧的微视频，其影响力自然会很大，尤其是一些年轻女性，更容易接受这种宣传。

4. 电视广告

电视是分布最广、影响最大的媒体。要想提高品牌的知名度，电视广告是必不可少的。鉴于 RIO 还不是一个很出名的品牌，RIO 的广告即使是在中央电视台一频道播出也需要分为几个阶段：

（1）认知阶段。主要介绍 RIO 的原料，重点突出健康这个特点。健康问题始终是人们最为关注的问题。

（2）主题阶段。在人们认识、接受 RIO 这个品牌后，第二波攻势是主打时尚、活力、热情、阳光、快乐、自在的情感诉求主题。

（3）巩固加强阶段。广告是一把火，广告效益是一壶等待沸腾的水，不能只烧到 90 摄氏度。因此，在 RIO 深入人心后，不能停止广告，不能使产品脱离人们的视野，要培养消费者指名购买的忠诚。另外，还可以把广告打在潜在的、待开发的市场，如 KTV 和大排档。双管齐下，事半功倍。

5. 电影植入广告

在电影中植入 RIO 的广告，收到润物细无声的效果。寻找能与 RIO 鸡尾酒"时尚、活力、热情、阳光、快乐、自在"的诉求接近的电影、电视剧，巧妙地植入广告，其传播效果会直接影响销售效果。还可以在 KTV 的节目单、房间名称、座位靠枕上植入 RIO 的各种名称；创作 RIO 的独具个性的音乐作品，编排进节目单里面，或进入 KTV 包间的迎宾曲。

6. 继续支持大学生广告艺术节创意大赛

这是直面各地学生也就是年轻人的机会，也是传播 RIO 的机会。其中的重要性，不必赘言。

（四）营销广告语

如"你我的怡宝"、"怕上火，喝王老吉"一样，RIO 也应有一条属于自己的脍炙人口的广告语，让人轻易记住、争相传颂。而这经典的广告语通常是简约而不简单的。RIO 正在使用的广告语，不能产生让商品"火"起来的作用。广告语要被人们当成口头禅一样传颂，应该找一个更通俗、更上口的。鉴于 RIO 鸡尾酒是更适合年轻人的一种饮料，是一种酒，这条广告语一定要适合特定的场合和气氛。举个例子，喝啤酒时都会说一句"来，干杯"。RIO 要赶上甚至超越这个地步，广告语是极为重要的一步。在此，有一条广告语可供推广。当大家举杯时，说一句："来，噢一下！"是多么令人兴奋。这句广告语既适合推杯换盏的场合，又简单，更易被人接受和传颂。当有人提议"来，噢一下！"的时候，那兴奋、期待、让人焦急的神情，会不言而喻！多次的重复，会形成一种带有文化底蕴的"习惯性暗语"。

八、营销方式

广告传播的最终结果是促进销售，人员推广和营业推广是促销的"临门一脚"！要培养一支（成千上万的）"能征惯战"的销售队伍。

（一）专业队伍为主，业余队伍为辅

每个销售区（省、市、县）都有专业的营销人员，他们训练有素，能主动组织、领导活动的开展。

业余队伍是指在校大学生的社团组织成员，让他们进入促销的行业，经过简短的培训，熟悉产品后，在大学里组织社团开展营销策划大赛，开展有创意的、主题不同的、有时令气氛的各种方式的校园策划，经评审后，在校园中执行。在这种活动中，也能培养和发现今后的专业队员，将优秀的校园社团组织者收纳进企业的专业队伍中。

（二）常年营销与节令促销相结合

RIO 既适合不同节令的消费，也适宜在特殊的节令做促销。例如，在大学迎新的小型聚会上，师哥师姐向师弟师妹们传送"怎样读大学"聚餐，提供免费的六色 RIO 鸡尾酒各一瓶。这种推广方式可以让他们消费更多的 RIO。又如，在学生放假之前的聚会、班级活动、社团活动、评奖活动中，对 RIO 鸡尾酒提供买赠优惠。由开展活动的班级组织写出申请，填写表格，经在大学设置的 RIO 办事处代表签字认可后，即可赠送。这种活动结束后，请组织者写出小结，附上同学们饮用 RIO

的照片及感受。办事处代表要将这些材料用电子文档传到这座城市的销售策划部。经过这种资料的积累，为下一步宣传提供难能可贵的素材。

营销方式是一辆车，要四个轮子一起转，才能完成运输任务。因此，一种商品用什么方式去开展促销组合，在很大程度上就能决定其销售量的大小。

（三）多种营销方法的运用

1. 人员推广

组织能言善辩的专业人士，对还没有铺货的大小终端进行说服，让他们尽快进货，将 RIO 放在卖场最显眼的地方。

2. 过节打折

在一些重大的节日开展折扣营销活动。

3. 买多送礼

一次性购买一定量的 RIO，可以送相应的 RIO、礼品或会员卡。

4. 建立会员卡

凡领取会员卡的消费者，存入他的姓名、联系方式、QQ、微信、微博、生日、婚否、住处、服务单位等基本信息，在合适的时机主动发优惠信息、送生日礼物等。

5. 提供聚会场所

在 RIO 专卖店为消费者提供生日聚会的场所和其他帮助。

6. 举办游戏活动

周末在专卖店与顾客开展有趣的游戏活动，如蒙上参赛者的双眼，请他品尝后说出 RIO 鸡尾酒的种类，猜对了给予奖励。

7. 定制小礼物

设计、制作属于 RIO 的钥匙扣、小钱包、名片夹、绒毛小宠物等，赠送给首次购买、登记为会员的新客户。

8. 设计专属 RIO 鸡尾酒的音乐乐曲、卡通形象，创作动画片

九、创意文案

【解析】广告是要与受众见面的作品，创意是广告打动受众的生命。

1. 何以解愁？唯有 RIO

A 和 B 是异性朋友，经常一起散步聊天。这天，A 向 B 表白……

A："我喜欢你。"

B："对不起！我有朋友了！"

（B 接着走，A 呆呆地站在原地）

画面：B 渐渐远去，A 站在原地看着 B 的背影。这时，A 的兄弟 C 拿了一瓶青柠味朗姆鸡尾酒给 A，说："来，嗷一下！"A 转忧为喜……

最后画面：RIO 的形象

广告语：何以解愁？唯有 RIO

2. 何以释怀？唯有 RIO

A 和 B 如往常一样，依然一起散步。只是这次大家都默契地没有说话。突然，B 停下了脚步，望着 A。A 也停下脚步，转身看着 B。

B："我失恋了……"

A："没事，还有我！"（说完抱着欲哭的 B）

画面：A 放开 B，从包里拿出香橙味伏特加鸡尾酒递给 B，说："来，噢一下！" B 转忧为喜。

最后画面：RIO 的形象

广告语：何以释怀？唯有 RIO

3. 何以甜蜜？唯有 RIO

A 和 B 坐在一张凳子上，欣赏着眼前美丽的花。这时……

A 对 B 说："B，能给我一个机会，让我好好照顾你吗？"

B："嗯！"（低头想了想后，点了一下头）

画面：A 和 B 都从包里拿出水蜜桃味白兰地鸡尾酒，相视一笑："来，噢一下！"

最后画面：RIO 的形象

广告语：何以甜蜜？唯有 RIO

4. 何以开怀？唯有 RIO

A、B、C、D、E 和 F 在一起吃饭，气氛有点低沉，这时……

A："各位，毕业了也要开心点嘛，好聚好散！"

C："对呀，我们一定有机会再聚的！"

画面：A、B、C、D、E 和 F 举起手中 6 种颜色的 RIO，异口同声说："来，噢一下！"气氛一下子变得热烈……

最后画面：RIO 的形象

广告语：何以开怀？唯有 RIO

上面的系列广告以视频的形式出现，既能拍成电视广告片，又能将其中的对话音乐用广播广告的形式传播出去。

十、热衷公益事业

一个成熟的有影响力的品牌，除了本身的品质过硬外，还与它在人们心中有着良好的形象有关。而参加公益活动，为社会出一份力，是树立良好形象所必需的，是一个对社会负责任的企业应承担的义务。

策划人正在思考如"王老吉"冠名中央电视台的"开门大吉"这样的新节目，让 RIO 鸡尾酒永驻人们心中。

（一）对象选择

RIO 鸡尾酒公益活动选择的对象是全国在读的大学专科和本科学生及硕士研究生。

（二）方式选择

RIO 鸡尾酒选择公益活动，以"活力、时尚、热情、阳光、快乐和自在"为目标，由大学学生社团出策划方案，通过策划书大赛，给予奖励，再组织实施。

每所大学在"活力、时尚、热情、阳光、快乐和自在"的范围内自定主题，使各校的活动从内容到形式都有所区别。

每所大学的活动都要有详细的总策划书文本，活动过程的视频、照片及活动总结，可以交 RIO 公司总部参考、提炼，以供来年活动时参考。

（三）活动费用

每所大学的活动费用在 5 000 元左右。2 000 元用于发奖，3 000 元用于组织奖和活动费用。如果大学校园的活动被大众传媒报道了，另给奖励 1 000 元。活动内容包括：做公益广告，如呼吁人们关爱老人、孩子和残疾人；设立助学基金，帮助那些需要帮助的学子；为大学特困生提供勤工助学的机会等。

【解析】这是产品策划的延伸板块，独特的推广亮点能引起广告主的关注，能引起舆论的关注。到社会群体中开展活动要注意方式，才能事半功倍。

十一、RIO 三年品牌路及费用估算

策划人的设计目标是：RIO 经过三年的打造，成为鸡尾酒系列饮品的领军统帅品牌。

鸡尾酒是进入上流社会的高端饮品。RIO 要以宣传鸡尾酒文化为根本，传递高端享受，使 RIO 鸡尾酒与啤酒、可乐区别开来。

RIO 鸡尾酒的品牌塑造之路的定位是高质量的生活，高品位的享受。

（一）上央视，做大广告

通过在中央电视台、湖南电视台、浙江电视台的黄金段位的广告播放，首先让 RIO 家喻户晓，成为年轻人追求高端生活品质的准奢侈品。

（二）走高端，整合传播

配合多种媒体的整合宣传，使 RIO 成为人们只要一想到高端的聚会，就不可缺少的饮品。

（1）新婚的年轻人在户外举行西式婚礼，餐桌上，侍者的盘子中，新娘、新郎、客人手中的杯里，都有 RIO 鸡尾酒。这种镜头和主张要抢占大众媒体的滩头。

（2）在海滨浴场，RIO 被带到沙滩上。在岸边休息、聊天游客，观看沙滩排球的观众，在沙滩上散步的情侣，在太阳伞底下乘凉的游泳者，他们手里都握着 RIO 的瓶子。

（3）高档宾馆的酒吧的吧台上排列着 RIO，侍者不停地取下递给需要者。宾馆的接待室里，桌子上摆着 RIO，人们的手中、杯中都有 RIO。

（三）两年后，收获硕果

经过以上宣传和 RIO 不断投入市场，与公关公益活动整合，两年左右，RIO 一定会成为中国鸡尾酒的领军品牌。利用别的鸡尾酒产品没有能力塑造品牌的时机，抢占桥头堡，抢占滩头阵地，抓住天时、地利、人和，扎扎实实做品牌。

（四）近年内的广告排期

表 16-1 列出了 RIO 鸡尾酒 2014 年 8 月至 2015 年 7 月的广告排期。

表 16-1　　　　　　2014 年 8 月至 2015 年 7 月的广告排期

媒体		2014 年					2015 年						
		8 月	9 月	10 月	11 月	12 月	1 月	2 月	3 月	4 月	5 月	6 月	7 月
户外候车亭		√	√	√	√	√	√	√	√	√	√	√	√
屋顶霓虹灯		√	√	√	√	√	√	√	√	√	√	√	√
校园宣传			√	√	√	√		√	√		√		√
社区宣传		√		√		√					√	√	
电视	央视一	√	√	√	√	√	√				√	√	
	央视三			√	√	√		√	√		√		√
	湖南	√	√	√			√	√			√		√
	浙江		√	√			√	√			√		√
报纸	广州	√		√				√			√		
	三湘		√		√		√			√	√		√
	楚天	√		√				√		√		√	√
	华西		√		√		√		√		√		√

（五）广告及公关费用估算

策划人建议用总量控制法来分配费用预算。

初步估算 RIO 鸡尾酒 2014—2015 年度广告及公关费用为 8 000 万 ~ 9 000 万元。媒体购买 5 000 万元，大学校园公关活动 2 000 万元，组织费 1 000 万元，另 1 000 万元为不可预计费用的备用。

媒体费用中用于电视的只能做标版式广告，15 秒或 5 秒；报纸广告可以做半版—四分之一版—八分之一版—半版—四分之一版—八分之一版的脉冲式广告。

踏上品牌路要披荆斩棘、义无反顾，要坚持基本思路不动摇。树立品牌要多花钱，2015 年 8 月至 2016 年 7 月，2016 年 8 月至 2017 年 7 月的广告活动及预算与 2014 年 8 月至 2015 年 7 月相比略有减少，在品牌逐步建立起来以后会将前期的广告与公关投入成倍地赚回来。

【解析】策划人认为：我们策划广告与公关活动就是为了赚钱，否则就不要做策划！

十二、结束语·策划人建议

（1）RIO 鸡尾酒要重视音乐形象的树立，有自己的原创音乐，并使其传遍大江南北、长城内外，深入人心，妇孺皆知。

（2）RIO 鸡尾酒可设计一尊卡通形象，当成商品的代言人。这比聘用名人更可靠、更经济实惠，更能进入年轻的目标消费者的心。RIO 鸡尾酒卡通形象，可以变形、变色，受众喜欢什么，就变什么。

（3）RIO 鸡尾酒可开发设计一系列电子游戏，在专卖店供顾客玩赏。购买一打 RIO 鸡尾酒的消费者可以获得游戏软件。游戏中的英雄人物就是 RIO 鸡尾酒的卡通形象。

（4）在各大城市的闹市区贴近麦当劳或肯德基的铺面，设置专卖 RIO 鸡尾酒的酒吧。由点至线，一生两，两生三，三生若干。

（5）RIO 鸡尾酒内部办一份宣传商品和自身形象的 A3 幅面的小报。有了小报就相当于有了自己的话语权，使这份小报既有保留收藏价值，也可以传给好朋友阅读。

（6）RIO 鸡尾酒的促销组合，要走公关第一、广告第二的路子。

（7）用 RIO 良好的形象说服潜在受众–顾客–消费者，使这些人的心中留住 RIO，与 RIO 从相识、相知到相爱，成为"恋人"，水到渠成。

后记

　　《策划书精选案例解读》作为《策划书写作教程》的配套教材，与读者见面了。回想这本书的写作过程，对正在大学求学的学生是有激励作用的。

　　2013 年年底，广东省教育厅在全省开展"首届大学生行业–专业–就业人才需求分析大赛"，王多明带领广东培正学院广告专业的 7 位学生参加，从中看到了几位同学的潜质，需要有更广阔的天地来发挥他们的聪明才智，便吸收他们参与《策划书精选案例解读》的编著。正在华南理工大学工商管理学院就读的王泽苑策划团队，在社团实战性很强的活动中抽到一种新产品的市场推广策划任务。他们准时交出方案，经评选，荣获了第一名的好成绩，比第二名的策划书高出 30 多分。在王多明教授的带领下，几位年轻人在几个月的时间内便完成了这本新著。

　　《策划书精选案例解读》选入 16 份策划书，归为 3 篇。第 I 篇包括 3 份广告公司精心策划的经典案例，涉及"品牌重新定位"、"新体验运动"、"出轨的创意——新书销售"；第 II 篇包括 10 份策划人精心策划的经典案例，有站在行政角度的宏观策划，有为大学校园旁的小店做的营销策划，有为食品、家具、家居艺术品及奇石做的推广策划；第 III 篇从正在求学路上跋涉的学习者的作品中选入 3 份优秀的策划案，它们代表了正在积极向上攀登的学习者的态度。林林总总的策划书，是学习写策划的蓝本，为阅读者的审美提供对象，从阅读中获取新知。

　　编者对 16 份策划书都做了或多或少、或详或略的解读。张伟业、谢韵恒、胡艺聪、苏小慧、王泽苑等认真阅读这些策划书，与写作者进行深度沟通，揭开了策划书写作者的创作依据和初衷，策划主题是怎样提炼出来的，整合传播营销策略制定的依据，策划的广告表现和实施的形态，执行策划书中的策略后，将会产生什么效果等，直接从策划书的字里行间读不到的内容。让诚恳的学习者做解读者的尝试，在这本《策划书精选案例解读》里获得了成功。

　　在《策划书精选案例解读》付梓之时，特别感谢广州市天进品牌管理有限公司董事长冯帼英女士、广东平成广告公司董事长吴晓波先生、上海盈加广告公司董事长袁洁平先生的支持与帮助。

编著者

2014 年 8 月